Frank Panthöfer

Krad-Vagabunden - Licht- und Schattenseiten einer Weltreise

Teil 1: Die Amerikas, Neuseeland und Australien

ISBN 978-3-00-046351-8

Frank Panthöfer
Venloer Str. 601
50827 Köln
www.krad-vagabunden.de

Lektorat: Antje Nordmann

Prolog

Der leise auf unser Zelt rieselnde Regen dringt in unseren Halbschlaf. Regen? Von wegen! Als Simon vom Blasendruck aus dem Schlafsack getrieben aus dem Zelteingang schaut, ist die Welt um uns herum winterlich weiß. Was auf den ersten Blick romantisch anmuten mag, lässt uns das Herz in die Hose rutschen. Wie sollen wir hier wieder weg kommen?
Wir befinden uns im indischen Himalaya. Genauer gesagt auf der menschenleeren Muray Hochebene in 4.764 Metern Höhe. Wir sind einige Kilometer abseits der Straße und müssen heute noch den zweithöchsten Pass der Welt schaffen, wenn wir hier nicht „überwintern" wollen. Mangels guter Ideen verkriechen wir uns einfach wieder in unsere wohlig warmen Schlafsäcke und versuchen, das Problem durch Dahin-Dösen zu lösen. Leider muss auch ich irgendwann dem Ruf der Natur folgen und werde prompt mit meiner ganz individuellen Variante der Höhenkrankheit konfrontiert: Verstopfung! „Nicht hier! Nicht jetzt!" schießt es mir durch den Kopf. Schneeflocken schmelzen auf meinem blanken Hinterteil und jeder Pressversuch endet in dieser Höhe sofort in würdelosem Hecheln und Keuchen. Entnervt gebe ich nach einigen Minuten auf,

ziehe fix die wärmende Hose wieder hoch und flüchte ins Zelt.
Die Zeit kriecht dahin. Minuten werden zu Stunden. Die Gedanken schweifen ab. Wie weit ist unser jetziges Leben doch von unserem alten entfernt! Wie glücklich wir sind – trotz aller Widrigkeiten und Strapazen! Vor einigen Jahren sah die Welt für uns noch ganz anders aus...

Wenn nicht jetzt, wann dann?

Köln, Montagmorgen, 5:00 Uhr. Der Wecker reißt uns brutal aus dem Schlaf. Das Aufstehen kostet Kraft. Die Gedanken sind wie immer an diesem Wochentag, zu dieser Stunde: Düster. Wieder einmal ist das Wochenende viel zu schnell um. Und damit auch unsere gemeinsame Zeit. Simon steht eine Arbeitswoche als Floristin in Köln bevor und ich muss wie immer auf einer dreistündigen Fahrt durch die Eifel gegen Müdigkeit und üble Witterung ankämpfen, um zu meinem Arbeitsplatz in Luxemburg zu kommen.

Hiobsbotschaften gehören für mich zum beruflichen Alltag. Doch diese hier ist ein besonderer Tiefschlag: Outsourcing! Meine Abteilung wird an ein amerikanisches Unternehmen verkauft, das für seinen miesen Umgang mit Mitarbeitern berüchtigt ist. Als Chef der Truppe bin ich erfahrungsgemäß besonders unerwünscht. Ich hab so was schon hinter mir - inklusive jahrelangem Mobbing im aufnehmenden Unternehmen, das die dazugehörige Führungsmannschaft als bittere Pille empfindet, die es zu schlucken gilt, um den Deal zu bekommen.
Das vergangene Jahr bescherte mir dann auch noch eine Variante des alten Dramas: Merger! Auf Deutsch: Da werden zwei Unternehmen bzw. Abteilungen, die das Gleiche machen, zusammengelegt, mit dem Ziel, radikal Personal abzubauen. Brutal formuliert hieß das für mich: Zwei Chefs brauchen wir nicht. Strengt euch beide um die Wette an und macht den anderen fertig, bis nur noch einer von euch übrig ist. Während man um sein eigenes Überleben kämpft, muss man außerdem auch noch ein sinkendes Schiff auf Kurs halten.
In solch schwierigen Zeiten 50 Mitarbeiter zu führen, deren Arbeitsleistung von Sorgen um eine äußerst ungewisse Zukunft beeinträchtigt ist, ist kein Zuckerschlecken. Und nun das hier. Soll ich

diese Hölle wirklich zum dritten Mal in meinem Leben durchstehen? Lohnt es sich? Ich bin überrascht, wie leicht mir die Antwort fällt. NEIN!

Schwarze Tage: Auch mein Traum von der Frühpensionierung ist zur unrealistischen Phantasterei verkommen. Die Finanzmarktkrise hat meine private Altersvorsorge in einen jämmerlichen Scherbenhaufen verwandelt. Schlagartig wird mir bewusst, dass ich noch nie so wenig zu verlieren hatte, wie jetzt in diesem Moment. Wenn ich jetzt nicht aussteige, wann dann?

Abends rufe ich Simon an und bange, was sie zu meinem Vorschlag sagen wird. Nach kurzem Überlegen kommt die befreiende Antwort: „Ja, wir wagen es! Ich bin dabei!"

Schon oft hatten wir darüber geredet, vorzugsweise mit einigen Bierchen intus: Wir wollten eine große Motorradreise machen. Eine richtig große. Mindestens ein Jahr. Und dann sind wir mal wieder mit dem Finger mutige Routen auf der großen Weltkarte, die über unserem Bett hängt, „gefahren".

Nun ist aus dem Träumen Realität geworden. Na ja, wir sind zumindest auf dem besten Wege.

Um uns selbst den Rückweg zu verbauen, heißt es Fakten schaffen: Freunde und Familie informieren. Die Reaktionen fallen unterschiedlich aus. Meine Mutter kommentiert meinen Entschluss, dem Job, der mich jahrelang körperlich und psychisch krank gemacht hat, den Rücken zu kehren, mit den Worten: „Nun bist du auch noch arbeitslos". Soviel zu dieser Perspektive. Ich selbst bin einfach nur erleichtert, dass bald das anstrengende Spagat zwischen konservativem Berufsalltag als Bankdirektor und unkonventionellem Privatleben für mich vorüber ist. Schluss mit zugeknöpftem Kragen und langen Ärmeln selbst bei größter Hitze – aus Angst, dass meine großflächigen Tattoos sonst Anstoß erregen könnten. Schluss mit schlechtem Gewissen, weil ich mal wieder in einem Meeting entdecke, dass ich dreckige Finger habe, da ich auf dem Weg zur Arbeit Hand am Motorrad anlegen musste. Schluss mit Anfeindungen gegen meinen Berufsstand, die oftmals von Klischees geprägt sind, aber nichtsdestotrotz zermürben und schmerzen. Auf einmal wird mir klar, wie lang diese Schluss-mit-xxx-Liste ist.

Seit ich meine Kündigung abgegeben habe, fühle ich mich unglaublich frei und schlagartig gesünder. Die Arbeit hat ihren Schrecken verloren und mein neuer Arbeitgeber praktisch all seine üblichen Druckmittel. Es kommt mir vor, als stünde mir die ganze Welt offen. Und in Kürze werde ich sie mit meiner Liebsten erobern!

In sieben Monaten, am ersten Mai 2010, soll es los gehen. Sechs Monate werden wir noch arbeiten, um die Reisekasse weiter zu füllen, denn im Gegensatz zu so manchem anderen in meiner Branche, bleiben mir die Segnungen eines Sozialvertrages verwehrt: Kein goldener Fallschirm, keine Abfindung, die unser Abenteuer finanziert. Low Budget Reisen ist angesagt.

Statt detaillierter Routenplanung und Träumereien von zukünftigen Heldentaten sind wir vollauf mit Bürokratie und Organisation beschäftigt. Wohnung und Hausstand auflösen, Autos verkaufen, Versicherungen kündigen und einiges mehr, um die Fixkosten auf ein absolutes Minimum herunterzufahren. Gleichzeitig müssen neue Motorräder für die Reise gefunden und umgebaut, die alten eingemottet, die Ausrüstung zusammenstellt, eine Auslands-Langzeitkrankenversicherung abgeschlossen, Visa- und Kfz-Einfuhr-Bestimmungen studiert, Vollmachten erteilt, zusätzliche Bankverbindungen und Kreditkarten beschafft werden. Der Transport der Motorräder nach Kanada muss organisiert werden und noch manches mehr.
Meine langjährigen Erfahrungen in der Projektarbeit kommen mir bei alle dem zugute. Dass ich allerdings statt eines willfährigen Stabes nur noch eine einzige „Mitarbeiterin“ habe, deren Führung ganz eigener Methoden bedarf, ist eine schwierige Umstellung, die jedoch durch einen ganz entscheidenden Unterschied zu meinem beruflichen Projekt-Alltag versüßt wird: Das hier macht uns beiden Spaß!

Als wir am ersten Mai endlich im Flieger sitzen, können wir es gar nicht fassen. Wir sind tatsächlich unterwegs. Ein breites Grinsen macht sich in unseren Gesichtern breit. Zweifel an unserer Entscheidung gibt es in dieser Phase keine. Wir sind grenzenlos optimistisch und fühlen uns sehr verwegen.

Ein neues Reisegefühl

Die Einreise nach Kanada verläuft locker, mal abgesehen davon, dass Simon noch üben muss, die Frage nach Vorstrafen glaubhafter zu verneinen. Auch der Import der Motorräder ist ein Klacks. Eh wir uns versehen, fahren wir durch ein früh-frühlingshaftes Nova Scotia. Hier oben ist es verdammt frisch um diese Jahreszeit und alle Campingplätze haben noch geschlossen. Umso mehr fühlen wir uns, als täten wir etwas ganz Außergewöhnliches. Zudem stand ich schon immer zu dem Motto „Lieber bei miesem Wetter auf Reisen, als bei Sonnenschein auf der Arbeit".

Neugierig horchen wir in uns hinein. Ist das jetzt alles ganz anders als auf unseren früheren Touren? Landschaftlich und kulturell sind wir ohne Zweifel in einem anderen Land und doch ist es nicht wirklich exotisch hier. Aber es gibt einen wesentlichen Unterschied: Wir sind viel relaxter und aufnahmefähiger. Kein straffer Termindruck treibt uns täglich weiter. Es gibt Spielraum für spontane Entscheidungen. So zum Beispiel, als uns ein einheimischer Motorradfahrer anbietet, bei ihm hinterm Haus auf der Wiese zu zelten. Genau das ist es, was uns sonst immer gefehlt hat: Die Zeit, auf Einladungen zum Tee-Trinken, auf eine Mahlzeit oder eine Übernachtung einzugehen. Immer hatten wir dabei das vage Gefühl, das Beste auf der Reise zu verpassen. Nun können wir es nach Herzenslust machen, wobei wir in den nächsten Wochen merken werden, dass es gar nicht so einfach ist, das Annehmen und Darauf-Einlassen zu lernen.

Vorerst sind wir erst mal von den hiesigen Dimensionen erschlagen. Kanadische Privatgrundstücke haben in der Regel ganz andere Ausmaße als heimische. Besagte Wiese unseres Gastgebers bringt es auf stolze 800 mal 500 Meter oder wie man das in Reise-Berichten immer gerne ausdrückt: Sie ist so groß wie 60 Fußballfelder. Sie endet an einer Steilklippe über dem Meer mit grandioser Aussicht. Und genau hier dürfen wir kampieren - solange wir wollen und für lau. Klasse!

Wir posieren für Fotos vor Schneefeldern, staunen über Elche, Fjorde und endlose Wälder und genießen es, die einzigen Touristen zu dieser Jahreszeit zu sein. So langsam gewöhnen wir uns an unsere neuen Motorräder, mit denen wir zu Hause nicht mehr als ein paar Testfahrten machen konnten. Die Ausrüstungsgegenstände finden ihre festen Plätze und wir unseren Lebensrhythmus „on the road“. Gezeltet wird überwiegend wild. Alle paar Tage suchen wir uns einen der wenigen schon geöffneten Campgrounds, damit wir mal duschen können.

Apropos Duschen: Wir hatten erwartet, uns in Windeseile total zu verändern. Quasi zu ganz anderen (härteren?) Typen zu werden. Fehlanzeige! Rückblickend muss ich sagen, dass die Metamorphose im Schneckentempo vonstatten geht und in den seltensten Fällen ist der Wandel wirklich extrem. Ein Aspekt, der sich bei mir zum Beispiel auch nach 3,5 Jahren „on the road“ nicht geändert hat: Ich hasse kaltes Wasser zum Duschen oder Waschen. Soviel also zu diesem Mythos. Simon ist da aus anderem Holz geschnitzt.

Im Graben gelandet

Wir fahren entspannt mit 90 auf der Landstraße. Voraus ein extrem langsamer Truck. Ich ziehe auf die Gegenspur, um zu überholen. Wenige Augenblicke später schert auch der LKW aus - ohne zu blinken oder sich zu vergewissern, dass hinter ihm keiner kommt. Ungläubiger Schreck. Vollbremsung. Das Heck des Trucks kommt dennoch rasend schnell auf mich zu. Mir bleibt nur der linke Randstreifen. Im tiefen Schotter und bei starkem Seitenwind habe ich alle Hände voll zu tun, die Fuhre aufrecht zu halten. Der Wind drückt mich unnachgiebig im spitzen Winkel auf den Straßengraben zu. Banges Hoffen in diesen endlosen Momenten. Vergebens. Mit dem allerletzten Schwung geht es in Zeitlupentempo in den Graben. Kopfüber einen Meter abwärts. RUMPS! Das Krad kommt ruckartig zum Stehen. Der erste Gedanke ist Sorge ums Motorrad, der zweite Ärger über das Trucker-Arschloch. Für einen kurzen unvernünftigen Moment träume ich von deutsch-kanadischer Völkerverständigung per Schusswaffe. Statt dessen kommt einem unweigerlich in solchen Situationen immer der gleiche Gedanke. Da sich auch im Rückblick alles in Zeitlupe abspielt, kann man gar nicht fassen, dass man es NICHT geschafft hat, das Drama abzuwenden. Mir zumindest geht es jedes Mal so.

Das Krad sitzt fest. Unter Mühen befreien wir es von allem Gepäck. Mit Hilfe eines netten Bikers fahren, schieben und zerren wir drei es auf der anderen, zum Glück weniger hohen Seite, aus dem Graben. Zehn Minuten später steht mein Schätzchen wieder voll aufgerödelt auf der Straße. Auf den ersten Blick hat es die Eskapade schadlos weggesteckt. Glück gehabt!

Eigentlich soll Simon auf dieser Reise in solchen Momenten ja immer erst Fotos machen. Statt dessen war sie sofort zur Stelle, um ruhig und tatkräftig mit anzupacken. Gutes Gefühl, mit so jemandem unterwegs zu sein! Aber beim nächsten Mal werden erst Fotos gemacht!

Das Land der Superlative

Kein Tag, an dem uns nicht ein Schild oder der Reiseführer mal wieder über einen neuen kanadischen Superlativ informiert. Heute ist es der Lake Superior, der größten Süßwasser-See der Welt. Zehn Prozent des weltweiten Süßwassers befinden sich in diesem einen See. Kaum vorstellbar! Das hat eher die Ausmaße eines Meeres. Hier versagt der Vergleich mit Fußballfeldern.
Nun die Frage an routinierte Reisebericht-Leser: Was nimmt man, wenn ein Fußballfeld zu klein ist? Richtig, dann muss das Saarland herhalten. Ausnahme: Bei Seen ist der Vergleich mit dem Bodensee deutscher Standard. Der Lake Superior hat die 153fache Fläche des Bodensees. Und mit diesem exemplarischen Vergleich bekommt man ein Gefühl dafür, wie die Dimensionen in vielerlei Hinsicht in Kanada sind: Gigantisch!

Die Angst vor Meister Petz

Die Bären in Kanada waren Thema in vielen Reportagen, die wir zu Hause gesehen haben. Wir haben viel gelesen, wie man sich verhalten soll, und unzählige Ratschläge bekommen. Sprint-, Berg-ab-Renn-, Kletter- und Sehfähigkeiten von Schwarz- und Braunbären unterscheiden sich. Je nachdem sind daher verschiedene Taktiken sinnvoll, wenn man plötzlich vor Meister Petz steht: Bergab wegrennen oder auf Bäume mit dünnen Ästen klettern oder zur Salzsäule werden oder …
Fragt sich nur, ob wir im Angesicht des Schreckens noch hinbekommen, das pelzige Raubtier vor uns richtig einzuordnen und dementsprechend die richtige Taktik zu wählen? Bleibt noch der Trost, dass die einen (ich habe vergessen, welche) schnell das Interesse verlieren, wenn sie dich ein paar Mal gebissen haben und du nicht reagiert hast.

Bärenkacke oder nicht - Tier-Kot-Expertin Simon bei der Arbeit

Das alles hört sich einfacher an, als es in der Realität sein dürfte. Unser Reiseführer schüttet noch Öl ins Feuer. Demnach sind Schwarzbären oft braun und Braunbären schwarz. Die Tipps gehen von Glöckchen beim Wandern bis hin zu Sendegeräten fürs Motorrad, die einen für uns unhörbaren Bären-Verscheuchungs-Ton aussenden. Und ganz bestimmt hab ich jetzt vieles durcheinandergebracht. Eins jedoch ist sicher: Noch bevor der erste Bär versucht hat, uns zu fressen, haben wir schon viele Stunden damit zugebracht, dieses heikle Thema von allen Seiten zu beleuchten und uns garantiert viel mehr Sorgen gemacht als angebracht. Unser erstes wild Campen tief im Bärenland ist dementsprechend eine besonders spannende Angelegenheit. Mustergültig legen wir alle Dinge, die einen Bären anlocken könnten, auf einen Haufen, der beängstigende Maße annimmt. Neben Essen sind das nämlich praktisch alle riechenden Sachen, also auch Zahnpaste, Duschgel und manches mehr. Alte Socken, Motorradstiefel und Co. etwa auch? Wir entscheiden uns gegen diese Auslegung, da wir sonst direkt alles auf den Haufen packen könnten. Nun kommt das Zeug in eine Gepäckrolle, die mit einem Seil in mindestens vier bis fünf Meter Höhe in einen Baum hochgezogen werden muss. Leichter gesagt als getan. Erst muss man mal einen geeigneten Baum finden und dann heißt es, ein mindestens acht Meter langes Seil, das mit einem Holzstück am Ende beschwert ist, geschickt darüber zu werfen. Das verfluchte Holzstück prallt einige Male von Ästen ab und saust um Haaresbreite an meinem Kopf vorbei. Als wir dann endlich den Sack oben haben, sind wir uns einig: NIE WIEDER!

Nach mittlerweile vielen Monaten Erfahrung im Bärenland muss ich rückblickend sagen: Ja, man sollte die Gefahr ernst nehmen. Aber man sollte sie auch nicht überbewerten. Wo es auf Campingplätzen sogenannte Bear-Locker (= bärensichere Schließfächer) gibt, ist es sinnvoll, sie zu benutzen. Ansonsten haben wir das Risiko-Material einfach in einigen zehn Metern Entfernung deponiert oder es in die Motorradkisten gepackt. Die zu knacken wäre allerdings speziell für Grizzlys kein Problem. Die Hauptsache ist, nichts Verlockendes im Zelt aufzubewahren.
Die wahre Gefahr der Bären sind nicht sie selbst, sondern dass man vor lauter Angst vor ihnen an einem Herzinfarkt stirbt. Unzählige Male haben wir im Zelt Dialoge à la „Hast du das Knacken gerade auch gehört?“ geführt. Highlights in Sachen Peinlichkeit waren einige Anlässe, wo wir unsere Töpfe im Zelt scheppernd aneinander geschlagen und gruselig schief gesungen haben, um Schwarzbären oder deren Phantome zu verscheuchen. Die gesamte Waldtierschar dürfte über uns gelacht haben.

Krad-Vagabunden Leben

Neben uns im Herd prasselt das Feuer und draußen prasselt der Regen. Es ist Anfang Juni und wir sind seit gut einem Monat unterwegs. Noch immer sind wir oft die einzigen Gäste auf den Campingplätzen. So auch heute, als wir nach einer halbstündigen Schotterpisten-Fahrt triefend nass auf den Campground eines Nationalparks rollen. Kurzerhand sparen wir uns den Aufbau des Zeltes (und damit am nächsten Morgen den Abbau des nassen Zeltes) und nehmen die nach einer Seite hin offene Grillhütte in Beschlag. Ungewohnter Luxus, so viel Platz und statt unseres kleinen Benzinkochers mal einen wärmenden Herd zu haben.

Apropos Luxus: Nach dem ersten Monat haben wir unsere Ausgaben genau analysiert. Höchst unabenteuerlich, aber manch Langzeitreisender hat weit vor dem geplanten Ende der Reise überrascht festgestellt, dass ihm das Geld viel schneller als geplant durch die Finger geronnen ist. Wir sind angenehm überrascht, nur leicht über Budget zu liegen. Dabei hatten uns die kanadischen Preise anfangs einen bösen Schreck eingejagt. Lebensmittel sind erheblich teurer als

in Deutschland. Alkoholpreise SEHR viel höher. Einzig der Sprit, der allerdings den größten Kosten-Block ausmacht, ist hier deutlich günstiger als in West-Europa. Dafür kommen bei den Distanzen am Ende dennoch saftige Tankrechnungen zusammen.
Wir mussten jedenfalls den Gürtel verglichen mit unserem alten Lebensstil ungewohnt eng schnallen, um auch nur annähernd hinzukommen. Annehmlichkeiten vergangener Reisen, wie Restaurantbesuche und gelegentlich auch mal ein Hotel sind nun nicht mehr drin. Statt wie sonst üblich einheimische Spezialitäten oder spannende, leckere Lebensmittel zu kaufen, heißt nun die Devise: Preiswert!
Morgens kaufen wir meistens für den Tag in einem Supermarkt ein. Sehr angenehm ist, dass alle Geschäfte sieben Tage die Woche geöffnet haben.
Noch immer tun wir uns schwer damit, dass alle Preisangaben ohne Steuern sind. Die variieren nach Art und Höhe in jeder Provinz, so dass der finale Preis an der Kasse immer eine Überraschung ist.
Irgendwann am späten Vor- oder frühen Nachmittag wird an einer schönen Stelle gepicknickt. Wir werden nicht müde, diese Momente zu genießen. Das ist hohe Lebensqualität für uns.

Wenn abends dann eine Stelle zum Zelten gefunden ist und alles steht, wird auf unserem Benzinkocher eine warme Mahlzeit zubereitet.

Wichtige Sache, damit das Essen schmeckt: Stabilität der Tisch-/Bank-Garnitur testen, bevor man sich zu zweit auf eine Seite setzt. Sonst landen heiße Nudeln samt der Soße mit allem, was sonst noch auf dem Tisch steht, auf einem selbst. Um das Pech perfekt zu machen: Wir haben gerade alle unsere Klamotten gewaschen und somit nichts anderes mehr zum Anziehen. Und damit der Bär nicht des Nachts angelockt wird, dürfen die Sachen natürlich nicht lecker riechen und es müssen alle

Nudeln fein säuberlich aus dem Dreck aufgesammelt werden. Töpfe Schlagen ist heute nicht nötig. Unser lautes Gefluche dürfte jeden schreckhaften Bären verjagen.

Krad-Vagabund zu sein, ist ein Fulltime-Job

Natürlich haben wir nun viel mehr Freiheiten als früher. Dennoch gibt es reichlich zu tun. Jeden Morgen muss das Lager abgebrochen und alles wieder auf die Motorräder gepackt werden. Mit zunehmender Routine geht das flotter, dauert aber dennoch seine Zeit. Und speziell bei miesem Wetter macht das gar keinen Spaß. Abends dann die ganze Prozedur umgekehrt. Vorräte einkaufen, kochen, mehrmals am Tag tanken, Routenplanung, technischer Dienst (regelmäßige Kontrollen + wann brauche ich welches Verschleißteil und wo bekomme ich es, Reparaturen, Wartungsarbeiten) - all das summiert sich. Dazu kommt noch die Kommunikation: E-Mails mit der Heimat, mit Motorradreisenden und Freunden, die wir besuchen wollen. Dafür und für die Pflege der Homepage braucht man Internetzugang. Und dann müssen all die vielen Fotos, die wir hier schießen, gesichtet, bearbeitet und mehrfach gesichert werden. Als Indikator dafür, wie ausgefüllt unser Tag ist, mag dienen: Auf Reisen lese ich sonst jede Woche ein Buch. An meinem aktuellen bin ich nun seit fünf Wochen dran und das meiste habe ich bestimmt auf dem Flug geschafft.

Trotz all dieser kleinen Mühen des Abenteuer-Lebens: Es ist großartig, jeden Tag stundenlang Motorrad zu fahren und sich fast nur noch im Freien aufzuhalten. Wir genießen unsere Freiheit in vollen Zügen. Wir sind frei zu entscheiden, wohin wir als nächstes fahren wollen und wann wir wo sein wollen.

Und endlich haben wir Zeit, uns auf die Menschen einzulassen, denen wir begegnen. Das ist das Tollste an dieser Reise und macht den größten Unterschied für uns aus.

An Gelegenheiten mangelt es zum Glück wahrlich nicht. Ständig werden wir auf unsere deutschen Nummernschilder, die sich als fettes Plus in Sachen Kommunikations-Aufhänger erweisen, angesprochen. Und oft folgt nach wenigen Minuten eine Einladung. Dabei passiert es uns mehrfach, dass uns eine Adresse genannt wird oder wir eine Anfahrtsbeschreibung à la „Hinter dem zweiten See links ab und dann den rechten der beiden Feldwege nehmen" bekommen und die Gastgeber erst Stunden oder Tage später nachfolgen. Alles kein Problem in diesem Land. Oft sind die Türen unverschlossen oder man sagt uns, wo der Schlüssel liegt. So viel Vertrauensseligkeit ist für uns nur schwer zu begreifen. Wir werden nachdenklich und hoffen, ein wenig von dieser Einstellung zu verinnerlichen.

Ein Leben fürs Motorrad

„In Edmonton müsst ihr unbedingt Rudi besuchen", war neulich der eindringliche Tipp eines unserer Gastgeber. Statt Rudi zu finden, werden wir gefunden. Von Wolle, dem deutschen Ausrichter des kanadischen MRT – eines Ablegers des bekannten deutschen Motorradreise-Treffens. Unseren ursprünglichen Plan, nach einem kurzen Schwätzchen mit Rudi weiter Richtung Rocky Mountains zu fahren, geben wir schnell auf. Wolfgangs „Ihr bleibt jetzt erst mal mindestens für zwei Tage hier" gehorchen wir gerne. Das ist das Schöne an dieser Art des Reisens: Man hat die Freiheit, spontan den Plan - wenn es denn überhaupt einen gibt - über den Haufen zu werfen.

Die Begegnung mit Rudi ist beeindruckend. Was für ein charismatischer Mann! Statt sich aufs wohlverdiente Altenteil zurückzuziehen, ist er jeden Tag in seinem Motorradladen. Nähme man ihm dies, gäbe es keinen Grund für ihn zu leben – so sein glaubwürdiges Lebensmotto. Motorräder und Motorradreisen sind sein Ein und Alles. Trotz körperlicher Gebrechen scheint der Mann noch immer auf zwei Rädern ultra fit zu sein. Hinter vorgehaltener Hand gesteht uns Wolle, dass er sich mächtig anstrengen muss, um im Gelände an dem 79jährigen Ex-Moto-Cross-Champion dranzubleiben.

Rocky Mountains

Von Edmonton fahren wir gen Westen. Unser Ziel sind die Rocky Mountains, genauer gesagt der Jasper Nationalpark und der südlich daran angrenzende Banff NP.

Nach einigen hundert Kilometern langweiligem Highway, der sich hier nicht umgehen lässt, fahren wir um eine Kurve und plötzlich sind sie vor uns, die Rocky Mountains. All die „grandiosen“ und „tollen“ und „wunderschönen“ Eindrücke, die wir bisher in Kanada gesammelt haben, verblassen augenblicklich zu „ganz nett“. Gegen diese Berglandschaft kommt das bisher Gesehene nicht an. Die nächsten Tage sind eine einzige Orgie aus „Boaa“ „Uiuiui“ und „alter Schwede!“.

Alle paar Minuten halten wir an, um den nächsten unglaublichen Ausblick in Ruhe zu genießen. Ruhe - die ist hier relativ. Denn all dies ist so dermaßen toll, dass außer uns noch SEHR viele andere Touristen unterwegs sind. Dabei halten sich die Besuchermassen für lokale Verhältnisse eigentlich in Grenzen, da wir noch immer Vorsaison haben und viele Wege, Straßen und Campingplätze geschlossen sind. Was hier im Hochsommer los ist, mögen wir uns kaum vorstellen. Laut Reiseführer geht es dann Hunderte Kilometer entlang des Glacier Parkways nur noch im Stop-and-go-Tempo voran.

Regen, Schnee und noch mehr Regen

Es regnet, als wir in Banff, dem touristischen Herzen der Rockys, einfahren. Um den Menschenmassen etwas zu entfliehen, übernachten wir außerhalb, nahe dem Lake Minnewanka. Unser Zelt bauen wir bei gnadenlosem Hagel auf. Das Wasser rinnt uns in den Kragen und die Hände sind steif. Weit und breit kein anderer Camper und es schüttet in einem fort. Hätten wir doch nur Holz, um ein Feuer machen zu können. Oder Branntwein, um uns innerlich zu wärmen. Doch auch so lachen wir irgendwann und gewinnen der Situation, wie fast immer, etwas Abenteuerlich-romantisches ab.

Da es hier angeblich schon seit 14 Tagen schifft, beschließen wir spontan, unsere Wanderpläne zu streichen und unser Glück weiter im Süden zu versuchen.
Vom angeblich wunderschönen Kananaskis Country bekommen wir nichts mit. Wir sind triefend nass und die Sicht ist mies. Noch schlimmer wird es oberhalb von 2.000 Metern. Da die Visiere beschlagen, müssen wir sie hochklappen und den eiskalten Schneeregen im Gesicht ertragen. Später erfahren wir, dass wir den höchsten Pass Kanadas überquert haben und dass dieser erst zwei Tage zuvor freigegeben worden war.
Wir sind froh, als wir abends endlich nass und durchgefroren in Pincher Creek einrollen - einem Ort, in dem man normalerweise höchstens Vorräte kauft und dann schnell weiterfährt. Der städtische Campingplatz lockt jedoch mit einer sehr günstiger Gebühr und vor allem mit einem kleinen, trockenen Gemeinschaftsraum. Der ist zwar zugig und ungeheizt, aber wir verbringen zwei witzige Abende mit Michel und Katrien, einem belgischen Pärchen, das per Fahrrad schon einiges von der Welt gesehen hat. Eine von vielen schönen Begegnungen mit Fahrrad-Reisenden auf unserer Tour. Immer wieder haben wir dabei festgestellt, dass uns mit dieser Globetrotter-Gattung weit mehr verbindet, als trennt. Und zu unserer Schande müssen wir zugeben, dass wir uns auch so manches Mal an deren spartanischem Gepäck erbaut haben. Endlich mal wieder jemand, der noch weniger hat als wir. Da fühlt man sich schlagartig gar nicht mehr so arm dran.

Nach drei Tagen lässt der Regen endlich nach und wir ergreifen sofort die Flucht. Vordergründig war der Zwangsaufenthalt in Pincher Creek unschön und doch sind es genau solche Momente, die einem immer viel detailgetreuer und lebhafter in Erinnerung bleiben als die netten Erlebnisse, wo alles nach Plan lief. Kennt ihr diesen Effekt? Uns ging es oft so.

Nach 15.000 Kilometern stehen wir am fünfundfünfzigsten Reise-Tag am Pazifik. Wir haben unser erstes großes Etappenziel geschafft: Die Durchquerung des zweitgrößten Landes der Welt von Ost nach West! Dass wir dabei durch fünf Zeitzonen gekommen sind, gibt einen Eindruck von der Dimension.

Zombie-Drogen-Meile

Warum Vancouver zu den fünf Städten mit der weltweit höchsten Lebensqualität zählt, erschließt sich uns schnell. Mildes Klima, Berge und Meer direkt vor der Tür. Kein Wunder, dass sich mehrere unserer Freunde hier niedergelassen haben. Sie sind jedoch nicht die einzigen, die es ins frostarme Vancouver zieht. Gruseliges Erlebnis beim Stadtbummel: Mit dem sicheren Gespür von Landeiern haben wir den „gefährlichsten Ort Kanadas" (O-Ton eines netten Einheimischen) gefunden. Die East Hastings Street! In Reportagen hatten wir davon gehört, waren aber nicht auf das Ausmaß gefasst. Man nehme die offene Heroinszene der 80er Jahre von Frankfurt, Berlin und Zürich zusammen und sie wäre immer noch VIEL kleiner und harmloser als das hier. Hunderte total abgefuckter Gestalten. Crack-Zombies, die mit stumpfem Blick durch die Gegend schwanken. Heroin-Junkies, die auf offener Straße verzweifelt ihren Körper nach einer Stelle absuchen, in die die Nadel noch einzudringen vermag. Übelst abgehalfterte Nutten, bei denen man sich nicht mal mit viel Phantasie vorstellen kann, welcher Perverse bereit ist, Geld dafür auszugeben. Dealer en masse an jeder Ecke. Hier hat keiner Angst vor den Bullen. Das hier ist das Krasseste, was wir in der Beziehung je gesehen haben. Im Laufe unserer Downtown-Erkundung kreuzen wir diesen circa einen Kilometer langen Vorhof der Hölle immer wieder. Uns ist dabei stets mulmig zumute.

Vancouver Island – Dope-Land Kanada

Wir setzen per Fähre nach Vancouver Island über - ein 300 km langes gebirgiges Paradies für Offroad Freunde! In der Hauptstadt der Insel sind wir bei Peter zu Gast, mit dem wir zum Auftakt-Konzert des Victoria-Ska-Festivals (des größten in ganz Kanada) gehen. Klasse Abend, bis auf einen kleinen Wermutstropfen. Da man in Kanada eigentlich nicht öffentlich trinken darf, gibt es einen eigenen Biergarten fürs Festival. Um da rein zu kommen, muss man sein Alter per Ausweis belegen. Ich hab natürlich wie immer keinen dabei und bin voll genervt, dass die Security mir mit meinen knapp 42 Jahren den Eintritt in den Alk-Bereich verwehrt! Als Frau hätte ich mich ja noch über das indirekte Kompliment, für jünger als 18 gehalten zu werden, gefreut, aber als Mann bin ich einfach nur angepisst!
Eins muss mal gesagt werden: In Sachen Trinkkultur sind wir den Nordamerikanern hoch überlegen! Ob Kanada oder USA - hier wird mir erst klar, wie gut wir es zu Hause haben: Alkohol in jedem Supermarkt, faire Preise und man darf ihn in der Öffentlichkeit trinken. Ganz anders als in Nordamerika! Kein Wunder, dass in Kanada der pro-Kopf-Verbrauch von Marihuana höher ist als in den Niederlanden! Und der öffentliche Konsum wird sogar eher toleriert, als der von Alkohol! Nicht-Kiffer sind hier die Ausnahme. Selbst am Dope Rauchen während des Fahrens nimmt die Polizei keinen Anstoß, es sei denn man zeigt erhebliche Ausfallerscheinungen. Drogen-Schnelltests, wie sie in Deutschland Gang und Gäbe geworden sind, scheinen in diesem Land unbekannt zu sein.

Toad Rock Motorcycle Campground

Ein Campingplatz nur für Motorradfahrer? Wir sind gespannt. In Europa ist das Konzept nahezu unbekannt, in Nordamerika gibt es ein paar Dutzend von der Sorte.
Wir sind sofort begeistert. Ein weitläufiges Gelände mit rustikaler aber nichtsdestotrotz exzellenter Infrastruktur. Grillmöglichkeiten, Küchen-Unterstände, Do-it-yourself-Werkstattbereich und eine sogenannte „Social Area", wo sich allabendlich zwischen 30 und 60 Motorradreisende treffen. Da offiziell kein Alkohol verkauft werden darf, gibt es Bier gegen Spende. Die Höhe der Spende darf jeder

selbst bestimmen. Die Gespräche mit frisch gewonnenen Freunden sind leidenschaftlich und der Gerstensaft fließt in Strömen. An einem Abend, halte ich einen „Dia-Vortrag“ über unsere letztjährige Reise. Ich hab danach dermaßen Schlagseite, dass ich es schaffe, mich auf dem hundert Meter langen Heimweg derbe zu verlaufen, wildfremden Leuten an deren Lagerfeuer in einer ihnen unbekannten Sprache Reden zu halten und stockbesoffen bei ihnen umzufallen. Anscheinend war ich angesichts meines ersten Vortrages vor fremdem Publikum doch aufgeregter als ich dachte. Als mich am nächsten Tag alle lachend grüßen, kann ich mich an nichts Schändliches oder Peinliches erinnern. Mary, die den Campingplatz betreibt, klärt mich vergnügt über meine Eskapaden auf. Statt einer Moralpredigt gibt es jedoch ein freundschaftliches Schulterklopfen und als Belohnung haben wir die nächste Übernachtung frei. Mary ist ein echtes Unikat und ein herzensguter Mensch. Sie alleine wäre schon Grund genug für einen Besuch an diesem außergewöhnlichen Ort.

Einige Wochen später kehren wir dann nochmal zurück zu ihr und ihrem Kröten-Stein-Zeltplatz. Das Motorradreise-Treffen von Wolle ist der Grund und ein voller Erfolg. Vier Tage lang dreht sich alles um unser Lieblingsthema und diesmal schaffe ich den Foto-Vortrag auch ohne peinliche Ausfallerscheinungen im Nachgang.
Simon wird unversehens auf die Bühne gebeten und bekommt ein Geburtstagsständchen von der ganzen Horde gesungen. Einerseits ein komisches Gefühl für sie, an so einem Tag fernab der guten alten Freunde zu sein. Andererseits besteht kein Zweifel, dass es sich in dem Moment richtig gut anfühlt, genau hier und jetzt zu sein. Endlich leben wir das Leben, das wir immer leben wollten und von dem wir bis dato nur geträumt hatten. Frei und abenteuerlich.

Bleib mir weg mit „Long Way Round“

Ich weiß gar nicht, wie oft mich schon irgendwelche Leute auf unserer Reise angesprochen haben. Ach, ihr fahrt um die Welt - das ist ja wie bei dieser tollen Fernseh-Doku „Long Way Round“. Mittlerweile fällt meine Antwort darauf ziemlich scharf aus: WIR fahren ohne zig Begleitfahrzeuge und Helfer! Unser Abenteuer ist nicht inszeniert, sondern echt!
Neulich hatte doch tatsächlich so ein Typ die Frechheit, mich anzusprechen, als ich morgens noch halb schlafend in höchster Eile zum Klohaus unterwegs war. Er habe unsere Motorräder gesehen. Er sei mit der Harley da, aber das viele Gepäck fürs Wochenende hätte nicht gepasst, deswegen sei seine Frau mit dem Truck mitgekommen. Und dann kam's: „Was ihr da macht, ist ja wie Long Way Round...“ Ich war hin- und hergerissen zwischen dem Drang, endlich aufs Töpfchen zu kommen, und dem Wunsch, dem Typ meine leidenschaftliche Meinung zu diesem mehr als unpassenden Vergleich zu sagen. Aus meiner pädagogischen Verantwortung heraus, habe ich mich für Letzteres entschieden. Ein Euro für jedes weitere Mal, wo ich diese drei vermaledeiten Worte „Long Way Round“ in den folgenden Jahren noch hören musste, und wir wären so reich, dass wir für den Rest unseres Leben sorgenfrei mit dem Motorrad reisen könnten.

Auf zum Polarkreis!

In Dawson Creek beginnt der Alaska Highway. Die Landschaft ist gar nicht mal so anders als in Süd-Kanada, aber hier oben wird es zunehmend einsamer und wilder. Die Planung der Tankstopps wird zur strategischen Aufgabe, zumal die einsameren Posten teilweise den dreifachen Sprit-Preis aufrufen. Häuser werden zur echten Seltenheit und wir müssen uns erst mal an diese Menschen-Leere gewöhnen. Für einen halben Tag haben wir linke Hand nichts als Rauch. Ein riesiges Feuer wütet dort, das nicht unter Kontrolle zu bekommen ist. Wie wir erfahren, geht man davon aus, dass es erst mit dem ersten Schnee erlöschen wird. Der Stewart Cassier Highway, die einzige Alternative zu der Route, über die wir hier hoch gekommen sind, ist deshalb nur im Konvoi mit Pilot-Fahrzeug passierbar. Auf unserem Rückweg wollen wir dort entlang. Wir sind gespannt!

Yukon Territory - das hört sich nach großem Abenteuer an, oder? Ab nun wird es richtig einsam. In dieser Provinz leben gerade mal 32.000 Leute - ein Drittel der Einwohner von Köln-Ehrenfeld. Und ¾ der Bevölkerung wohnen in der Hauptstadt Whitehorse. Bleiben also lediglich 8.000 Menschen für den Rest der Provinz, der 20 mal so groß ist, wie das Saarland.
Wer hier Gedanken an Pannen und Defekte nachhängt, die er nicht selber in den Griff bekommt, wird schnell bekloppt.

An unserem letzten Abend im Yukon Territory campen wir wild an einem erstklassigen Spot. Wir freuen uns riesig auf Alaska, müssen aber immer wieder an letztes Jahr denken, als wir an einem ähnlich schönen Platz auf der Krim zelteten und voller Vorfreude waren. Am nächsten Tag erlebten wir einen Albtraum, der damit endete, dass man uns die Einreise nach Russland verweigerte. So fahren wir am folgenden Morgen mit sehr gemischten Gefühlen der US-Grenze entgegen. Die US-Grenzbehörden sind berüchtigt dafür, aus Willkür oder einfach um zu zeigen, dass sie die Macht haben, hin und wieder jemandem die Einreise zu verweigern. Besonders krass ist die aktuelle Geschichte eines Pärchens, das auch eine Weltreise mit dem Motorrad macht und dies an der kanadisch-amerikanischen Grenze zugab. Weil sie ihre Wohnung und ihren Job aufgegeben und damit nach Ansicht des Grenzers keinen ausreichenden Heimkehranreiz hatten, wurde ihnen die Einreise verweigert. Denn wenn die beiden erst mal gesehen hätten, wie toll die USA sind, dann hätten sie bestimmt ihre Weltreise abgebrochen und wären illegal in den USA geblieben - so wie Millionen anderer, die allerdings auf etwas andere Weise in die USA einreisen. Freunde von uns wurden neulich geschlagene drei Stunden bei der Einreise verhört und immer wieder gefragt, warum sie denn keine Kinder hätten. Da braucht man gute Nerven, um nicht mit einem rechtschaffenen, ehrlichen Statement die Privatsphäre zu verteidigen und damit seine Einreise-Chancen zu ruinieren.

Welcome to Alaska

Am Ende kommt es, wie so oft, ganz anders als befürchtet. Die Einreiseformalitäten sind im Nu erledigt und wir fühlen uns nach der ersten Erleichterung sogar ein wenig enttäuscht. Wofür haben wir denn nun all die Märchen-Antworten einstudiert? Offenbar sind hier Motorradreisende ein alltäglicher Anblick und deshalb weniger verdächtig als an anderen Grenzpunkten. Auf meine Nachfrage antwortet der Grenzer dann auch, dass im Hochsommer im Durchschnitt jeden Tag ein Europäer per Motorrad bei ihnen durchkomme. Nach kurzem Überlegen setzt er hinzu: „Ihr seid jetzt im August aber schon spät dran. Vermutlich seid ihr die Letzten für dieses Jahr.“ Das wird doch hoffentlich kein umgekehrter Nova-Scotia-Effekt werden? Dort bekamen wir immer zu hören: „Ihr seid viel zu früh dran.“

Alaska – der Staat der strengen Sitten

Die Fahrt nach Fairbanks ist genau so, wie uns das alle vorausgesagt haben: Monoton. Nach dreieinhalb Monaten Kanada sind wir verwöhnt und finden endlose Wälder nicht mehr wirklich spannend. Fairbanks selbst hat ebenfalls wenig zu bieten. Für uns ist es jedoch der erste Kontakt mit Zivilisation in Alaska und wir sind schon gespannt, was es z.B. hier im Supermarkt zu kaufen gibt und ob alles wirklich so teuer ist, wie befürchtet.

Im Liquorstore (lizenzierter Alkohol-Verkauf) bekommen wir eine Lektion. Die Verkäuferin will von uns BEIDEN den Ausweis sehen. Ein Novum. Selbst in Kanada, das in Sachen Alkohol-Regeln schon nervig war, musste man sich in unserem Alter im Schnapsladen nicht ausweisen. Der Hammer kommt noch. Simon hat ihren Pass dabei. Meiner ist wie immer sicher im Motorradkoffer verstaut. Da sich laut Gesetz in einem solchen Fall aber anscheinend beide Käufer (der einen Flasche) ausweisen müssen, verweigert uns die ohnehin recht unfreundliche Verkäuferin den Schnaps. Ich kann es nicht fassen und frage die Frau, ob wir jetzt rausgehen sollen und dann kommt Simon alleine wieder rein, weist sich als ALLEINIGE Käuferin aus und bekommt den edlen Tropfen. Ne, das ginge nicht, ist ihre Antwort. Sie wisse ja nun, dass wir zu zweit seien und das könne sie nicht einfach vergessen. Nach einem sprachlosen Moment ist ein „fuck you“ mein verbaler Dank für soviel boshafte Sturheit.

Wir wollten heute eigentlich unsere erfolgreiche Einreise in die USA mit ein, zwei Bierchen in einer Bar feiern. Ein Luxus, den wir uns auf der ganzen Reise noch nicht einmal gegönnt haben! Deshalb hatten wir uns zu Fuß auf den Weg in die Stadt gemacht. Die unangenehme Anekdote im Liquorstore haben wir nach einer Stunde Marsch erlebt. Da die Stadt und damit die erste Bar noch nicht in Sicht war, wollten wir uns Weg-Zehrung holen. Nun trotten wir mit trockener Kehle weiter und sorgen uns, ob die ganze Mühe nicht umsonst ist. War das eine Ausnahme oder sind alle Einwohner Alaskas Erbsenzähler? Wird man uns auch in Kneipen das Bier verweigern? Bange betreten wir die erstbeste Bar, vor der einige Hells Angels ihre Harleys geparkt haben, und ordern zwei Pints. Wie selbstverständlich und ohne dass auch nur einer von uns seinen Ausweis vorzeigen muss, werden die beiden Biergläser vor uns gestellt. Wir atmen auf. Selten hat ein Bier so gut geschmeckt!

Es geht über den Dalton-Highway, der parallel zur Alaska Pipeline verläuft, Richtung Polarkreis. „Highway“ erweckt dabei leicht falsche Vorstellungen. In Alaska heißt alles Highway, selbst 10 km lange Stichstraßen. Und was den Straßenbelag angeht, sind einige

weit von deutschem Autobahn-Niveau entfernt. Oftmals sind es Schotter- oder Dreckspisten. Die Landschaft wird zunehmend tundra-artiger. Was auf den ersten Blick karg aussieht, bietet jedoch zumindest zu dieser Jahreszeit eine Fülle von Nahrung für Mensch und Bär. Ich habe noch nie so viele Beeren gesehen wie hier! Unglaublich! Wir schlagen uns mehr als einmal in Alaska den Bauch mit Blau-, Schwarz, Johannis- und Himbeeren voll.
Ich wünschte wir hätten einen Pilzexperten dabei. Solche Massen an Pilzen von klein bis gigantisch hab ich noch nie gesehen. Nur nützt uns das leider nichts, da wir keinen blassen Schimmer haben, welche essbar sind.
Kurz haben wir mit Simons Theorie geliebäugelt, dass man an einer Pilzvergiftung nicht so leicht stirbt. Aber alleine die Aussicht auf üble Flitzekacke und Erbrechen unter diesen Umständen reicht aus, um die Finger von den verlockenden Pilzen zu lassen. Schade!

Gewöhnungsbedürftiges Phänomen: Je weiter man vom Äquator Richtung Nord- oder Südpol kommt, desto stärker werden die jahreszeitlichen Schwankungen bezüglich der Tageslicht-Stundenzahl. Ähnlich wie im äußersten Norden Skandinaviens geht auch hier teilweise die Sonne im Sommer nicht unter und im Winter nicht auf. Das ist für die Psyche nicht leicht zu verkraften und viele städtische Einwohner Alaskas steuern im Winter dunkelheitsbedingten Depressionen medikamentös entgegen.
Wir finden es derzeit aber einfach nur toll, bis weit in den Abend bei Tageslicht fahren und dann auch noch im Hellen unser Lager aufbauen zu können. Anders wären die enormen Tagesetappen, die wir hier oben fahren, auch gar nicht zu schaffen.

Mein Prudhoe Bay Trauma

Stolz posieren wir wie so viele andere Globetrotter vor und nach uns am nördlichen Polarkreis. „Arctic Circle“ verkündet die Holztafel. Die nächste Nacht schlafen wir nördlich davon und drehen dann wieder um, da man das Arktische Meer auf dieser Stichstraße eh nicht mit dem Motorrad erreichen kann. Die letzten Kilometer sind Privatbesitz und können nur mit dem Touristen-Bus der Ölgesellschaft zurückgelegt werden. Warum also die teure und strapaziöse Fahrt dort hoch auf sich nehmen, ist Simons Argument. „Damit man sagen kann, man wäre am nördlichsten mit dem Motorrad erreichbaren Punkt gewesen?“, lautet meine als Frage formulierte Antwort. Noch während ich die Worte ausspreche, weiß ich, dass das ein Männer-Argument ist und ich Simon nur überzeugen könnte, wenn am Ende der Strecke etwas Sehenswertes läge. Strapazen um ihrer selber willen auf sich zu nehmen und damit nachher anzugeben, ist kein Frauen-Ding, wie ich so manches Mal im Leben bei derartigen Diskussionen erkennen musste.
In den folgenden Jahren habe ich diese spezielle Team-Entscheidung

allerdings wie kaum eine andere bereut. Ich weiß nicht mehr, wie oft wir mit anderen Reisenden über Alaska sprachen und die Männer dann stets verwundert fragten „Ihr seid echt nicht bis ganz oben nach Prudhoe Bay durchgefahren? Warum das denn?“ Meine Antwort knurre ich in der Regel durch zusammengebissene Zähne: „Team-Entscheidung! WIR fanden bis Prudhoe Bay hoch zu fahren doof.“
Aber so ist das nun mal, wenn man zu zweit reist. Man muss Kompromisse machen. Anders geht es nicht, auch wenn mir so manches Mal die Definition „Ein Kompromiss ist, wenn keiner das bekommt, was er haben möchte“, in den Sinn kommt.

Der regenreichste Sommer aller Zeiten

Alaska erleben wir zwiespältig. Die Weite des Landes schreckt uns nicht mehr. Statt dessen empfinden wir es als sehr angenehm, oftmals über viele Stunden keiner Menschenseele zu begegnen. Besonders gut gefällt uns der Denali Highway, der um diese Jahreszeit nur noch wenige Reisende sieht.
Landschaftlich hat das Landesinnere zwar zweifelsohne Schönes zu bieten, aber andererseits ist es auch nicht so viel anders als in Kanada. Die Südküste ist mit ihren unzähligen Gletschern definitiv das Highlight des Staates. Wäre da nur nicht der viele Regen! Hier kommt ohnehin immer ordentlich was vom Himmel. Aber wir haben echt den Jackpot erwischt: Den regenreichsten Sommer, seit in Alaska das Wetter aufgezeichnet wird! Da macht weder das Motorradreisen noch das Campen Spaß.

Die falschen Bremsbeläge

„Fang ruhig schon mal an zu kochen, ich wechsele nur fix die Bremsbeläge“. Meine optimistische Ansage bleibt mir im Nachhinein im Halse stecken, als ich die neuen und die alten, ganz anders aussehenden Beläge einige Minuten später nebeneinander halte und mir schlagartig klar wird, dass wir ein Problem haben. Wir sind Hunderte von Kilometern vom nächsten Motorradladen entfernt und die ollen Bremsbeläge sind auf null runter. Bingo!
Wieder bin ich um eine Weisheit reicher: Immer nach dem Kauf von Ersatzteile prüfen, ob es die richtigen sind.

Die Weisheit bringt uns in diesem Moment jedoch nicht wirklich weiter. Dafür hat der stattliche Umweg in die Zivilisation einen schönen Nebeneffekt. Wir müssen einige Tage auf die Lieferung aus einem südlicheren Staat der USA warten. Auf dem Gratis-Campingplatz des Harley Händlers in Anchorage, wo wir die Tage totschlagen, zeltet auch Ernesto, ein Motorradreisender aus Uruguay. Mit ein paar Bierchen, mit Händen und Füßen, mit Pantomime und mit einigen wenigen Worten Spanisch auf unserer und mikroskopisch geringen Englischkenntnissen auf Ernestos Seite, tauschen wir uns unermüdlich aus. Humoristischer Höhepunkt: Als Ernesto auf allen Vieren ein weidendes Schaf imitiert, „mäh“ ruft und sich Gras ins Maul stopfend auf Simon zeigt. Ich lache Tränen, Simons Gesicht strahlt hingegen so gar keine Vorfreude aus. Das soll also ihr Schicksal als So-gut-wie-Vegetarierin im grillfleischverrückten Südamerika sein.

Orgien taugliches Steamhouse

Alle Wege von und nach Alaska führen durch Tok. Wir müssen ein bisschen suchen, um den nicht beschilderten Thompson's Eagle's Claw Motorcycle Park zu finden. Aber die Mühe lohnt sich. Der Motorrad-Campingplatz ist liebevoll bis ins Detail gestaltet. Mit Koch-Unterstand und integriertem Klo de luxe! Die Betreiber sind mit viel Herzblut dabei und der Empfang ist herzlich. Das Highlight ist jedoch das Steamhouse - so was ähnliches wie eine Sauna, nur rustikaler und mehr „Alaska“. Wir sind an diesem Abend allein im schnuckeligen Steamhouse, das man übrigens sogar von innen verriegeln kann, wie uns die Besitzerin mit einem verschwörerischen Augenzwinkern verrät. „Ach ja“ setzt sie hinzu „Alkohol ist ausdrücklich erlaubt im Steamhouse“. Lachend stürzen wir uns ins Vergnügen...
Am nächsten Morgen ist die Wärme der Dampfhütte vergessen. Es ist kalt. Es regnet. Zelt abbauen und Karre aufrödeln macht nie Spaß, aber unter solchen Bedingungen ist es eine Qual. Wir haben von diesem schlechtesten Sommer aller Zeiten in Alaska endgültig die Schnauze voll und entscheiden uns spontan gegen Dawson, zumal der „Top of the World Highway“ dorthin wetterbedingt in solch desolatem Zustand ist, dass die Bautrupps mit ihrer Sisyphusarbeit

der Schäden nicht Herr werden und man die Straße deshalb nur zweimal pro Tag im Konvoi befahren kann. Statt dessen geht es nun für mehr als ein Jahr immer in eine Richtung: Süden!

Mehr als einmal berichten uns die Einheimischen auf der nun folgenden Etappe, wie viele Frost-Nächte sie schon hatten. Viele der ohnehin sehr spärlichen Campingplätze, Tankstellen und sonstigen touristischen Einrichtungen haben Anfang September schon geschlossen. Entlang des Stewart-Cassiar-Highways kommt noch hinzu, dass er für Wochen wegen eines nicht unter Kontrolle zu kriegenden Waldbrandes nur im Konvoi durchfahren werden durfte - bestimmt kein Spaß für die ohnehin unter harten Bedingungen Touristen-Geschäft Betreibenden. Mittlerweile raucht es nur noch hier und da und wir finden die Fahrt durch diese skurrile, unwirkliche Landschaft voller schwarzer Baumgerippe sehr spannend.

Ich hasse Kette

Erwähnte ich, dass ich Kette hasse? Ich hasse die tägliche Pflege, ich hasse es, sie in der Endphase ihres Lebens ständig nachspannen zu müssen, ich hasse es, vor jeder längeren Etappe beurteilen zu müssen, ob die Scheiß-Kette es noch so lange macht (wobei ich mich mehr als einmal im Leben verschätzt habe) und ich hasse es, die Kette wechseln zu müssen. Bevor man das kann, muss man allerdings erst mal eine bekommen. Der kritische Punkt hier in Nordamerika ist dabei weniger die Kette an sich, sondern vielmehr Ritzel und Kettenblatt.
Aber erst mal zurück zur Reise. In Anchorage stand mal wieder besagte Entscheidung an. Wird die Kette es bis in die USA (lower 48) schaffen? Mutig ist meine unausgesprochene Antwort: KLAR! In Whitehorse, der einzigen Stadt auf dieser mehrere tausend Kilometer langen Etappe durchs Nichts bin ich immer noch zuversichtlich. Kaum dass wir den übelsten Abschnitt angehen (1.300 km ohne auch nur ein kleines Dorf) fängt sie natürlich an, Ärger zu machen. Angespannte Tage folgen. 100 km bevor wir die erste Kleinstadt erreichen, entdecke ich, dass mittlerweile mehrere der Walzen gebrochen und somit auf und davon sind und die Kette über die

Stifte abrollt - kein Wunder, dass sie ruckelt und knarzt. Das Mistding ist in so üblem Zustand, dass wir des Abends zweifeln, ob wir es überhaupt bis in die nächste Ortschaft schaffen werden. Die Alternativen sind wenig verlockend und so starten wir am nächsten Morgen mit Sorgen und bei strömendem Regen. Genau das richtige Wetter, um auf einer einsamen Landstraße mit einer gerissenen Kette zu stehen.
Aber das Glück ist uns hold! Wir schaffen es trotz übler Geräusche „von da unten“ bis ins erste Kaff namens Smithers. Der Harley Dealer entpuppt sich als netter Kerl und organisiert aus den Tiefen seines Lagers eine passende Kette, mit der wir es dann zumindest schon mal bis Prinz George schaffen, wo uns ein Bekannter aus dem ADV-Motorradreise-Forum erwartet. Er hat es geschafft, Ritzel und Kettenblatt zu organisieren! Ein Hoch auf die internationale (Online-)Bikersolidarität! Als ich alles erfolgreich montiert und den Krädern noch einen Ölwechsel gegönnt habe, sieht die Welt schon wieder rosiger aus!

Die „lower 48“

Der Grenzübertritt in die sogenannten „lower 48“ (+ Alaska + Hawaii = 50 Staaten der USA) ist locker. Nach einem Dutzend Fragen werden wir für gut befunden. Es hat sich gelohnt, das Alaska-Visum zu behalten, auch wenn wir dadurch für Alaska und die gesamte Strecke bis Mexiko insgesamt nur 90 Tage haben, was nach unseren Maßstäben nicht allzu viel ist.
Besonders positiv gehen wir an dieses Land, ehrlich gesagt, nicht ran. Zu sehr ist unsere Meinung vom außenpolitischen Verhalten dieser Weltmacht und von medialen Klischees geprägt. Die Realität sieht jedoch - wie so oft - ganz anders aus. In den nächsten Wochen lernen wir keinen einzigen Menschen kennen, der dem ignoranten, ungebildeten Stereotyp eines US-Amerikaners entspricht. Vielleicht liegt es daran, dass Menschen, die sich für Motorradreisende interessieren oder selber welche sind, weltoffener und informierter sind?

Wir arbeiten uns entlang der East Coast nach Süden vor, cruisen über die legendäre Küstenstraße „One-o-one“ (101), überqueren die San

Francisco Bay Bridge und nehmen so manches touristische „Must See“ in der Region mit.

Im Tal des Todes

Auf Drecks-Pisten erkunden wir den Death Valley Nationalpark. Wer sich gut vorbereitet und detailliertes Kartenmaterial hat, kann hier locker eine Woche lang einsame Dirt Tracks fahren und überall verfallene Minen, Geisterstädte und andere spannende Dinge entdecken. Man sollte jedoch nicht die Gefährlichkeit der Gegend unterschätzen. Es ist extrem heiß. 40 Grad im Schatten machen uns am nächsten Tag schwer zu schaffen. Doch wo ist hier Schatten? Wir sind zwangsweise den ganzen Tag in der prallen Sonne. Am Zabriskie Point machen wir halt und merken, wie uns die Hitze nach nunmehr fünf Stunden in diesem Brutofen massiv körperlich zusetzt. Obwohl wir ständig und in großen Mengen Wasser trinken, haben wir Kopfschmerzen und fühlen uns schlapp. Erinnerungen an unser beider ersten richtigen Sonnenstich, der damals auf Kuba mit übler Kotzerei einherging, kommen hoch und wir beschließen schweren Herzens, unser umfangreiches Rest-Programm für diesen Tag radikal zu kürzen. Wir wollen nur noch das Death Valley Richtung Süden durchfahren und dann so schnell es geht aus der Hitze fliehen.
Auf den nächsten Kilometern nimmt die Luft-Temperatur trotz bewölktem Himmel nochmal um schätzungsweise fünf Grad zu. Wir kommen uns vor, als ob wir geröstet werden. Selbst der Fahrtwind ist unerträglich heiß. Und dann erleben wir ein seltenes Ereignis: Regen im Death Valley. Es schüttet wie aus Eimern! Innerhalb von ein, zwei Minuten fließen breite Sturzbäche über die Straße und schwemmen Geröll und Schlamm mit sich. Die Sturz-Fluten, vor denen überall gewarnt wird, klingen schlagartig sehr realistisch, wenn schon wenige Minuten Regen solche Auswirkungen haben. Beim Fahren müssen wir aufpassen: Die mehrere Zentimeter dicken Schlamm-schichten sind nicht ohne. Wir lassen uns in dünner Hose und im T-Shirt im Weiterfahren nass regnen. Nach der Überhitzung der letzten Stunden fühlt es sich wundervoll an! Viel zu schnell sind die Sachen danach wieder trocken!

Viva Las Vegas

Seit wir Halifax vor über fünf Monaten verlassen haben, haben wir uns kein Hotel gegönnt. Angesichts spektakulär niedriger Zimmerpreise in Las Vegas während der Woche buchen wir uns für vier Nächte in einem Casino-Hotel ein. Wir freuen uns schon darauf, mal für vier Tage in unseren „eigenen" vier Wänden frei schalten und walten zu können. Das ist etwas anderes, als privat bei Leuten zu Gast zu sein, wo man sich die ganze Zeit unterhalten und im Tagesablauf weitgehend nach den Gastgebern richten muss. Außerdem schlemmen wir uns dick und rund an den unglaublich opulenten und gleichzeitig spottbilligen All-you-can-eat-Buffets.

Ein Besuch auf dem weltberühmten Strip ist natürlich Pflicht. Diese Glitzerwelt sucht ihresgleichen und auch wir sind mächtig beeindruckt von all dem Lichter-Zauber.

Unser persönliches Las Vegas Highlight: Eine Punkrock Bar namens Double Down Saloon, die 24 Stunden am Tag geöffnet und von zwielichtigem Gesindel bevölkert ist. Das ist so ganz nach unserem Geschmack. Besonders die Mischung aus zutätowierten Rock-a-Billys und Punks mit einer gehörigen Portion Las Vegas Glamour fasziniert uns.

Zwei Wochen später kehren wir übrigens nochmal in die Stadt der Sünde zurück, um seinerzeit bestellte Ersatzteile abzuholen. Abends zieht es uns dann natürlich unweigerlich wieder in dieses dubiose Etablissement der Extraklasse. Das Vergnügen ist diesmal jedoch nur von kurzer Dauer. Wie so oft im Leben höre ich nicht auf die warnenden Worte meiner Freundin, die mir ein „Mach das nicht!" hinterher ruft. Zwei Minuten später haben wir Hausverbot. DIESE Frage hätte ich dem breitschultrigen Türsteher wohl wirklich nicht stellen sollen.

Die Folgen des All-you-can-eat-Buffets-Paradieses Las Vegas.

Canyon Land

Egal wie viel Zeit man sich für ein Land oder eine Region nimmt, selbst mit dem vordergründig entspannten Zeitrahmen eines Langzeitreisenden fährt man nahezu immer mit dem Gefühl weg, ganz viel verpasst und ganz viel nicht gesehen zu haben. Selten war dieses Empfinden bei uns stärker als nach zwei Wochen Canyon Land. Diese Region am Vier-Staaten-Eck von Arizona, New Mexiko, Colorado und Utah ist unser landschaftlicher US-

Favorit. Enge Schluchten, wilde Natur, karge wüstenhafte Landschaften, Felsen, die in unzähligen Farben leuchten, natürliche Steinbrücken und vieles mehr. Zig Nationalparks, von denen einer besser als der andere ist: Coral Pink Sand Dunes, Zion NP, Grand Canyon, Vermilion Cliffs, Monument Valley, Gooseneck State Park, Valley of the Gods, Natural Bridges, Glen Canyon, Lake Powell, Burr Trail, Capitol Reef, Bryce Canyon. Die Liste ist lang und doch sind wir uns, wie eingangs erwähnt, sicher, ganz ganz viel nicht gesehen zu haben in dieser unglaublichen Landschaft, in der man Monate verbringen kann, ohne dass einem langweilig wird.

Neben den Natur-Sensationen gibt es auch eine ordentliche Portion Westernland wie aus dem Klischee. Den ganzen Tag über haben wir Cowboys gesehen, die wirken, als wären sie geradewegs von der Leinwand in unseren ganz persönlichen Film geritten. Abends finden wir dann heraus, was die Kuh-Jungen den ganzen Tag über getrieben haben: Nämlich die Frühjahreskälber zusammengetrieben und sie wenige Meter von unserem Zelt eingepfercht. Die Kälbchen muhen sich vor Sehnsucht nach der Mama herzzerreißend die Seele aus dem Leib. Sie muhen im Chor. Sie muhen laut. Sie muhen unermüdlich. Sie muhen ohne Unterlass die ganze Nacht hindurch! Hölle!

Süd-Kalifornien

Auch in der Mojawe Wüste erwischt es uns. Schon wieder Regen. Wir lachen hysterisch über das un-wüstenhafte Déjà-vu.

Mit der Route 66 nehmen wir eine weitere amerikanische Straßenlegende unter die Räder. Wenn auch nur für wenige Kilometer und mit dem Gefühl, dass man mit einer Reise-Enduro quasi den Mythos besudelt. Hier erscheint selbst uns einzig eine Harley standesgemäß.

In San Diego sind wir wieder einmal bei einem Motorradreisenden zu Gast, zu dem wir uns schon einige Internet-Bestellung haben schicken lassen. Bei ihm bringen wir die Motorräder auf Vordermann und lassen uns im Krankenhaus auch nochmal selber durchchecken. Zu sehr bammelt es uns vor Lateinamerika in Sachen Gesundheitswesen. Eine total unbegründete Angst, wie wir rückblickend feststellen müssen. Nach diesem Tag im „Emergency Room" verstehen wir nun auch, warum alle Langzeitauslandskrankenversicherungen für die USA und Kanada sehr viel höhere Prämien verlangen, als für den Rest der Welt. Für eine zugegebenermaßen sehr professionelle und freundliche Untersuchung, an deren Ende die Diagnosen Leistenbruch für mich und Kniekehlen-Zyste für Simon stehen, halten wir eine Rechnung über stolze 7.500 USD in der Hand, von denen wir 2.000 sofort per Kreditkarte begleichen müssen. Wohl gemerkt, das ist die Rechnung für zwei Untersuchungen. Nicht für die Behandlung der Leiden. In solchen Momenten fängt man an, das Kleingedruckte der Versicherungspolice zu lesen. Zu oft habe ich erlebt, dass Versicherungen sich durch Spitzfindigkeiten um ihre Leistungspflicht drücken. Angesichts der Summe, die hier zur Rückerstattung auf dem Spiel steht, sind wir ziemlich nervös! Davon könnten wir viele Monate reisen!

Wir haben noch lange nicht genug!

Als wir zu unserer Reise aufbrachen, planten wir unverbindlich zwei Jahre und erzählten allen, wir könnten uns auch vorstellen, nach sechs Monaten zu merken, dass es uns erst mal reiche – ohne das dann als Niederlage zu sehen. Immerhin hätten wir es versucht. Nachdem wir nun sechs Monate „on the road" sind und über 44.000 km gefahren haben, steht für uns fest: Wir haben noch lange nicht genug!
Auch wenn das Dauer-Reisen wahrlich nicht mit einem Urlaub zu vergleichen ist und seine Schattenseiten hat, sind wir uns doch einig: Das Leben als Krad-Vagabunden ist wundervoll! Nie zuvor haben wir uns so frei und glücklich gefühlt, nie zuvor aber auch so viel Zeit zum Nachdenken gehabt.
Was uns definitiv fehlt, sind unsere Familien und Freunde! All die tollen Begegnungen, die wir auf unserer Reise haben, all die interessanten Gastgeber ersetzen nicht mal ansatzweise die Menschen, die wir lange kennen und lieben!
Auf Reisen fängt man mit jedermann bei Null an und selten dauern „Beziehungen" länger als ein paar Tage. Da vermisst man schmerzlich die Menschen, die man im Laufe seines Lebens (zu Hause) liebgewonnen hat.

Morgen geht es nach Mexiko, das zwar geographisch zum größten Teil noch zu Nord-Amerika gehört, dessen Kultur, Sprache, Essen und Trinken wir uns aber als etwas Neues und Exotisches vorstellen. Endlich! Denn während der sechs Monate in Kanada und den USA hat man sich zum einen doch noch weitgehend im gleichen Kulturkreis wie in Westeuropa gefühlt, zum anderen fehlte das „internationale Feeling". Wenn wir in (Süd-Ost-)Europa reisen, überqueren wir alle paar Tage Grenzen, hören neue Sprachen, zahlen mit neuen Währungen, essen ganz Unterschiedliches usw. Damit verglichen waren die letzten sechs Monate wenig abwechslungsreich.

Dass uns viele Kanadier und US-Amerikaner, von denen übrigens die allerwenigstens jemals selber in Mexiko waren, entsetzt anschauen und überschwänglich warnen, wenn wir offenbaren, wo unsere Reise als Nächstes hingeht, hat uns noch nicht wirklich

geschreckt. Auch die vielen Meldungen in der Presse halten wir für übertrieben. Das Bild, das wir durch Gespräche mit Motorradreisenden, die regelmäßig in Mexiko sind, oder in Grenznähe wohnen, gewinnen, ist ein viel differenzierteres und weit entfernt von der Panikmache der Medien. Ganz ohne Zweifel ist es gefährlich im mexikanischen Grenzgebiet. Deshalb werden wir auch früh morgens die Grenze passieren und dann so viele Kilometer Richtung Baja California machen, wie möglich. Selbst die Warnhinweise unseres veralteten Reiseführers schrecken uns nicht. Vielmehr klingt das doch verheißungsvoll: „...wurden gezwungen, große Mengen Alkohol zu trinken, um die PIN ihrer Kreditkarte preiszugeben..." Welch amüsante Vorstellung: Die geben uns Drinks aus, obwohl Simons Geheimzahl doch sogar in nüchternem Zustand oftmals vor ihr selbst sicher ist!
Spaß beiseite. Mexiko ist unbestritten nicht ohne, aber wir glauben, mit gesundem Traveller-Gespür gute Chancen zu haben, das Land unbehelligt bereisen zu können.

Bienvenidos a México!

Von wegen „Herzlich willkommen in Mexiko"! Statt einer fröhlichen Begrüßung rauschen wir einfach ungestoppt ins Land des Tequilas. Irritiert halten wir am Straßenrand und beratschlagen. Für den schengen-verwöhnten Europäer mag sich das Problem vielleicht nicht erschließen. Fakt ist jedoch, dass man im Rest der Welt so gut wie immer einen Einreisestempel bekommt, ohne den es bei der Ausreise erhebliche Probleme gibt. Nicht selten muss sogar zuvor ein Visum beantragt werden, was im Falle Mexikos allerdings nicht nötig war. Dazu kommt dann noch immer der Papierkram fürs Motorrad. In den meisten Ländern muss das Fahrzeug temporär importiert und nachher wieder exportiert

werden. In manchen Staaten braucht man dafür sogar spezielle Zollpapiere (Carnet de Passage). Fahrrad-Reisende haben es nicht nur in der Beziehung leichter.
Langer Rede kurzer Sinn: Ohne die erforderlichen Papiere und Stempel ist der Ärger vorprogrammiert. Ergo heißt es, zurück fahren und den faulen, missmutigen Beamten dazu bringen, den Blick für einige kostbare Minuten von seiner Daily Soap im flimmernden Mini-Fernseher zu nehmen, um uns zu bedienen. Leider eine typische Situation für Lateinamerika, wie wir sie in den nächsten 15 Monaten unzählige Male erleben werden. Die Arbeitsmoral ist nicht die beste, um es mal vorsichtig auszudrücken und am Ende unserer Mittel- und Südamerika-Etappe werden wir den Ausspruch „mañana" hassen. Wörtlich übersetzt bedeutet er „morgen", de facto verheißt er in Lateinamerika oftmals „am Sankt Nimmerleinstag"

Mexiko – ein Fest für die Sinne

Wir lieben es, ein Land zu entdecken. Nur mit Mühe können wir uns auf den Verkehr konzentrieren. Zu viel Spannendes gibt es links und rechts zu sehen. Wir saugen jedes Detail in uns auf und sprudeln nur so über von Eindrücken, wenn wir irgendwo halten und somit die Möglichkeit haben, zu sprechen. Hast du dies gesehen? Ist dir das aufgefallen? Das war ja der Hammer... und so weiter und so fort. Das Los muss entscheiden, wer das Privileg hat, als Erster im Supermarkt das Warenangebot zu sichten. Einer von uns beiden bleibt nämlich – egal in welchem Land – immer bei den bepackten Motorrädern.
Preislich lässt uns Mexiko aufatmen. Es ist deutlich günstiger als Europa oder Kanada und die USA, wo wir trotz Ausgaben-Disziplin und vielen Einschränkungen über unserem veranschlagten Budget lagen. Beispiele gefällig? 1 Kilo Bananen 0,20 EUR. Besonders erfreulich, weil stets unser größter Kosten-Block: Ein Liter Benzin 0,50 EUR.
Bevor wir uns allerdings mit spannenden unbekannten Lebensmitteln und Spirituosen eindecken können, müssen wir erst mal an Peso kommen, was sich etwas diffizil gestaltet. Die ersten vier ATM (= Geldautomaten) verschmähen unsere Kreditkarten und am fünften, der uns gnädig gesonnen ist, hat Simon doch tatsächlich ihre PIN vergessen. Eben hab ich noch darüber gewitzelt...

Unser erster Campingplatz kostet uns vier Euro - erstklassige Aussicht inklusive. Mutig stellen wir uns den Herausforderungen der einheimischen Küche. Wir brutzeln auf unserem Benzinkocher ein Kaktus-Ratatouille. Der leicht säuerliche Kaktus (aus dem Supermarkt, nicht selbst geerntet) passt super zu den verschiedenen Chili-Sorten, den Zucchini, Zwiebeln und Tomaten. Ein kleingeschnittenes Chorizo-Würstchen gibt den besonderen Pfiff. Was für ein Festessen! Dazu gibt es mexikanischen Rotwein und Brandy. Kein Luxus-Hotel mit Sterne-Restaurant könnte uns heute Abend glücklicher machen. Passend zu den kulinarischen Freuden und unserer erstklassigen Stimmung: Ein 1a Sonnenuntergang! Wir sind glücklich und zufrieden! Das hier ist unser Leben. Wir wollen nichts anderes. Ein ganz ungeheurer Luxus, dessen größte Herausforderung darin liegt, ihn nicht zu übersehen.

Baja California

Die 1.200 km lange Halbinsel Baja California ist sehr amerikanisch. Viele Mexikaner sprechen hier Englisch und auf dauerhaft hier lebende Amis zu treffen, ist Alltag.

Wir folgen einer üblen Schotterpiste – ein Geheimtipp unseres Gastgebers in San Diego. Der Track mag mit einem leichten Vollcrosser eine Freude sein. Für unsere schwer beladenen Möchtegern-Enduros ist er harte Kost. Der Zustand wird immer schlechter. Aber bestimmt kennt ihr das auch: Umdrehen möchte man partout nicht. Schließlich weiß man ja schon, wie beschissen die Strecke dann wäre und außerdem käme das dem Eingeständnis einer Niederlage gleich. Also fährt man sehenden Auges immer weiter in sein Unglück.

Einen Platz am Wasser zum wild Campen zu finden, ist hier kein Problem. Es ist so einsam, dass man beim Schwimmengehen bedenkenlos die Badesachen weglassen kann. Wilde Esel und Kojoten sind die Einzigen, die uns im Adam- und Eva-Kostüm sehen.

Am nächsten Tag geht die Schinderei weiter. Der Schweiß fließt in Strömen und wir halten mittlerweile im Halb-Stunden-Takt an, um Wasser zu trinken und im spärlichen Schatten unserer Motorräder kurz auszuruhen.

Deprimierend: Offensichtlich wird hier in Kürze eine feine Teerstraße gebaut. Dann muss sich die berühmte Rally Baja 1000 eine neue Strecke suchen. Uns überholen hier nämlich immer wieder zwei- und vierrädrige Fahrzeuge in halsbrecherischem Tempo, die offensichtlich zu der in einigen Wochen hier stattfindenden Rally gehören. Neben dem Staub, den wir schlucken müssen, schmerzt auch die Erkenntnis, dass man als echter Könner diese elende Felsbrocken-Piste offensichtlich ganz anders meistern kann als wir.
Zurück auf der Mex1 genießen wir das mühelose Dahinrollen auf dieser tadellosen Straße und den Anblick der Kakteen-Landschaften, für die die Baja berühmt ist. Als es zu dämmern beginnt, schlagen wir uns einfach ein paar hundert Meter weit in die von unzähligen Kaktus-Arten übersäte Wüste. Einer der stimmungsvollsten Lagerplätze, die wir je hatten!

Wohl dem, der seine Daten sichert!

Ich könnte schreien! Seit zwei Tagen versuche ich verzweifelt, mein Netbook zu retten. Nach einer Defragmentierung der Festplatte ging gar nichts mehr. Mittlerweile habe ich mein Pulver komplett verschossen und begebe mich entnervt auf die Suche nach einem Fachmann in der High-Tech-Wüste Mexiko. Apropos Daten retten - ganz wichtig, wenn auch lästig: Daten sichern! Wie oft haben wir auf dieser Reise Leute getroffen, die den Verlust all ihrer Fotos und Videos beklagten, weil ihnen die Kamera geklaut wurde oder die Datenträger defekt waren. Alter, Hitze, Wasser, Erschütterungen, und manches mehr kann Grund dafür sein. Fotos, Videos und wichtige Infos sollte man daher regelmäßig mindestens einmal, besser noch zweifach sichern. Dafür sollte man schon zu Hause ein Konzept entwickeln, bei dem man zum einen die Datenmengen bedenken sollte (für Videos oder hochauflösende Fotos kommt da enormer Speicherbedarf zusammen) und zum anderen, wie man die Datensicherung durchführen will. So mag z.B. das Hochladen auf Webspace und dergleichen mit einem leistungsfähigen Netz in Europa super funktionieren. Mit öffentlichem WIFI (=WLAN) oder in Entwicklungsländern kann man das jedoch vergessen. Wie so oft ist auch hier einen Plan B in petto zu haben nicht das Schlechteste.
Dokumente, Buchungsbestätigungen und dergleichen sollte man sich übrigens immer einscannen und selbst als E-Mail zuschicken oder anders im Netz ablegen.
Pins und Passwörter kann man mit Verschlüsselungs-Programmen schützen oder zumindest als Bild (JPG) mit unverfänglichem Namen ablegen, damit sie von Schad-Programmen nicht so leicht gefunden und automatisiert ausgelesen werden können.
Das Thema kann ich natürlich aufgrund seiner Komplexität nur anreißen und für die Meisten ist es bestimmt alles andere als spannend. Nichtsdestotrotz empfehle ich nachdrücklich, sich vor der Reise damit zu beschäftigen. Sonst ist im Falle des Desasters der Frust groß. Und das Desaster kommt nicht vielleicht, sondern früher oder später mit großer Wahrscheinlichkeit.
Artverwandtes Thema: Nie mit nur einer Kredit-/Geldkarte reisen. Zwei, drei oder vier sind ein Muss – möglichst sowohl Visa- als auch Mastercard. Neben technischen Defekten an der Karte, gibt es immer

wieder Probleme mit manchen Kartenarten und Banken in den einzelnen Ländern. Selbstredend, dass man die Karten idealerweise auch nicht alle am selben Ort aufbewahrt, damit Diebe einen nicht total ruinieren. Wir haben da echt schon traurige Geschichten erlebt, wo Reisende böse in Schwierigkeiten und nur noch nach langen und allergrößten Mühen an ihr Konto kamen.

Lucha Libre

Während mein Netbook in Behandlung ist, nutzen wir die Zeit, mit einigen Einheimischen zum Lucha Libre zu gehen. Das mexikanische Wrestling soll eine viel längere Tradition haben, als die amerikanische Version. Ein einmaliges Spektakel! Wir amüsieren uns königlich! Dass die Akteure ganz sicher nicht in der ersten Liga spielen, tut der Sache keinen Abbruch. Ganz im Gegenteil, es ist dem Unterhaltungswert noch förderlich. Phasenweise ist das Ganze eher slapstickmäßig. Mehr als einmal geht der Schau-Kampf auf den Rängen und inmitten des Publikums weiter, was vor allem die vielen Kinder begeistert! Die Top-Acts sind ein Zwerg (und man muss verdammt klein sein, um bei all den zu kurz geratenen Mexikanern als Zwerg zu gelten) und „das Skelett", das bei jeder Gelegenheit in unmissverständlicher Weise ansetzt, die Gegner zu Anal- oder zu Oral-Sex zu zwingen. Es weniger eindeutig zu beschreiben, würde der Sache einfach nicht gerecht. Ich schmunzle die ganze Zeit vor mich hin, weil ich mir vorstelle, wie mancher Elternteil nach der Show angesichts der Fragen seiner Sprösslinge in Erklärungsnot kommt.

Copper Canyon

Mit der Fähre setzen wir aufs mexikanische Festland über. Einige Tage später stehen wir am Rande des Barranca del Cobre. Über den hatten wir auf dem Motorradreise-Treffen in Kanada einen Amateurfilm gesehen: 1.800 Meter auf einer einspurigen Geröllpiste in endlosen Serpentinen (natürlich ohne Leitplanken) in die Schlucht runter. Was mich in leicht angetrunkenem und damit mutigem Zustand damals sofort mit Begeisterung erfüllte und damit zum einzigen festgesetzten Punkt unserer Reiseplanung südlich der USA wurde, war für Simon erst mal eine typische Männer-müssen-sich-beweisen-Schwachsinns-Idee. Das Befragen von zig Leuten in den letzten Monaten brachte uns auch nicht weiter. Die Erfahrungsberichte reichten von „gar kein Problem“ bis zu „vollkommen unmöglich mit euren Kisten“. Um ein zweites Prudhoe Bay Trauma zu vermeiden, beschließen wir, es auszuprobieren.

Was Copper Canyon (Barranca del Cobre) genannt wird, sind übrigens insgesamt über 20 Schluchten, die zusammen größer als der weit bekanntere Grand Canyon in den USA sind, wobei neun von ihnen auch tiefer als dieser sind. Der berühmte Abstieg geht dabei genaugenommen auch nicht in den Copper Canyon, sondern in den Batopilas Canyon, an dessen Ende das gleichnamige Städtchen liegt.
Wir atmen vorsichtig auf. Für eine Piste ist die Strecke in passablem Zustand. Nichtsdestotrotz ist es nicht jedermanns Lieblings-Disziplin, Geröll- oder Schotterpisten in Kehren bergab zu rutschen. Und bis man 1.800 Höhenmeter hinter sich hat, hat man manchen Tropfen Schweiß vergossen. Dass sich das Klima dabei extrem verändert, tut sein Übriges. Oben war es tagsüber angenehme 20 Grad und und nachts immer deutlich unter Null, unten im Tal (2.000 Meter tiefer) herrscht subtropisches Klima.
Als wir das Städtchen Batopilas endlich nach gut zweieinhalb reinen Fahrstunden (plus einigen Wasser- und Foto-Pausen sowie den üblichen Miltär-Kontrollen) erreichen, sind wir verschwitzt, verdreckt, strahlen über beide Ohren und sind mächtig stolz. Wir geben ehrlich zu, dass wir uns unsicher waren, ob wir diesem Abenteuer gewachsen wären. Aber etwas zu meistern, dem man sich anfangs nicht wirklich gewachsen fühlte, gibt einem ein unglaublich gutes Gefühl und für andere Herausforderungen in der Zukunft mehr Mut. Erfahrungen wie diese sind es, auf die wir auf dieser Reise gehofft haben!

Auf uns wirkt Batopilas wie ein nettes, friedliches Dörfchen. Die harte Realität sieht anders aus. Sechs Morde in den letzten Jahren. Alle unter Drogenbanden oder politisch motiviert. Alle unaufgeklärt. Die bis an die Zähne bewaffneten Bullen haben in erster Linie damit zu tun, vor der Wache, die schräg gegenüber unseres Hotels liegt, herumzulungern. 70 Prozent der Bevölkerung leben vom Marihuana-

Anbau. Gelegenheits-Prostitution unter den jungen Latinas ist keine Seltenheit. Die Mädels fliegen auf die Jungs mit (Drogen-)Geld und Koks. Sitzengelassene Minderjährige mit Kindern sind die Folge. Das ist die Schattenseite von Mexiko. Für uns ist Batopilas jedoch, wie gesagt, ein nettes friedliches Örtchen, in dem die Zukunft in Form von Autos und Fernsehen eine interessante Koexistenz mit der Vergangenheit führt: Cowboys zu Pferde, überall Kühe in den Straßen und Indios in traditioneller Tracht.

Love Motels

Von den Liebes-Motels haben wir schon gehört. Heute wollen wir eins ausprobieren. Man sieht sie in den Randgebieten jeder großen Stadt. Sie werden von vielen jungen Menschen (die in der Regel oftmals gar nicht so jung sind, wenn sie endlich bei den Eltern ausziehen) oder für Seitensprünge genutzt, die in Mexiko genauso wie die Zweit- und Dritt-Familie weit verbreitet sind.
Wir sind begeistert. Ein sauberes Zimmer zu einem fairen Preis. Und das Allerbeste: Zu jedem im ersten Stock gelegenen Zimmer gehört eine eigene abgeschlossene Garage darunter. Bequemer geht es für Motorrad-Globetrotter nicht mehr. Da kann man einfach das ganze Gepäck auf dem Motorrad lassen.
Kaltes Bier wird zu überraschend günstigen Preisen vom Zimmerservice durch eine diskrete Klappe ins Kuschelzimmer geliefert, das durch eine gewisse Verruchtheit durchaus eine erotische Atmosphäre ausstrahlt. Die Liste, der per Telefon beim Empfang bestellbaren Stimulanzen reicht von Alkohol bis hin zu Sexspielzeug in diversen

Varianten. Leider hat unser Kabelfernsehen keine Porno-Kanäle und auch die Table-Dance-Stange fehlt, von der uns andere Krad-Reisende berichteten. Sonst wäre das Erlebnis Love Motel perfekt gewesen. Aber vielleicht hat es auch sein Gutes, denn ich will mir gar nicht vorstellen, welche Blessuren und Rückenzerrungen wir uns beim unausweichlichen Nach-Turnen der Stangenakrobatik in angetrunkenem Zustand hätten zuziehen können.

Razzia in Guadalajara

Wir fahren kreuz und quer durchs Land und genießen Mexiko von seiner schönen Seite, bevor wir Guadalajara ansteuern.
Guadalajara kennt man ja, oder? Um ehrlich zu sein: Wir hatten noch nie von Mexikos zweitgrößter Stadt gehört, in deren Großraum mit neun Millionen Menschen so viele Leute leben, wie in den vier größten Städten Deutschlands zusammen. So was wird uns im Rahmen unserer Weltumrundung noch so manches Mal begegnen. Millionen-Städte, gegen die deutsche Metropolen wie Dörfer wirken, Flüsse, die zigmal so groß wie Rhein und Donau sind, Gebirge die um ein Vielfaches höher sind als die Alpen und manches mehr, das einem vor Augen führt, wie wenig man letztendlich doch über diesen Planeten weiß.
Erster Eindruck von der Guadalajara: Hier geht es verkehrstechnisch ganz anders zu, als auf dem Land! Zum wesentlich chaotischeren und aggressiveren Fahrstil kommen noch lokale Spezialitäten in Sachen Verkehrsrecht, die uns das Leben schwer machen. Z.B. haben Ost-West-Straßen vor Nord-Süd-Straßen grundsätzlich Vorfahrt. Von dieser schwer einzuhaltenden Regel gibt es dann noch reichlich nicht beschilderte Ausnahmen, die nur den Einheimischen bekannt sind. Uns kommt es oft so vor, als hätte derjenige Vorfahrt, der einfach beherzt drauf los fährt. Eine Taktik, die sich in den Folgejahren als durchweg erfolgreich erweist und die wir uns nach unserer Rückkehr nach Deutschland nur mit Mühe wieder abgewöhnen können.

Wir werden vom Exil-Kölner Chris herzlich empfangen und gehen den ersten Abend mit ihm spontan auf ein Punk-Konzert. Das entpuppt sich als illegale Veranstaltung, was hier wohl nicht gar so ungewöhnlich ist. Prompt wird der Veranstaltungsort von schwer bewaffneten Bullen gestürmt und für alle Anwesenden heißt es: „Ausweis raus und Hände an die Wand!“. Ich habe natürlich wie immer aus Sorge, ihn zu verlieren oder gestohlen zu bekommen, keinen Pass dabei. Ob aus Gnade oder aus Angst vor internationalen Verwicklungen, der Einsatzleiter ordnet jedenfalls nach einigem Hin und Her an, mich gehen zu lassen. Ich atme erleichtert auf. Eine Nacht im mexikanischen Knast hätte sich als Anekdote gut gemacht und doch ist es ein Erlebnis, auf das ich gut verzichten kann. Dank glimpflichem Ausgang finden wir die Aktion kurz danach höchst unterhaltsam! Großes Kino! In einer netten Kneipe spülen wir den Schreck mit Bier und Hochprozentigem runter und lassen unsere unterschiedlichen Perspektiven dieses kleinen Abenteuers Revue passieren.

Ausnahmezustand

Wir reisen gemächlich und nutzen die Gelegenheit, über den Tellerrand zu schauen. Schnorcheltrips sind klasse, Ausflüge zu Pferd nicht wirklich unser Ding, wie wir nach mehreren Anläufen entscheiden.

Touristisch hat Mexiko einiges zu bieten, aber oft wirkt es genau so auf uns: Touristisch. Kleine Berg-Städte mit engen Gässchen sehen wunderbar aus, sind aber mit ihren Einbahnstraßenregelungen regelmäßig ein Albtraum in Sachen Quartiersuche per Motorrad.

In Angangueo erleben wir, was das Gegenstück zu einem Höhen-Feuerwerk ist. Funkensprühende Feuerwerksgestelle werden durch die Menge getragen. Es blitzt und zischt, es raucht und knallt um uns rum und aus jeder nur erdenklichen Richtung. Unsere Haut wird an unzähligen Stellen versengt und wir müssen die Augen zusammenkneifen. „Infernalisch" ist das Wort, das einem unwillkürlich in den Sinn kommt und doch ist diese Fiesta ein Heidenspaß!
Wir erkunden von dort das berühmte Monarch Butterfly Sanctuary und bestaunen Millionen von zarten Faltern, die in riesigen Trauben an den Bäumen hängen. Als wir ins Städtchen zurückkehren, ist das wie ausgestorben. Der Unterschied zum Vortag ist extrem. Alle Geschäfte sind geschlossen. Kaum Menschen oder Autos auf der Straße. Am nächsten Morgen scheint jedoch alles wieder normal zu sein, bis uns der Typ von der Tourist-Info auf der Straße abfängt und mit besorgtem Gesicht den Hintergrund erklärt. Kriminelle Vereinigungen hätten anlässlich der Verhaftung ihres Oberhauptes Flugblätter verteilt, in denen sie diverse Aktionen angekündigt hätten. Am Vortag seien 20 Menschen erschossen worden und besagte Banden hätten LKW und Busse auf Straßen quergestellt und abgefackelt. Der Mann wirkt echt besorgt und rät uns eindringlich, die Provinz SOFORT zu verlassen, was angesichts der Veränderung zum Vortag, als er noch alle möglichen Ziele im Umland angepriesen hatte, umso eindringlicher rüber kommt.
Wir sind erst einige Kilometer weit gefahren, als wir in eine großangelegte Polizei-Kontrolle kommen. An einer Landstraßenkreuzung überprüfen zwei Dutzend Polizisten in schusssicheren Westen die Fahrzeuge. Hinter Sandsäcken verschanzte Bullen richten ihre Sturmgewehre auf uns. Das wirkt alles unentspannter, als die Militärkontrollen, die wir schon gewöhnt sind. Meine Leibesvisitation fällt ungewohnt ruppig und sehr gründlich aus. Später klärt uns ein Einheimischer über die Zusammenhänge auf. Am sichersten für Normalbürger sind die Provinzen, in denen der Mafia-Chef fest im Sattel sitzt.

Wenn es der Polizei und der Armee gelingt, einen Cheffe einzukassieren, führt das zu Vergeltungsaktionen, wie wir sie soeben erlebt haben, und es entbrennt ein blutiger Machtkampf um die Nachfolge, dem auch Zivilisten zum Opfer fallen können.

Ist Mexiko gefährlich?

Angesichts von weit über 10.000 Toten in diesem Jahr könnte man zu einem JA neigen. Aber bei genauerer Betrachtung sind dies fast alles Opfer von Bandenkriegen oder Kämpfen zwischen Kriminellen und der Staatsmacht. Wer da nicht zufällig zur falschen Zeit am falschen Ort ist, hat als Zivilist wenig zu befürchten. Ein Mexikaner beruhigte uns jüngst mit einem sehr anschaulichen Beispiel. Von echten Drogen-Schmuggel-Gangstern hätten wir nichts zu befürchten. Die würden mit ihrem lukrativen Geschäft großes Geld verdienen und hätten wahrlich besseres zu tun, als ein paar schmuddeligen Krad-Vagabunden die alten Enduro-Stiefel zu klauen. Leuchtet ein!
Gefährlich sei hingegen das wild Zelten auf Waldwegen oder

Lichtungen, da dort durchaus eine Schmuggelroute sein könnte, auf der des Nachts Gesellen unterwegs sind, die erst mal schießen, bevor sie fragen. Auch von Erinnerungsfotos von Marihuana Plantagen wurde uns abgeraten, da diese in der Regel mit Schusswaffen bewacht werden.
Die Krux von der Geschichte: Analysiere genau die Gefahren, um zu verstehen, ob sie für dich als (Motorrad-)Reisender relevant sind und ob die kritische Region tatsächlich auf deiner Route liegt. So manche Warnung des Auswärtigen Amtes entpuppt sich in diesem Licht als halb so schlimm.

Grundsätzlich kommt man bezüglich Kleinkriminalität mit gesundem Menschenverstand und einem gewissen Gespür, das sich mit zunehmender Reiseerfahrung verbessert, ganz gut durch. Wer natürlich mit fetter Kamera um den Hals und teurer Uhr am Handgelenk durch eine lateinamerikanische Stadt und dort vielleicht sogar noch durchs falsche Viertel stolziert, der braucht sich nicht zu wundern, wenn seine Luxusartikel neue Besitzer finden.

Moloch Mexiko City

Eigentlich wollten wir uns Mexiko City nicht antun. Diese Megastadt mit 20 Millionen Einwohnern ist nicht nur eine der größten der Welt, sie ist auch für ihre total überlasteten Straßen, ihren chaotischen Verkehr und - aufgrund ihrer Lage - für ihren starken Smog berühmt-berüchtigt. Alles Argumente, dort nicht hinzufahren! Garrys Einladung konnten wir dann aber doch nicht widerstehen. „Garrys Hostel“ ist nicht wirklich ein Hostel. Auf rein privater und unentgeltlicher Basis beherbergt er mit Begeisterung Motorradreisende.
Dass man hier herzlich aufgenommen wird und unkompliziert für einige Tage oder gar Wochen bleiben kann, hat sich herumgesprochen! Garry und seine Frau Yvonne bräuchten bestimmt eine Weile, um alleine all die Länder zusammenzubekommen, aus denen die Krad-Reisenden kamen, die sie in den letzten Jahren zu Besuch hatten! Wir bleiben fünf Tage bei den beiden und haben Probleme, alle Söhne, Töchter, Freundinnen, Schwiegermütter, Untermieterinnen und Hunde in diesem eigentlich nicht allzu großen Haus

mit Namen zu verbinden. Dazu kommen noch ein walisischer und ein ukrainischer Motorradreisender. Hier ist echt Leben in der Bude! Die mehrstündige Fahrt ins Stadtzentrum mit öffentlichen Verkehrsmitteln wagen wir nur, weil uns unsere Gastgeber geduldig das komplizierte System erklären, das für Außenstehende fast unbegreiflich ist. Neben Sightseeing steht wie so oft die Abarbeitung unserer Shopping- und To-Do-Liste auf dem Programm. Zu Hause ist vieles einfacher. Da weiß man genau, wo man dies und jenes zu günstigen Preisen bekommt. In einem fremden Land werden auf den ersten Blick einfache Beschaffungen oft zur Suche nach der Nadel im Heuhaufen. Wenn es nicht so frustrierend wäre, könnte man dem Ganzen sogar was abgewinnen. Nicht selten lernen wir auf diese Weise ganze Städte kennen, indem uns Senior A zu Seniora B schickt, die das Gesuchte zwar auch nicht hat, aber sicher vermutet, dass Senior C am anderen Ende der Stadt es ganz bestimmt hat. In fröhlichen Momenten nennen wir es liebevoll Ersatzteil-Pingpong, in frustrierten Momenten anders.

Mit einem Umweg zu einem Motorradhändler kommen wir an dem Tag, an dem wir diesen Moloch von Stadt verlassen, auf 150 km. Hört sich vielleicht nicht nach viel an, ist aber einer der schlimmsten Tage meines Krad-Fahrer-Lebens. Komplett durchs verkehrskollabierte Stadtgebiet. Stau, Stau und noch mehr Stau. Wir fahren über Hunderte von „Topes“ (Bodenschwellen zur Geschwindigkeitsreduktion). Wir müssen so oft an diesem Tag ein- und auskuppeln, dass die Unterarme kaum noch gehorchen wollen. Und das alles auf einer Höhe von 2.200 bis 3.200 Metern und vor allem bei üblem Smog! Am Abend sind wir total fertig und fühlen uns regelrecht krank. Der Reizhusten wird uns noch tagelang verfolgen.

Deutscher Plagegeist & mexikanische Gastfreundschaft

In Teotihuacán, dem kleinen Städtchen bei den gleichnamigen Pyramiden, gibt es einen Campingplatz - zwar nicht gerade eine Rarität, aber doch eher selten in Mexiko! Wir freuen uns, endlich nochmal in unserem Heim schlafen zu können und ganz nebenbei mal nicht mit Gastgebern kommunizieren zu müssen. Doch zu früh gefreut. Wir haben noch nicht mal angefangen, unser Zelt aufzubauen, da gesellt sich schon der extrem mitteilungsbedürftige, deutsche Rentner zu uns, der mit seinem Campingbus zehn Meter weiter steht. Neben seiner halben Lebensgeschichte erfahren wir innerhalb kürzester Zeit auch, was in Mexiko im Allgemeinen und an diesem Ort im Speziellen alles Scheiße ist. Dieser Langzeitreisende ist so negativ, dass man sich fragt, warum er nicht in Ost-Deutschland geblieben ist und sich die Mühen der Reise durch die USA und Mexiko erspart hat. Selbst beim Essen bombardiert er uns mit Infos und leider auch mit sehr anschaulichen Details seiner zugegebenermaßen schlimmen Krankengeschichte: Übelste Hautausschläge und blutig rohe Fußsohlen. Erst nachdem wir ihn mehrfach aufgefordert haben, wenigstens während wir essen dieses Thema fallen zu lassen, gibt er kurz Ruhe. Menschen gibt's...

Die Pyramiden von Teotihuacán sind übrigens die drittgrößten der Welt und trotz aufdringlicher Verkäufer, die uns auf Schritt und Tritt belästigen, unbedingt einen Besuch wert.

Ein weiteres Mexiko-Highlight bleibt uns leider versagt: Die Straße zwischen dem Iztaccihuatl und dem Popocatepetl hindurch. Letzterer gehört zu den aktivsten Vulkanen der Welt und macht gerade mal wieder seinem Ruf alle Ehre, weshalb die Straße auf unbestimmte Zeit gesperrt ist.

Frustriert setzen wir uns einfach vor die Absperrung und picknicken. Ein kleiner Junge bringt uns einen Käse als Geschenk. Die dazugehörige achtköpfige Familie auf Wochenend-Ausflug winkt zu uns herüber und macht die Daumen-hoch-Geste. Am Ende werden Fotos gemacht. Die ganze Familie mit uns vor unseren Motorrädern. Der Vater, der selbst Motorradfahrer ist, bringt unseren Krad-Vagabunden-Aufkleber mit sichtlichem Stolz auf der Windschutzscheibe seines Autos an. Solche Erlebnisse machen gute Laune!

Weihnachten unter Palmen

Weihnachten erleben wir in einem schnuckeligen Dörfchen am Pazifischen Ozean, das von Surfern, Jung-Hippies, Aussteigern und jugendlichen Backpackern bevölkert ist. Weihnachten unter Palmen fühlt sich übrigens trotz wochenlanger Gewöhnung durch den Vorweihnachtstrubel, der sich kaum vom heimischen unterscheidet, ziemlich befremdlich an.

Dass wir am Isthmus von Tehuantepec, wo die beiden Ozeane nur durch 200 km Land getrennt sind, von Nord- nach Südamerika wechseln, hat zwar praktisch keine Auswirkungen, aber hohen Symbolwert für uns. Statt uns dem Hochgefühl hinzugeben, ist jedoch volle Aufmerksamkeit gefragt. Hier unten weht eine solch steife Brise, dass uns Einheimische zur Weiterfahrt auf der schlimmsten Etappe nur zu den windärmeren Morgenstunden raten. Warum die nächste Stadt übersetzt „die Windige“ heißt, wird uns nun auch klar.

Die Strecke nach Palenque ist großartig. Kurven über Kurven und überall Dschungel - immer wieder durchbrochen von außerordentlich farbintensiven Flüssen. Wir fühlen uns endlich nicht nur geographisch, sondern auch landschaftlich in Mittelamerika angekommen! Dass die Strecke zu den schönsten des Landes zählt, erkennt man unter anderem daran, dass uns in wenigen Stunden mehr als ein Dutzend Motorrad-Fernreisender begegnen - mehr als wir in den letzten zwei Monaten in ganz Mexiko getroffen haben.

Mit Kindern auf Langzeitreise

In Palenque, wo wir die nächsten drei Nächte campen wollen, empfangen uns ein witziges Schweizer Pärchen in den 60ern, das in seinem Mercedes-LKW mit Wohnkabine auf dem Weg nach Südamerika schon seit drei Jahren durch Mexiko tourt und eine vierköpfige Familie aus Sachsen, die mit einem Polo-Kombi mit deutschem Kennzeichen dort ist. Dass der ältere Sohn dieses Jahr in die weiterführende Schule hätte wechseln müssen, war DIE Chance, nochmal für ein Jahr auf Tour zu gehen. Als er nämlich im Alter des Jüngeren (=noch vor der Schule) war, sind sie schon mal ein Jahr mit ihm per Motorrad gereist! Wir staunen und erfahren, dass auch diese Tour eigentlich wieder mit zwei Motorrädern geplant war. Eine Woche vorm Start hatte ihnen die Reederei, die versprochen hatte, ihre Motorräder nach der Osteuropa/Nordafrika-Etappe von Ägypten nach Mexiko zu verschiffen, die Preise jedoch so exorbitant hochgesetzt, dass es das Aus für den Motorradplan war. Kurzerhand haben sie innerhalb von wenigen Tagen die komplette Reise von Motorrad auf Auto umorganisiert. Das nenne ich Kampfgeist. Schade, dass diese faszinierende Familie schon am nächsten Morgen abreist und wir uns nicht länger mit ihnen unterhalten können!

Sie sind übrigens nicht die einzigen, die so was machen. Schon einige Male sind wir auf unserer Tour Familien mit schulpflichtigen Kindern begegnet. Deutsche sind dabei allerdings bei Weitem in der Unterzahl, da es in unserem Land zwar möglich, aber bürokratisch recht schwer ist, die Kinder selbst zu unterrichten. In Frankreich oder Kanada ist so was viel einfacher und der Anteil dieser Nationen unter den „fahrenden Familien“ daher deutlich höher.

Kotzend ins neue Jahr

Der Grund dafür, dass wir Palenque angesteuert haben, sind die Maya-Ruinen, die für sich schon interessant sind, aber durch die Dschungel-Umgebung eine ganz besondere Atmosphäre haben!

Mit Ingolf, einem schrullig liebenswerten Krad-Reisenden aus Simons Region, feiern wir ins neue Jahr. Aus Heimatliebe stoßen wir mit dem ersten Bier schon um 17.00 Uhr lokaler Zeit an, weil dann in Deutschland Mitternacht ist. Über die hiesige Silvester-Ziellinie schaffen wir es dann nur noch mit Ach und Krach. Morgens fühlen wir uns überraschenderweise so gut, wie noch nie an einem Neujahrsmorgen. Wir sind top fit! Irgendwie wird es dann aber doch fast Mittag, bis wir endlich loskommen. Als wir noch schnell am Supermarkt halten, um Reiseproviant einzukaufen, geht es mir plötzlich nicht mehr so richtig dolle. Mir läuft der Schweiß in Strömen und mir ist schwindelig, was ich auf das heiße, feuchte Dschungel-Klima schiebe. Als wir eine Stunde später zum Tanken anhalten, bin ich so fertig, dass ich Simon mitteile: „Das nächste Motel nehmen wir, auch wenn es erst 13.00 Uhr ist. Ich kann nicht mehr.“ Murphy's law: Ausgerechnet jetzt kommt und kommt kein Motel oder eine Stelle, wo wir unser Zelt aufschlagen könnten. Minuten fühlen sich wie Stunden an. Irgendwann geht es einfach nicht mehr und ich muss mitten in der Pampa anhalten. Ich komme nur mit Mühe vom Krad runter, da mein Kreislauf Achterbahn fährt. Ich lasse mich einfach am Wegesrand auf den Rücken fallen. Als es mir auch nach einer Stunde nicht besser geht, fährt Simon los, um etwas zu suchen, wo wir unterkommen können. Wie's der Teufel will, ist an der Stelle, wo ich liege nämlich alles umzäuntes Ranchland mit Rindviechern drauf, wo wir beim besten Willen nicht wild campen können. Während Simon weg ist, wird's noch schlimmer. Ich muss einige Male mächtig kotzen. Nach endlos lang erscheinenden eineinhalb Stunden knattert sie endlich wieder heran und verkündete zu meinem Entsetzen, ich müsse 23 km bis zum nächsten Hotel fahren. Dazu fühle ich mich nicht in der Lage. Mir läuft der Schweiß in Strömen, ich habe Fieber, Herzrasen und Atemprobleme.

Das sind die harten Momente auf Reisen. Wenn man nicht mehr will und glaubt, auch nicht mehr zu können. Aber man hat keine Wahl. Man MUSS. Zähne zusammenbeißen und durch. Das sagt sich übrigens leicht, wenn man nicht selber mitten drin steckt im Schlamassel. Die 23 km bis zum Hotel sind jedenfalls die härtesten und längsten Motorradkilometer, die ich je gefahren bin. Im Nachhinein bin ich froh, dass wir nicht einfach vor Ort am Straßenrand gecampt haben, denn nachts passieren mir im fiebrigen Halb-

schlaf mehrere Malheure! So was in Motorradhose oder/und Schlafsack/Zelt wäre ein Albtraum. So kann ich danach wenigstens unter die Dusche, wo die weltbeste Krankenschwester mir in meinem geschwächten Zustand nach besten Kräften hilft, mich zu reinigen.
Nach zwei Tagen ist das Schlimmste überstanden und wir fahren weiter Richtung Karibik. Meine Beine sind noch wie aus Gummi und mein ist Magen weit entfernt davon, in Ordnung zu sein. Aber wir rollen wieder und das ist das Wichtigste!
Als ich einigen Freunden von der Geschichte schreibe, stellt sich heraus, dass es zwei von ihnen an genau dieser Stelle ebenfalls schon mal erwischt hat. Der eine hat tagelang in seinen eigenen Exkrementen gelegen, wie er mir berichtet. Da wird mir einmal mehr bewusst, was für ein Vorteil es ist, zu zweit zu reisen! Es wird nicht das letzte Mal sein, dass ich über Simons Anwesenheit in derartigen Momenten heilfroh bin. Mehr als einmal wäre ich ohne sie in den nächsten Jahren schlichtweg auf der Strecke geblieben!

Yucatan Halbinsel

Wie so oft zwingt uns die Suchen nach Ersatzteilen zu einem unliebsamen Umweg. Diesmal in den Teil der Yucatan Halbinsel, den wir unbedingt meiden wollten. In Playa del Carmen fängt die Pauschal-Touristen-Zone an, deren berühmtester, respektive berüchtigster Ort Cancun ist. Die Stadt ist fast noch schlimmer als befürchtet. Im letzten Tageslicht suchen wir mühsam nach einer halbwegs bezahlbaren Unterkunft und landen letztendlich und notgedrungen im Hof eines Hostels - die einzige Möglichkeit in dieser Stadt zu zelten. Der abgemachte Preis wird, nachdem unser Zelt einmal im überfüllten Hof auf Tuchfühlung mit den anderen Zelten aufgebaut ist, unverschämterweise angehoben. Nicht nur wir werden so abgezockt. Was will man machen? Das Zelt steht, es ist mittlerweile dunkel. Wieder abbauen und den Abzockern den Stinkefinger zeigen? Zudem wird die ganze Nacht in unmittelbarer Nähe gekifft und unermüdlich geschwätzt. Die ganze Nacht! Ich werde echt zu alt und vor allem zu intolerant für so was. Sehnsüchtig denke ich an das menschenleere Nord-Kanada zurück, wo wir uns zwar um Bären gesorgt haben, aber die bekommen wenigstens keinen Laber-Flash auf Italienisch oder Hebräisch. Am nächsten Tag fällt uns der Abschied leicht. Wir finden ohne Probleme den Honda-Dealer, der zu unserer großen Überraschung alles hat, was wir brauchen. Selbst beim Eisenwarenhändler bekomme ich passende Alu-Dichtringe und Schrauben. Für mexikanische Verhältnisse ein unglaublich schneller Erfolg! Weiter im Süden ist die Halbinsel erträglich und wir verbringen noch einige letzte schöne Tage in Mexiko, das uns gut gefallen hat, aber alles in allem nicht zu den spannendsten Motorradreise-Ländern für uns zählt.

Letzte Amtshandlung: Laminierte Farbkopien von unseren Papieren machen, die wir dann in Mittelamerika bei Kontrollen an (korrupte) Bullen aushändigen werden. Sollten sie uns mit der üblichen Masche zu Schmiergeldern drängen wollen, so werden wir ihnen fröhlich diese Dokumente überlassen.
In Deutschland wäre eine so plumpe Täuschung undenkbar, aber in Mittelamerika haben wir von einigen gehört, klappt das immer. Wir werden sehen...

Karibik-Flair in Belize

Wir sind schon total gespannt auf dieses Land, das bis 1981 noch British Honduras hieß. Warum viele Pan-Amerika-Reisende es ganz auslassen oder in einem einzigen Tag hindurch hasten, ist uns schleierhaft.
Zugegeben, es ist ein teures Land, verglichen mit seinen Nachbarn. Aber alles, was wir im Vorfeld über Belize erfahren haben, klingt so interessant, dass wir es unbedingt mit eigenen Augen sehen wollen. So ist es zum Beispiel das einzige Land in Mittelamerika, dessen Amtssprache Englisch ist. Ein ganz ungewohntes Gefühl für uns, wieder alles zu verstehen.
Auch die Menschen sind hier ungewöhnlich für Mittelamerika. Die meisten sind schwarz, wodurch es vor allem an der Küste so richtig karibisch auf uns wirkt. Neben den Latinos sieht man auch immer wieder weiße Männer in Latzhosen und mit Cowboy-Hüten und weiße Frauen in dunklen Kleidern und mit Strohhüten – Mennoniten. Wir kennen sie schon aus Kanada und Mexiko. Im sechzehnten Jahrhundert verließen sie die Niederlande, weil sie als Pazifisten nicht bereit waren, zur Armee zu gehen und weil sie sich weigerten,

Steuern zu zahlen. Auf ihrer Suche nach einem Land, in dem sie nach ihren Vorstellungen leben könnten, haben sie sich erst in Preußen, dann in Russland, Kanada, Mexiko und seit den 1950ern auch in Belize niedergelassen, wo sie, wie überall, sehr erfolgreich Landwirtschaft betreiben. Was ihre Weigerung, Steuern zu zahlen angeht, macht das die Mennoniten ja ganz sympathisch, aber wie sie Landwirtschaft betreiben ist ziemlich umstritten. Sie setzten angeblich in hohem Maße Pestizide und Wachstumshormone ein und pflanzen alles an, was Geld bringt. Zumindest wurde uns überall berichtet, sie würden auch Marihuana anbauen und es verkaufen. Wahrheit oder Neid?
Die interessante Mischung aus einigen Latinos, vielen Schwarzen, dazu noch den Mennoniten und ein paar Chinesen, die fast alle Supermärkte zu besitzen scheinen, ist alleine schon den Besuch von Belize wert. Das Land hat übrigens die zehnfache Fläche von Luxemburg, aber nur 300.000 Einwohnern. Zum Vergleich: Luxemburg bringt es immerhin auf eine halbe Million. Belmopan, die Hauptstadt ist mit 15.000 Einwohnern gar die kleinste Landes-Hauptstadt der Welt!
Genug der trockenen Fakten. Los geht's und zwar mit einem Fehlstart in Sachen Geldabheben. Simons Bankkarte, die wir von Mexiko aus extra bei ihrer Bank für ganz Mittel- und Südamerika hatten freischalten lassen, fühlt sich schon wieder außerhalb ihres Zuständigkeitsgebietes. Ein Anruf im deutschen Callcenter gestaltet sich schwierig, da der Telekommunikations-Monopolist in Belize Skype gesperrt hat. So bleibt nur ein normales Telefonat zu exorbitanten Gebühren, das uns schnell den Blutdruck hochtreibt. Der Callcenter-Mitarbeiter berichtet uns nämlich, dass Belize in ihrer Datenbank als EHEMALIGE englische Kolonie als EU-Mitglied verschlüsselt ist und somit sich unsere Mittelamerika-Kartenfreischaltung nicht auf dieses Land erstreckt.
Willkommen in Absurdistan. Bitte holen sie jetzt ganz tief Luft, bevor sie weiter reden. Es soll nicht das letzte Drama bleiben, das wir mit dieser Bank erleben.
Vorsicht Falle: Man kann unterwegs zwar eine Bankverbindung schließen, aber kein neues Giro- bzw. Kreditkarten-Konto eröffnen, da dafür gemäß Geldwäschegesetzt eine Identifikation (persönlich oder per Post-Ident-Verfahren) in Deutschland nötig ist. Vom

außereuropäischen Ausland aus geht das nach meinem Verständnis nicht. Ergo nie mit nur einer Bankverbindung auf Reisen gehen! Wir kennen Fälle, wo Reisende, die diesen Fehler gemacht haben, plötzlich mächtige Probleme hatten.

In Hopkins, einem kleinen Ort an der Küste, fühlen wir uns nicht nur wegen der vollständig schwarzen Bevölkerung wie in der Bilderbuch-Karibik. Hier gefällt es uns viel besser als an der mexikanischen Karibik-Küste! Wir zelten im Schatten von Bäumen, höchstens fünf Meter vom Meer entfernt. Traumhaft! Unsere Wirtin ist ein netter, allerdings auch ziemlich exzentrischer New Yorker Alt-Hippie, die hier mit Elvis, ihrem eingeborenen Liebhaber, lebt. Der ist allerdings anstrengend. Ein Quartalssäufer, der die vier Tage, die wir dort verbringen von morgens bis abends hackenstramm ist. Keine Seltenheit in dieser Gegend, wie wir erfahren. Unser Eindruck vom männlichen Teil der Bevölkerung fällt großteils schlecht aus. So mancher scheint eine Abneigung gegen ehrliche Arbeit und dafür ein Faible für grausame Tierquälerei, Dope und Alk bis zum Umfallen zu haben.

Das zweitgrößte Riff der Welt, das Barrier Reef, lockt so manchen Touristen in das Karibikland. Ein Schnorchel-Trip mit einem kleinen Bötchen bei trübem Wetter bleibt jedoch weit hinter unseren Erwartungen an dieses Naturwunder zurück.

Anekdote am Rande: Wir lernen einen einäugigen Israeli kennen. Ein umgänglicher Bursche, der uns spontan sympathisch ist. Das

Gespräch dreht sich irgendwann ums Geldverdienen auf Reisen. Als ich ihn frage, ob er den gut bezahlten Job in Kalifornien, den er soeben erwähnte, illegal oder auf Steuerkarte gemacht hat, antwortet er mir mit einem süffisanten Lächeln: „Ich hatte eine Uzi und habe ein Marihuana-Feld bewacht. Ist damit deine Frage nach der Lohnsteuerkarte beantwortet?"

Wir erkunden auf dem bescheidenen Straßennetz das Landesinnere und verbringen hier und da noch ein paar schöne Tage. Endergebnis und Siegerehrung: Belize ist durchaus nett, aber kein Land, das man unbedingt einmal im Leben bereist haben muss.

Guatemala – Faulheit regiert den Zoll

Die Einreise nach Belize war noch Aufwärm-Training. Jetzt kommt die erste „richtige" mittelamerikanische Grenze. So widersinnig es klingen mag: Ich freue mich auf diese Herausforderung. Die Ausreise aus Belize klappt wunderbar. Das englische Erbe schlägt sich hier positiv nieder. Auf guatemaltekischer Seite ist nach der Immigration jedoch Schluss damit. Der für den Import der Motorräder zuständige Beamte will nicht arbeiten, weil die Brücke über den Grenzfluss wegen Bauarbeiten bis 19.00 Uhr geschlossen ist. Wo liegt da die Logik? Bestimmt ist er zu dieser Zeit dann nicht mehr im Dienst und wir müssten die Nacht im Niemandsland verbringen. Warum uns nicht schon jetzt abfertigen? Nicht zum letzten Mal balle ich an einer mittelamerikanischen Grenze die Faust in der Tasche und versuche, mein unkooperatives Gegenüber mit Charme zum Arbeiten zu bewegen. Wir werden für die Anfertigung von Kopien in die nächste Stadt geschickt – zu Fuß, weil die Brücke ja gesperrt ist. Als ich zurück bin, hat Señor Arbeitsscheu sich dünne gemacht. Nach langem Suchen finde ich eine freundliche Kollegin, die sich nach einigem Zögern unserer Sache annimmt. Erste Erkenntnis: Wir brauchen weitere Kopien, die man direkt um die Ecke machen kann, anstatt bis in die Stadt zu laufen, wie „der Faule" uns weismachen wollte. Irgendwann ist alles ordnungsgemäß ausgefüllt und wir halten unsere Einfuhrbescheinigungen in der Hand. Jetzt steht nur noch diese Brückenbaustelle zwischen uns und Guatemala. Und siehe da, auch die ist kein Problem. Es gibt eine Umleitung, die schon den ganzen Tag in Betrieb ist. Dieser elende Lügenbaron vom Zoll!

Trotz des Verdrusses sind wir ein wenig stolz, unsere erste Bewährungsprobe in Sachen lateinamerikanische Grenzen gemeistert zu haben, und mir persönlich hat die ganze Sache sogar Spaß gemacht. Solange so was nicht allzu sehr ausartet, finde ich es amüsant und herausfordernd. Außerdem rege ich mich doch so gerne auf.

Tikal

Als erstes fahren wir natürlich DIE Attraktion schlecht hin an: Tikal - die bekannteste Maya-Ruinenstätte überhaupt. Die umgerechnet 15 EUR pro Person stoßen uns unangenehm auf. Das ist für regionale Preise ein horrender Betrag. In tausend Kilometer Umkreise dürfte sich keine ähnlich teure Touristen-Attraktion finden. Am Ende zahlen wir dann aber doch und bereuen es nicht. Wenn man früh dran ist, halten sich die Besucherzahlen in erträglichen Grenzen. Tikal fasziniert nicht nur durch die einzelnen Gebäude und Pyramiden der Extra-Klasse, sondern auch durch die Weitläufigkeit der Anlage, das Dschungel-Setting und das üppige Tierleben, das es als Gratis-Zugabe oben drauf gibt.

Höhlentour für Mutige

Auf der Finca Ixobel treffen wir die vierköpfige Sachsenfamilie wieder und unterhalten uns ausgiebig mit diesen entspannten und faszinierenden Menschen.

Die Finca hat übrigens ein Konzept, das wir seit Mexiko oft

angetroffen haben. Die unterschiedlichsten Unterkünfte sind im Angebot: Von Hotelzimmern, über Cabañas (Hütten) und Baumhäusern bis hin zur Möglichkeit, zu campen oder einfach nur seine Hängematte aufzuhängen (was ziemlich gängig ist).
Dass hier ab dem frühen Abend ein bewaffneter Wächter patrouilliert, spricht für sich. So was haben wir in Mexiko oder Belize nie erlebt.
Hier machen wir für einen extrem fairen Preis eine der besten Höhlentouren, die wir je erlebt haben, und zwar eine, bei der es die meiste Zeit durchs Wasser geht. Mit Kopflampe, Badehose und stabilen Sandalen schwimmen, waten und klettern wir zwei Stunden lang durchs Wasser. Wenn der Pegel höher ist, muss man sogar tauchen. Ein großartiges Erlebnis! Vor lauter Staunen und Aufregung nimmt keiner die Wassertemperatur als unangenehm wahr oder klagt über die vielen spitzen Felsen. Dass wir am Ende alle einige Blessuren davontragen, scheint nur angemessen bei solch einem Abenteuer. Das Beste kommt zuletzt: Auf dem Hinweg durch die Höhle platziert unser Guide hin und wieder brennende Kerzen, so dass unser Rückweg romantisch gruselig illuminiert ist. Unser Tipp: Unbedingt mitmachen. Ganz großes Erlebnis-Kino!

Si claro – umweltgerechte Entsorgung von Giftstoffen

In El Estor, das malerisch an einem See liegt, finden wir ein schlichtes Hotelzimmer für sechs Euro. Die Kammer ist natürlich mal wieder sehr einfach: Kaum mehr Platz als für das Bett. Warmes Wasser hatten wir eh schon lange nicht mehr. Aber uns reicht so was. Dass das versprochene Internet nicht existiert, ist ärgerlich, aber so läuft das hier leider oft. Und dass es das lauteste Zimmer ist, das wir je hatten (die Messlatte dafür hängt seit Mexiko lausig tief), ist auch nicht tragisch. Zum einen haben wir uns ziemlich daran gewöhnt, bei

jeder Art von Lärm zu schlafen, zum anderen werden wir die nächsten Tage dankbar sein, überhaupt ein Hotelzimmer zu haben und nicht sterbenskrank und bei tropischem Dauerregen im Zelt gefangen zu sein. Doch dazu später mehr.
Wir baden unter heißen Wasserfällen, fahren mit dem Kanu durch eine Schlucht und werden bei der Eröffnungsfeier des Honda-Händlers vom Alleinunterhalter vermutlich als Gaststars angepriesen. Wir verstehen kein Wort, was Simon nicht davor bewahrt, auf der Bühne zu enden.

Nach der Kür kommt die Pflicht. Technischer Dienst an den Krädern gehört zum lästigen Teil des Fernreisealltags. Seit Wochen suchen wir passende Bremsflüssigkeit für unsere ABS-Motorräder und ausgerechnet in diesem Kaff werden wir nach dem üblichen Ersatzteil-Pingpong fündig. Mit der guten alten per-Hand-Methode wechseln wir die Bremsflüssigkeit an beiden Krädern. Eine mühsame Sache, aber es funktioniert.

Letzter Akt des heutigen technischen Dienstes: Simon besteht auf der korrekten Entsorgung der alten Bremsflüssigkeit! Ich schüttle nur den Kopf, verkneife mir aber zynische Bemerkungen über die Aussichtslosigkeit des Unterfangens.
Simon hat die Ehre mit Kauderwelsch und Pantomime in dem Laden, in dem wir die neue eben gekauft haben, die alte zur fachgerechten Entsorgung abzugeben. Die Jungs starren uns entgeistert an, willigen aber dennoch freundlich mit einem „si claro“ ein. „Si claro“ hat übrigens zuweilen eine ähnliche Bedeutung, wie die bei Ehefrauen und Freundinnen beliebte doppelte Bejahung „ja, ja“. Ich mache mir keine Illusionen über die Entsorgungsmethode und bin froh, dass sie nicht noch Geld für diesen Pseudo-Service verlangen.

Lebensgefährliche Radikal-Diät

Mir geht es schon den ganzen Tag immer schlechter. Abends liege ich dann mit hohem Fieber flach. Auch nach drei Tagen geht es mir nicht besser und mittlerweile sind die dadurch ausgelösten Dehydrierungs-Symptome trotz extrem viel Trinken massiv. Am Morgen des vierten Tages ist es dann so schlimm, dass mir angst und bange wird. Mein Körper glüht, in meinem Kopf explodieren Schmerz-Blitze im Sekundentakt und mein Herz schickt Alarmsignale. Der „Gang“ zum Doc wird unausweichlich. Ohne Simons Drängen, hätte ich mich dieser Erkenntnis verschlossen. Mit vermutlich fatalen Folgen.
An zum Arzt GEHEN ist allerdings nicht zu denken! Simon bugsiert mich mit Mühe und Not in ein Taxi und zu einem Arzt, den sie vorher ausfindig gemacht hatte. Dank detaillierter Beschreibung des Krankheitsbildes in der üblichen Mischung aus Kauderwelsch und Pantomime hat der ruck zuck raus, dass ich eine Harnleiter-Entzündung habe. Mein deutscher Urologe hätte dafür ja meinen Urin untersucht, aber ein fehlendes Mikroskop machte der gute Mann durch Selbstbewusstsein wett. Und ich muss sagen: Seine Diagnose klingt einleuchtend. Deshalb hatte ich also drei Tage lang 20mal am Tage pinkeln müssen! Das Beste an der Diagnose ist: Eine Schnell-Heilung ist möglich durch eine sofortige Antibiotika-Spritze, eine am nächsten Tag und dann nochmal acht Tage Tabletten. Ein mehr oder weniger schnelles Ende meines elenden Leidens und kein Weiter-

transport nach Guatemala City! Gerettet! Ich würde dem Mann am liebsten um den Hals fallen. Na ja, ganz so einfach ist es dann doch nicht. Simon muss später noch mal durch den Regen und ihn zu einem Hausbesuch holen, damit er mir noch eine zweite Schmerz-Spritze gibt. Ich konnte nur noch wimmern vor Kopfschmerzen und habe zum ersten Mal eine Ahnung bekommen, wie es Migräne-Kranken gehen muss!
Apropos Regen: Während ich darnieder lag, hat es all die Tage geschifft! Da kam Wasser in Mengen runter, wie wir es aus Deutschland nicht kennen. Glück im Unglück für uns. Da unser weiterer Weg ab hier über Drecks-Pisten geht, hätten wir ohnehin nicht weiterfahren können und zudem kühlte sich die Lufttemperatur dadurch auf fast erträgliche Grade ab. Wie ich die vier Tage Fieber bei den normalerweise hier herrschenden tropischen Temperaturen hätte wegstecken sollen, kann ich mir nicht vorstellen.
Nachdem das Gröbste überstanden ist, ist die Stimmung direkt wieder gut und die Reise-Lust ungebrochen wie eh und je! Allerdings wird es noch einige Tage dauern, bis ich wieder soweit fit bin, dass wir die nächste schwierige Etappe in Angriff nehmen können. Unter anderem stehe ich vor der total ungewohnten Aufgabe, mir Reserven anfuttern zu müssen. Ich hab seit unserem Reisestart 14 kg Gewicht verloren - fast alles diesen Monat durch die beiden heftigen Krankheiten. So leicht war ich das letzte Mal als Teenager.
Mit jedem Tag geht es mir langsam besser. Auch wenn ich noch weit von meiner alten körperlichen Kondition entfernt bin, die Ruhelosigkeit treibt uns weiter. Erst mal haben wir jedoch ein Problem. Der heftige Dauer-Regen der letzten Tage, gepaart mit den Temperaturen hier, hat unseren Maschinen rostmäßig schlimmer zugesetzt, als ein durchgefahrener Winter zu Hause! Und vor allem: Beide Zündschlösser lassen sich nicht mehr drehen! Ein altes leidiges Thema. Schon in Deutschland hatte Simons Zündschloss immer wieder gehakt, so dass wir es letzten Endes auf Garantie hatten austauschen lassen. Das würde hier schwierig bis unmöglich sein, da lokale Honda-Dealer das Programmieren der Wegfahrsperre bei einem neuen Zündschloss mit ziemlicher Sicherheit nicht leisten könnten. Aber mit Geduld und viel WD40 Öl bewegen sich beide Schlösser nach einiger Zeit wieder. Wir atmen auf! Zeigt einmal mehr: WD40 ist ein ganz wichtiges „Werkzeug“, das man immer

dabei haben sollte!

Die Landschaft auf der Strecke nach Cobán ist vom Feinsten! Ein halber Tag Schotter- und Dreckpiste ist allerdings trotz passablem Zustand der Straße für mich noch ganz schön anstrengend. Aber statt mich in einem Hotelzimmer zu langweilen, sitze ich wenigstens wieder auf meinem Motorrad und das fühlt sich gut an und ist somit bestimmt der Rekonvaleszenz förderlich!

Stürze gehören zum Fernreise-Alltag

Unser Ziel ist der Parque Nacional Semuc Champey. Die Piste dorthin hat es in sich. Einige Male kommen wir ins Schwitzen und an einem steilen Stück mit grobem Geröll haut es mich schwungvoll hin. Die Karre liegt abschüssig und direkt vor einer Kurve. Simon hat mit Mühe noch weiter oben halten können und kann nun weder vor noch zurück und bei dem starken Gefälle nicht mal absteigen, um mir zu helfen. Zwei Motorrädchen kommen den Berg hoch und können meinem Krad im letzten Moment ausweichen, was bei dem Pistenzustand echt eine Meisterleistung ist. Sie halten weiter oben und helfen mir, das Motorrad aufzurichten, was wegen des Gefälles nicht einfach und übrigens genau das „Richtige“ für mich mit meinem Leistenbruch ist. Aber ich habe keine Wahl. Auch Simon schafft die Passage letztendlich nicht ohne Sturz - allerdings kommt sie glimpflicher davon. Einer meiner Koffer hat übel was abbekommen und hält so gerade noch.
Was uns im Nachhinein mehr als der Sturz selber ärgert: Es war mal wieder eine dieser dramatisch fotogenen Szenen, die echt was hermachen und wir haben sogar dran gedacht sie zu fotografieren, bevor wir die Karre wieder aufgerichtet haben. Aber der Fotoapparat war nicht zugänglich, weil wir ihn in Guatemala aus Angst vor Überfällen immer tief im Koffer vergraben! Mist!

In der nächsten Stadt machen wir uns dann einige Tage später auf die Suche nach einem Karosserie-Betrieb, der den Koffer richten könnte. War in Mexiko noch das Problem, dass Werkstätten sich mit ungerechtfertigtem Selbstbewusstsein an Technologie wagten, der sie nicht gewachsen waren, so ist das Dilemma hier genau anders herum

gelagert. Alle winken ab, sobald sie sehen, aus welchem Material die Koffer sind. An Alu will sich hier keiner wagen. Erst im vierten Anlauf ist eine Werkstatt bereit, sich der Sache anzunehmen.
Die Methode ist zwar nicht gerade materialschonend, aber das Ergebnis kann sich sehen lassen. Nach zehn Minuten hat der Schlosser die Box mit beherzten Hammerschlägen unter Zuhilfenahme diverser Holzklötze und Bretter wieder in einen ordentlichen Zustand gebracht. Alle Fluchten sind in Ordnung, die Halter in der richtigen Position, der Deckel passt und die Schlösser schließen wieder. Wow! Der Mann versteht sein Handwerk wirklich und verlangt gerade mal zwei Euro dafür.

Dreckpisten & Erdrutsche

Fahrerisch ist Guatemala nicht ohne. Wir haben aufgehört, die Erdrutsche zu zählen. Typische Situation: Als wir steil bergauf um eine Haarnadelkurve herumfahren wollen, ist die Hälfte der Fahrbahn verschüttet. Von oben kommt ein großer Lastwagen, der eigentlich halten und uns erst durchlassen müsste. Soviel zur Theorie. Mit Mühe und Not steuern wir die Kräder in den Schutt, ziehen die Handbremse und rutschen zu unserem Entsetzen aufgrund des extremen Gefälles gepaart mit dem Drecks-Untergrund sofort rückwärts den Hang runter. Bange Momente, bis die Motorräder mit der Fußbremse zum Halten kommen.
An einer anderen Stelle ist die Straße durch einen Erdrutsch unpassierbar geworden. Die Umleitung ist natürlich eine Dreckspiste und geht steil bergab, inklusive Haarnadelkurven. Mein persönliches

Albtraum-Szenario: Man bremst vor einer scharfen Kurve zärtlich und perfekt dosiert und das Vorderrad rutscht auf dem losen Untergrund einfach weiter GERADEAUS. Bremsen und um die Kurve lenken funktioniert hier nicht gleichzeitig. Die Alternative ist achselschweiß-intensiv und lässt Pauschal-Urlaube für einen ganz kurzen Moment als attraktive Reiseform erscheinen. Zum Glück sind solche Augenblicke moralischer Schwäche fix überwunden.

Schulbank drücken und Projekt-Büro

In Guatemala gibt es wirklich in jeder Stadt und jedem noch so kleinen Städtchen günstige Sprachschulen. Die meisten Traveller entscheiden sich für die touristische Perle und Sprachschul-Hochburg Antigua. Uns erscheint Guatemalas zweitgrößte Stadt Quetzaltenango, das üblicherweise nur Xela genannt wird, attraktiver. Die Preise sind hier für die Sprachschulen in geringem Maße und für Unterkünfte sogar deutlich günstiger. Außerdem ist die Stadt weniger touristisch, was uns immer lieber ist. Wir mieten uns wochenweise zu einem günstigen Preis in ein Hostel ein und Simon sucht sich aus den gefühlt hundert Spanish Schools eine sympathische aus. Fünf Stunden Einzelunterricht täglich kosten pro Fünf-Tage-Woche unglaublich günstige 60 EUR! Besagter Einzelunterricht wird zudem ganz auf die Fähigkeiten und (thematischen) Bedürfnisse des Schülers ausgerichtet.

Wenn Simon aus der Schule kommt, qualmt ihr der Kopf. Trotzdem paukt sie tapfer täglich nochmal zwei Stunden „zu Hause". Unser Zuhause hat übriges unter anderem einen Kühlschrank und eine Gemeinschaftsküche. Ungewohnter Luxus für uns, den wir genießen. Verderbliche Lebensmittel müssen endlich mal nicht am Kauftag komplett aufgebraucht werden und man kann z.B. einfach, wenn es einem in den Sinn kommt, an den Kühlschrank gehen und sich ein KALTES Bier holen! Was für ein Genuss!

Dank meines extremen Un-Talents für Fremdsprachen war direkt klar, dass ich mich dem Kampf mit der spanischen Sprache nicht stellen werde. Statt dessen betreibe ich zwei Wochen lang Online-Research für unsere weitere Reise. Wie überqueren wir den Darien Gap zwischen Panama und Kolumbien? Routenplanung für Südamerika. Kontaktaufnahme mit örtlichen Motorradreisenden und so weiter. Was für andere eine Strafe wäre, macht mir großen Spaß: Täglich viele Stunden vor dem Netbook sitzen, recherchieren, Informationen zu noch vielen weiteren Themen außer den oben genannten zusammentragen und diese dann auch noch sinnvoll managen. Außerdem ist es mal eine ganz angenehme Abwechslung, täglich ein paar Stunden eigene Wege zu gehen. So profane Dinge, wie zum Beispiel den Zeitpunkt des Frühstücks oder was gegessen wird, spontan und ohne Rücksprache mit dem Partner entscheiden zu können, tut für ein paar Tage mal ganz gut.

Räuber-Piste am Lago de Atitlan

Der See und die ihn umgebenden Vulkane sind wirklich wunderschön und das landschaftliche Highlight dieses Landes! Die Umrundung dauert einige Stunden und im Süd-Westen des Sees gibt es einen Straßenabschnitt, der es in sich hat. Knöcheltiefer Staub (Bulldust) und Schlaglöcher in Kombination mit der Steigung machen zwei miese Kurven zu echten Herausforderungen für uns, die wir nur in mehreren Versuchen meistern. Auf diesem schlechten Abschnitt eskortiert uns die Polizei, da es hier regelmäßig zu Raubüberfällen kommt. So fordernd wie dieser Abschnitt ist, kann ich mir gut vorstellen, warum die Räuber diese Stelle wählen. Man ist extrem langsam unterwegs und hat kaum Widerstandskraft gegen einen Überfall, wenn man alle Hände voll damit zu tun hat, mit dem Krad in der Senkrechten zu bleiben und die Steigung zu erklimmen. Andererseits hätte ein Ganove vielleicht sein blaues Wunder erlebt, wenn ich an ihm meinen Frust über diesen Scheiß-Hügel und meine Unfähigkeit, die Piste (elegant) zu meistern, ausgelassen hätte.

Ultra Low Budget

Vor uns tuckert ein schwer bepacktes Fernreise-Motorrädchen den Berg hoch. Das kann doch nur unser Kumpel Nick sein, den wir mit seiner 125er schon mehrfach in Mexiko getroffen haben. Ruck zuck

wird am Straßenrand ein Käffchen gekocht und munter geschwätzt. Das Leben als Krad-Vagabund hat durchaus seine Sonnenseiten.
Gegen Nick sind wir übrigens feudal unterwegs. Er zeltet ausschließlich wild und hat ein persönliches Tagesbudget von drei Dollar! Damit kommt man nur hin, wenn man mindestens einmal am Tag Porridge isst und auf Tabak, Alkohol und manch anderen Genuss konsequent verzichtet.
Der Hubraum seines Mopeds würde in Europa und Nordamerika vermutlich für herablassende Verachtung sorgen. Wir sehen mittlerweile durchaus die Vorzüge. Bei Pisten, die für uns selbst mit viel Wagemut und Schweiß nicht zu meistern sind, zuckt Nick nur mit den Achseln und hält drauf. Das kleine Moped kann man notfalls über die schlimmsten Passagen hinwegzerren. Außerdem sind die Betriebskosten für das Motorrädchen viel niedriger als für unsere schweren Maschinen und zudem bekommt er im Gegensatz zu uns überall Ersatzteile auf diesem Kontinent, auf dem kaum ein Motorrad mit mehr als 200 ccm unterwegs ist.

In Antigua trifft sich das fahrende Volk

Im Touristenmagneten Antigua sammeln sich die Low Budget Overlander (=Fernreisenden) auf dem Gelände der Touristenpolizei. Hier kann man sicher und vor allem für lau campen – null-Sterne-Sanitäranlagen und von der Polizei zur Verfügung gestelltes WIFI (=WLAN) inklusive.
Antigua im Allgemeinen und das Camp der Touristenpolizei im Speziellen ist eines dieser Nadelöhre, durch das alle hindurch müssen und so vergeht kaum ein Tag, an dem wir nicht irgendeinen anderen Globetrotter-Bekannten mit großem Hallo begrüßen. Die Abende sind angefüllt mit Fernreisenden-Gesprächen und Info-Austausch und dementsprechend feuchtfröhlich.
Tagsüber mangelt es nicht an Möglichkeiten, sich touristisch zu betätigen. In Mittelamerika gibt es Vulkane, wie Sand am Meer und wir haben schon einige Touren gemacht. Die auf den Pacaya-Vulkan ist die bislang beste. Bei immer dichter werdendem Nebel wandern wir durch die außerirdisch wirkende Lava-Landschaft. Es wird zunehmend wärmer. Aus Löchern im Boden strömt siedend heiße Luft. An einer Stelle kann man sogar in eine Höhle gehen, in der es

sich anfühlt, als wäre in der Sauna das Thermostat kaputt. Hölle! Später sitzen wir in dieser Nebelsuppe, in der man kaum ein paar Meter weit sehen kann, mit rund 50 anderen Touristen und warten. Worauf wir warten, ist uns nicht klar. Bei Sonnenuntergang reißt plötzlich ein Loch in der Nebelwand auf und schlagartig verschwindet alles Grau um uns herum wie von Geisterhand. Die Ausblicke, die sich uns nun bieten, sind atemberaubend! Wir stehen buchstäblich über den Wolken.

Der Abstieg im Dämmerlicht ist dann auch noch vom Feinsten. Aus dem Watte-Wolken-Meer ragen majestätisch drei Vulkane auf und lassen uns ergriffen verharren! Wow!

Die Mutter Teresa der streunenden Hunde

Simon wird die nächsten zwei Wochen in einem Hundeasyl arbeiten. Ehrenamtliche Arbeit ist in Guatemala eine regelrechte Industrie, bei der es anscheinend oftmals weniger darum geht, die Arbeitskraft der Freiwilligen zu nutzen, als sie abzukassieren. Manche Leute zahlen

hohe Vorabprämien, die im schlimmsten Fall an dubiose Vermittler und im besten Fall an die jeweilige Organisation direkt gehen. Tagespauschalen, die der Freiwillige zu löhnen hat, sind die Regel. Das können erhebliche Beträge sein oder, wie in Simons Fall, ein mehr oder weniger moderater Kosten-Beitrag für Strom und Wasser (der immerhin dem Preis eines einfachen Hostel-Einzelzimmers entspricht).
Simons Verein macht aber vorab einen seriösen Eindruck, der sich auch auf den ersten Blick bestätigt, als ich sie montags dort abliefere.

Als ich sie zwei Wochen später wieder abhole, hat sie dunkle Ringe unter den Augen und in ungesundem Maße Gewicht eingebüßt. Typisch für sie: Simon hat sich voll reingehangen, was angesichts der Massen an Hunden eine Sisyphusarbeit ist. Alleine bei ihrer Beschreibung der zwei nächtlichen Gebellrunden der 300 Tölen und ihres allmorgendlichen Kläff-Konzerts um 5:00 Uhr wird mir ganz anders. Die Bilder von den Kastrationen, bei denen Simon aktiv mitgeholfen hat, verweigere ich anzuschauen. Was solche Dinge angeht, bin ich eine echte Memme und beim Gedanken, dass einem männlichen Geschöpf etwas Derartiges angetan wird, schrumpfen meine eigenen Hoden auf Erbsengröße zusammen, auch wenn ich den Sinn der Maßnahme theoretisch durchaus gut heiße. Nicht nur in Guatemala gibt es ohne Ende wilde Hunde, die ein echtes Problem darstellen und unter oftmals erbärmlichen Umständen vor sich hin vegetieren.

Tattoo-Marathon

Während Simon Hunde rettet, lasse ich mich in Antigua jeden zweiten Tag tätowieren. Eine wahre Tortur angesichts der Schlagzahl der Sessions und der tropischen Temperaturen, bei denen sich die Haut anders verhält als zu Hause. Aber die Chance ist zu verlockend. Für einen Bruchteil der heimischen Preise bekommt man in Mittel- und Südamerika mit etwas Glück (bzw. bei sorgfältiger Auswahl) durchaus europäisches Niveau in Sachen künstlerischer Fähigkeiten und technischer Ausrüstung geboten.

Unsere Sich-mal-was-gönnen-Spezial-Kasse

Auch wenn ich für die Tattoos nur ca. 20% der heimischen Preise zahle, so ist der Spaß trotzdem nicht billig, gemessen an unserem allgemeinen Lebensstil. Dennoch habe ich kein schlechtes Gewissen bei der Aktion.

Zu Beginn unserer Reise sah das anders aus. Dass wir kein laufendes Einkommen mehr hatten und mit begrenztem Budget (Erspartem) auskommen mussten, hatte uns ziemlich nervös gemacht. Plötzlich hatte alles ein Preisschildchen und eh wir uns versahen, standen wir mit beiden Füßen auf der Kosten- und leider auch auf der Spaß-Bremse.

Unbestritten kann man als Langzeitreisender nicht alles und jedes mitnehmen, wie man das als Zwei-Wochen-Urlauber ohne zu zögern tun würde. Aber sich alles zu verkneifen, ist auf Dauer auch frustrierend. Es hat eine Weile gedauert, bis wir eine Linie für uns gefunden haben. Der Schlüssel zum Erfolg ist, sich klar zu werden, was einem wirklich wichtig ist und wofür es sich somit lohnt, Geld auszugeben.

Ich mach es mal an einem einfachen Beispiel fest: Nach drei Tagen

Bush-Camping frage ich Simon, ob wir uns mal einen Zeltplatz mit Dusche gönnen oder ob wir uns statt dessen eine Flasche Wein fürs abendliche Picknick leisten sollen. Die Entscheidung fällt uns beiden leicht und zum Glück einhellig aus. Auf so manchen Luxus verzichten wir leichten Herzens. Andere Dinge sind für uns dann gefühlter Luxus pur, ohne dass sie unter Umständen gar viel Geld kosten.
Aus Faulheit oder Ignoranz zu viel zu zahlen, kommt für uns hingegen nicht in Frage. Dafür löhnen wir manchmal auch überzogene Preise für Weltklasse-Attraktionen, die wir sonst vermutlich nie wieder sehen könnten.
Ganz sicher variiert das, was einem wichtig ist, von Mensch zu Mensch. Der kritische Punkt ist jedoch für Reisende mit begrenztem Budget, sich darüber klar zu werden. Und dann hat man auch kein schlechtes Gewissen, wenn man für etwas Geld ausgibt, das man wirklich will.

Hier noch ein hilfreicher Trick: Wir haben uns eine Sich-mal-was-gönnen-Spezial-Kasse geschaffen und ihr einen bestimmten Betrag zugewiesen. Wann immer etwas Außerordentliches ansteht, das den finanziellen Rahmen des Üblichen sprengt, nehmen wir das Geld aus dieser Kasse. Wir waren überrascht, mit welch geringer Summe wir auf lange Sicht hinkamen. Und da die Gesamtausgaben auf diese Weise begrenzt sind, braucht man auch nicht zu panikieren, dass man sein Reisebudget und damit die Reise an sich ruiniert.
Falls die Reise-Partner sehr unterschiedliche Vorlieben in Sachen Extravaganzen/Vergnügungen haben, könnten zwei getrennte derartige Kassen auch ein gutes Mittel sein, um Diskussionen und Streit zu vermeiden.

Heißes Pflaster El Salvador

Endlich fahren wir wieder! So interessant die letzten Wochen der Quasi-Sesshaftigkeit in Guatemala als Erfahrung waren, uns haben das tägliche Motorradfahren und das Vagabunden-Leben gefehlt und wir sind froh, endlich wieder zusammen zu sein.
Wir platzen vor guter Laune, als wir uns auf den Weg nach El Salvador machen. Da tut auch die Hitze, die wir gar nicht mehr

gewöhnt sind, keinen Abbruch! Eine letzte Nacht in Guatemala und am Morgen geht es früh los zur Grenze.Wir brauchen zweieinhalb Stunden, bis wir die Grenzformalitäten geschafft haben und ins Land der Mara Salvatruchas rein fahren. Was sich wie ein Indio-Stamm anhört, ist eine extrem brutale und außerordentlich gewaltbereite Straßengang, die in die Hunderttausend zählt und sich in die Nachbarländer Mittelamerikas und bis weit in die USA ausgebreitet hat. Den Jungs wollen wir nicht über den Weg laufen, auch wenn uns ihre großflächigen Gang-Tattoos sehr interessieren.

El Salvador ist ein heißes Pflaster. Es soll eine der höchsten Kriminalitätsraten der Welt haben. Durchschnittlich zehn Morde pro Tag sind eine klare Ansage! Im Gegensatz zu Mexiko sind hier auch Reisende in hohem Maße betroffen. Bewaffnete Überfälle auf Touristen sind keine Seltenheit.

Die Mord-Rate wird uns übrigens am ersten Tag im Land direkt per Zeitungsschlagzeile bestätigt. Januar plus Februar: 600 Mordopfer!

Entgegen der Statistiken und Warnhinweisen sind die normalen Leute in El Salvador unglaublich nett und hilfsbereit! Wir hatten mal gelesen, dass die Menschen in Guatemala im Vergleich zu denen der anderen mittelamerikanischen Staaten eher zurückhaltend und reserviert seien. Nun verstehen wir, was damit gemeint ist! Dabei fanden wir die Guatemalteken schon sehr nett! Wir werden jedenfalls überall freundlich angesprochen und von unheimlich vielen Leuten angestarrt und beobachtet. Ob's daran liegt, dass wir Fremde sind oder an unseren Tattoos, die hier noch nicht modisch verbreitet,

sondern eher Verbrecher-Kreisen vorbehalten sind? Bedrohlich wirkt das Verhalten der Menschen auf alle Fälle nicht. Die Leute scheinen eher interessiert zu sein. Allerdings müssen wir uns erst mal an die lokalen Sitten gewöhnen. In Deutschland hat mich noch nie eine Verkäuferin an der Hand gefasst und gegen meinen körperlichen Widerstand versucht, in ihr Geschäft zu ziehen.
Dass El Salvador wirklich nicht ungefährlich ist, kann man auch hier an Kleinigkeiten erkennen. Schon in Mexiko und vor allem in Guatemala wurden unheimlich viele Gebäude und Geschäfte von bewaffneter Security bewacht. Aber hier in El Salvador ist dies noch viel ausgeprägter. Außerdem ist die Stadt mit Schusswaffen-verboten-Schildern gepflastert! Stacheldraht in mehreren Lagen schützt viele Häuser und Grundstücke. Nach Einbruch der Dunkelheit sind die Straßen auffallend menschenleer.
Uns hat El Salvador trotz der nicht zu leugnenden Gefahren gut gefallen. Dass hier weniger Touristen als bei den nördlichen Nachbarn unterwegs sind, macht das Ganze noch reizvoller.
Unvergessen unser Abend in einer Rotlichtbar in Santa Ana, wo wir die drittklassigen Animierdamen und die niveauvolle Einrichtung des Etablissements bestaunten, während wir unbehelligt unser kaltes Herz-Ass-Pilsener tranken.

Schmeißfliegen und Grenz-Frust

Die Ausreise aus El Salvador gibt uns einen zaghaften Ausblick auf den Bürokratie-Schwachsinn, der auf uns wartet. Als erstes müssen wir vom Vehicle-Permit (temporäre Einfuhrgenehmigung fürs Motorrad) eine Kopie machen, bevor es eingezogen wird. Diese Kopie wird dann abgestempelt und wir müssen wieder zum Copyshop gehen und von der abgestempelten Kopie eine Kopie machen. Für die Einreise nach Honduras nehmen wir uns zum ersten Mal im Leben einen Grenz-Helfer. Die Einfuhrprozedur fürs Motorrad ist die aufwendigste in ganz Mittelamerika. Ein Prozess, der seinesgleichen in Sachen Schwachsinn sucht. Nach jedem neuen Schritt, in dem ein Dokument bearbeitet wurde, geht es wieder zum Copyshop. Insgesamt fünf- oder sechsmal! Und zwischendurch heißt es immer wieder anstellen und warten. Ohne den Helfer hätte ich mit meinen paar Brocken Spanisch bestimmt große Probleme gehabt, die

Prozedur zu verstehen. Allerdings ist auch er weit entfernt davon, den Durchblick zu haben. Was ihm an Wissen fehlt, macht er durch Dreistigkeit und Betrügereien wieder wett. Zumindest versucht er es. Die zuvor ausgehandelte Gebühr von zwei USD verzehnfacht sich am Schluss. Da beißt er bei mir auf Granit und ich bin gar in Versuchung, ihm überhaupt nichts zu geben! Zudem gehen mir seine ständigen Lügengeschichten auf den Geist, mit denen er mir den Wert seiner Dienstleistung schmackhaft machen und seine Gage in die Höhe treiben will. Das Erlebnis hat meine Meinung über dieses Geschmeiß bestärkt. Ohne Not werde ich so einen Lump nicht noch mal anheuern!

Nach über drei Stunden ist die verfluchte Einreise nach Honduras endlich geschafft! Dank brütender Hitze, Zoff mit dem Helfer und Ärger über die unglaublich umständliche Prozedur und die dreisten Gebühren sind wir in gereizter Stimmung. Dabei hat der Tag noch einiges an Verdruss-Potential zu bieten. Honduras ist berüchtigt für extrem viele Kontrollen durch geldgierige, korrupte Bullen! Bei den ersten fünf Checkpoints schaffen wir es jedesmal, im Sichtschatten von Trucks durchzukommen. Beim sechsten sind wir dann fällig und werden angehalten. Entgegen dem Klischee sind die Beamten super freundlich und korrekt. Wir bekommen die Hand geschüttelt und die einzigen Fragen zielen auf das Woher und Wohin. Ähnliches hatten wir schon von einigen anderen Reisenden gehört. Nichtsdestotrotz dürften die negativen Geschichten, die ich aus erster Hand gehört habe, nicht erfunden sein. Und so sind wir froh, als die Grenze zu Nicaragua in Sicht kommt. Sofort fallen wieder die Schmeißfliegen über uns her und überschütten uns mit allerlei Lügen und beteuern, dass die Grenzprozedur außerordentlich kompliziert und ohne sie nicht zu schaffen sei! Ich bin noch so bedient von dem Dreckskerl vom Morgen, dass ich sie nur böse anknurre und mich ohne ihre Hilfe ans Werk mache. Klappt hervorragend. Nach zehn Minuten sind unsere Pässe gestempelt und ich habe unsere Motorräder aus Honduras aus- und nach Nicaragua eingeführt!

Nicaragua

Erleichtert und in bester Laune nehmen wir die ersten Kilometer in diesem, bei Reisenden sehr beliebten Staat unter die Reifen, das auch prompt seinem Ruf als das Land der Seen und Vulkane gerecht wird. Auf einem guten Teil der Strecke nach Leon haben wir einen der beiden aktiven Krater Nicaraguas im Blick. Wir umrunden den rauchenden Vulkan Telica in weitem Bogen und können ihn so aus wechselnden Perspektiven bewundern.

Nachdem wir die Raubritter-Länder El Salvador und Honduras geschafft haben, ohne auch nur ein einziges Mal von korrupten Cops angehalten worden zu sein, sind wir etwas verwundert, dass wir in Nicaragua schon nach kurzer Zeit fällig sind. Der eine Gesetzeshüter versucht die Sache ernsthaft und bedrohlich anzugehen, der andere der beiden will aber trotz Anschiss des Kollegen nicht mitziehen und schüttelt mir freundlich die Hand, behält die Knarre lässig über die Schulter gehängt und interessiert sich für unsere Motorräder und dafür, was wir von Nicaragua halten. Da die Erinnerung an Honduras noch frisch ist, gebe ich Nicaragua ein spontanes Double-Thumbs-Up, was wohl so ehrlich rüberkommt, dass die Ausweiskontrolle endgültig abgebrochen wird und die Jungs uns stattdessen den Weg nach Leon erklären, den man - nebenbei bemerkt - echt nicht verfehlen kann. Aber wer würde solch Freundlichkeit mit arroganter Klugscheißerei kontern? Selbst ich kann hin und wieder taktvoll meine Klappe halten.

Leon ist ein nettes Städtchen und wie immer nehmen wir die Atmosphäre eines für uns neuen Landes mit Begeisterung in uns auf und vergleichen alles und jedes mit den zuvor bereisten Ländern. Auffällig ist die sehr viel höhere Anzahl von Bettlern in diesem Land, die ungewohnt dreist schnorren. Generell scheint die Armut hier größer zu sein. Dafür sind die Straßen abends voller Menschen, was wir als starkes Indiz dafür werten, dass Nicaragua wesentlich sicherer ist.

Rooster Fight

Unser persönliches Nicaragua-Highlight: Ein Hahnenkampf-Turnier. Für zwölf Dollar wird man zum Ort des Geschehens chauffiert und bekommt drei Stunden Rooster Fights und soviel Rum und Bier, wie man trinken kann.
Unter Tierschutzaspekten ist die Sache nicht ganz koscher, aber wir finden es spannend, es einmal im Leben gesehen zu haben, zumal hier fast nur Einheimische sind und das Ganze eindeutig keine für Touristen inszenierte Show ist. Auch wenn nicht gerade wenig Blut fließt, so wird doch, nicht zuletzt dank der kundigen Erklärungen unserer Guides, deutlich, dass man sich hier in Nicaragua um relativ natürliche Kämpfe mit Chancen-Gleichheit der Kontrahenten bemüht.
Der ganze Zirkus drumherum ist großes Kino. Die Einheimischen, die fette Beträge wetten, gehen voll mit und wir fühlen uns an glorreiche Tage auf der Pferderennbahn in Köln erinnert! Zu schade, dass ich sprachlich einfach nicht in der Lage bin, hier eine faire Wette zu platzieren und im Falle eines Gewinns diesen auch einzuklagen. Also lasse ich notgedrungen lieber die Finger davon. Leider.
Die Besitzer sind übrigens mit vollem Einsatz bei der Sache. Wenn die Kontrahenten in Rocky-Filmen sich den Mund ausspülen und ihre Trainer ihnen Wattestäbchen mit Trockeneis an die aufgeplatzte Augenbraue halten, dann nehmen Trainer beim Hahnenkampf standardmäßig den ganzen blutigen Kopf und Hals des Hahns in den Mund und saugen daran, um das Blut aus dem Schnabel und vor allem dem Hals zu entfernen. Die Amis in unserer Truppe kriegen sich aus nachvollziehbaren Gründen angesichts dieser Szenen gar nicht mehr ein. Zu schön ist der Cock-Sucker-Kalauer, den man nicht adäquat auf Deutsch übersetzen kann.

Vulkane, pittoreske Städtchen, entspanntes Leben – Nicaragua hat einiges zu bieten und doch wird es uns nach einigen Tagen ein klein wenig langweilig. Uns fehlt das Abenteuer. Nicht viel anders ergeht es uns im nächsten Land, in Costa Rica.

Die Schweiz Mittelamerikas

Welcome to Gringo-Land! Über kein Land in Mittelamerika gibt es mehr Dokus im deutschen Fernsehen als über Costa Rica, das ein Ausnahmestaat in dieser Region ist, was politische Stabilität und Sicherheit angeht. Außerdem ist das Land eines der führenden der Welt in umweltschutzverwandten Themen und ökologischem Tourismus. Aber auch was Action angeht, wird hier einiges geboten: Surfen, Rafting, Canyoning, geführte Quad- und Motorradtouren, Reiten, Zip-Lining und vieles mehr. Wer hier mit dem nötigen Kleingeld hinfährt, der kann jeden Tag ein anderes Highlight erleben. Die Kehrseite der Medaille: Costa Rica wird nicht wegen seiner wunderschönen Bergwelt die Schweiz Mittelamerikas genannt. Durch die vielen zahlungskräftigen Touristen aus den USA und Europa sind die Preise hier happig und wir haben manches Mal beim Bezahlen die Tränen in den Augen!
Manchmal kommt es uns so vor, als wäre jeder Baum in Costa Rica ein eigener Nationalpark, für dessen Betreten in der Regel zehn USD pro Person fällig sind. Das läppert sich ganz schön.

Frustrierende Anekdote: Wir haben gerade mal wieder unsere 2 x 10 USD abgedrückt, als ich einen Plattfuß an meinem Motorrad entdecke. Die Flicken wollen bei der Reparatur partout nicht auf dem Schlauch halten und so bleibt mir nichts anderes übrig, als mit Simons Motorrad (ohne GPS) eine zweistündige Fahrt über üble Pisten ins nächste Städtchen auf mich zu nehmen, um Ersatz zu besorgen. Der beste Teil des Tages ist um, als mein Motorrad endlich wieder auf zwei prall gefüllten Reifen steht und so beschließen wir, unsere Wanderung auf den nächsten Tag zu verschieben. Der beginnt jedoch mit Frust: Eintrittskarten sind in Costa Rica im Gegensatz zu vielen anderen von uns bereisten Ländern anscheinend immer nur am

Kauftag gültig. Und obwohl der Kassierer uns gestern bei unserem Malheur die ganze Zeit zugeschaut hat und durchaus Verständnis für unsere Misere aufbringt, bleibt er hart: Wir müssen nochmal 20 Dollar hinblättern, wenn wir in den Park wollen.

Auch wenn fast immer die Zahl der schaulustigen Touristen die der wilden Tiere übersteigt, so lohnt sich Costa Rica für Fauna- und Flora-Begeisterte auf alle Fälle. Hier gibt es tagsüber wie nachts echt was zu sehen. Wir sind jedoch schnell von dem permanenten Dollar-Aderlass genervt. Verglichen mit den Nachbarstaaten in Mittelamerika ist uns dieses Land einfach zu teuer und zu touristisch. Positiv zu vermelden ist: In Costa Rica kann man viel öfter zelten, als bei den nördlichen Nachbarn. Das gefällt uns gut!

Tom der Bäcker

Am Lago de Arenal soll es eine deutsche Bäckerei geben, die eine traditionelle Anlaufstelle für Motorradreisende ist. Wir sind überrascht, unsere Freunde Andi und Susanne dort vorzufinden. Die gucken noch überraschter als wir, da sie meinem Aprilscherz aufgesessen sind, wonach ich bei der Einreise nach Costa Rica verhaftet und nach Nicaragua abgeschoben worden bin. In Zukunft werden auch die beiden zu der nicht gerade kleinen Gruppe von Menschen gehören, die mir am ersten April kein Wort glauben.
Tom ist ein netter Kerl, mit einem großen Herz für (Motorrad-)-Weltenbummler und weiß interessante Geschichten zu erzählen über seine ersten harten Jahre als Einwanderer in diesem Land. Solche Erfahrungen aus erster Hand finden wir stets faszinierend. Das ist was ganz anderes als die überzeichneten und reißerischen Dokus im Fernsehen. Ähnlich wie bei Langzeitreisenden gibt es auch bei den Geschichten von Aussteigern und Auswanderern Licht- und Schattenseiten. Manch einer hat Glück, manch einer Pech und es ist nicht zuletzt eine Frage der Mentalität und des Kampfgeistes, welche der beiden Seiten in der persönlichen Wahrnehmung überwiegt.

Panama

Zehn Kilometer hinter der panamesischen Grenze ist Frust angesagt. In einer Polizei-Kontrolle wird ein fehlender Stempel auf unseren nicht gerade stempelarmen Fahrzeug-Import-Dokumenten moniert. Wir sind frustriert über den Fehler der Grenzer und fahren missmutig zurück, um dann prompt auch noch unser Gepäck durchsucht zu bekommen, bevor wir den vermaledeiten Stempel endlich ergattern. Leider verfolgt uns an diesem Tag das Pech. Mir platzt der Hinterreifen bei 90 km/h während des Überholens. Der Reifen faltet sich schlagartig zusammen, das Rad eiert und hüpft und ich komme übel ins Schleudern. Der reinste Rodeo-Ritt! Ich glaube in diesem adrenalinschwangeren Moment ehrlich gesagt nicht daran, dass ich mein Motorrad heil zum Stehen bekommen werde. Irgendwie gelingt es mir dann doch, mühsam auf dem Mittelstreifen auszurollen, während ich teilweise schon auf der Felge fahre. Was für ein Mist! Der Reifen sitzt so schief, dass ich das Motorrad weder geschoben, noch gefahren bekomme. Mir bleibt nichts anderes übrig, als auf dem Mittelstreifen der mehrspurigen Schnellstraße bei brütender Hitze den Reifen zu wechseln, während links und rechts Autos und Trucks beängstigend knapp an mir vorbeidonnern.

Wir besuchen zwei Exil-Kölner, die eine Strandbar betreiben und uns eine krasse, aber für derartige Länder nicht untypische Geschichte erzählen. Ein Kolumbianer hatte sich für das Nachbarrestaurant interessiert. Statt eine faire Kauf-Offerte zu machen, hat er den Richter bestochen, der den Grundbucheintrag änderte und fertig war der Eigentumsübertrag, gegen den dem rechtmäßigen Besitzer praktisch keine legalen Mittel blieben. Angesichts solcher Geschichten lernt man die Bedeutung des Wortes Rechtssicherheit zu schätzen. Dadurch, dass wir auf der Reise immer wieder Alternativen zum „deutschen Modell“ erleben, wird uns klar, was zu Hause alles gut ist, ohne dass wir es bisher als solches wahrgenommen haben. Die positiven Dinge waren selbstverständlich oder es wurde sogar auf hohem Niveau daran herum kritisiert. Unsere Sichtweise auf solche Aspekte des deutschen Lebens hat sich nachhaltig verändert.

Panama City ist mal wieder eins dieser Nadelöhre, durch das alle

Overlander durch müssen. Viele logieren wie wir im „Panama Passage", das auf motorisiert Reisende spezialisiert ist. Wir tauschen Infos und Anekdoten, kümmern uns um die Motorräder und bereiten die Darien-Gap-Überquerung vor.

Der Höllen-Trip über den Darien Gap

Wer sich die Region im Atlas auf einer großmaßstabigen Karte anschaut, mag glauben, man könne von Panama nach Kolumbien auf dem Landweg gelangen. In der Realität verbindet die beiden Länder jedoch ein praktisch undurchdringliches Sumpfgebiet, das zudem reinstes Outlaw-Territorium ist. Mit normalen Fernreise-Fahrzeugen ist da kein Durchkommen, weshalb eine Verschiffung nötig wird.

Erste Wahl für zweirädrig Reisende ist dabei zweifelsohne das Segelschiff Stahlratte, das jedoch derzeit auf einem längeren Segeltörn ist. Notgedrungen müssen wir auf den zwielichtigen Katamaran „Fritz the Cat" ausweichen, der im Vergleich zu den anderen dubiosen Alternativen wenigstens noch der Einäugige unter den Blinden ist.

Dass dieser Katamaran zwei Jahre später mit Passagieren und einem Motorrad an Bord auf eben dieser Passage absäuft, wissen wir zu diesem Zeitpunkt zum Glück noch nicht. Aber auch so ist die Aktion nicht unspannend. Schon bei der Verladung geht es abenteuerlich zu. Der Kapitän kassiert die Kohle und macht sich geschwind aus dem Staube, obwohl seine professionellen Kochkünste auf der Internetseite als ein großes Plus dieser Erlebnisreise gepriesen werden. Kein Verlust, wie wir nachher feststellen, da der Skipper, der statt dessen das Kommando hat, ein sympathischer und höchst kompetenter Motorrad-Weltreisender ist, der neben dem nautischen auch den ingenieurmäßigen Teil beherrscht, was bei einem Boot in derartigem Zustand Gold wert ist.
Die ersten Tage geht es durch die karibische Bilderbuchlandschaft des St. Blas Archipels. Relaxtes Urlaubsleben und phantastische Schnorcheltrips.

Bei einem begegne ich unter Wasser doch tatsächlich einem Hai. Mir schlägt das Herz bis zum Hals! Kurz zuvor hab ich mir den Finger aufgerissen. Mit anderen Worten: Ich blute! Das muss der Hai doch riechen! Gleich wird er wie in den populären Filmen meiner Jungend auf mich losgehen! Ich erstarre zur Bewegungslosigkeit in der sinnlosen Hoffnung, das könnte einen Unterschied machen. Warum auch immer, der Hai verschmäht mich, was ich ihm wahrlich nicht übelnehme. Meine Knie sind jedenfalls noch ganz weich, als ich wieder an Bord klettere. Nachdem ich die Geschichte zwei-, dreimal erzählt habe, fühle ich mich schon verdammt heldenhaft und beschließe, dass ich bei nächster Gelegenheit mit einem Hai-Tattoo diesen heroischen Moment meines Lebens dokumentieren sollte.

Die nächsten 40 Stunden geht es über offene See nach Cartagena (Kolumbien). Für mich der reinste Albtraum. Je nach Heftigkeit des Seegangs erwischt es auf dieser Etappe die meisten Landratten in Sachen Seekrankheit. Mir geht es so elend, dass ich den Kopf kaum heben kann. Ich bereue bitterlich, mich jemals auf diese Katamaran-Reise eingelassen zu haben und schwöre mir, nie wieder ohne Not mit einem Schiff zu reisen. Zumindest nicht mit einem so kleinen, bei dem jede Welle sich für mich wie ein Sturm anhört und anfühlt. Jede Woge donnert krachend gegen die Kabine des Katamarans und rollt sodann über den Kahn hinweg, der ächzt und knirscht, als wolle er jeden Moment zerbersten. Durch die grob undichten Luken kommt das Wasser eimerweise auf mich hernieder. Da uns niemand davor gewarnt hat, ist es purer Zufall, dass Kamera und Laptop an einer der wenigen trockenen Stellen in der Kajüte liegen. Als wir am vierten Tag in Cartagena anlegen, bin ich einfach nur froh, am Leben zu sein. Dennoch kommen mir die Tränen, als ich sehe, was das Salzwasser, das in Wellen über unsere an Bord vertäuten Motorräder gebrandet ist, mit diesen trotz WD-40-Imprägnierung angerichtet hat. Rost wohin man schaut. Ganz zu schweigen von den Folgen für die Elektrik, die man vielleicht erst viel später auszubaden hat. Es dauert dann auch prompt einige bange Minuten, bis wir unsere treuen Motorräder mit viel gutem Zureden und Kriechöl zum Leben erweckt bekommen.
Mein ganz subjektives Urteil zu dieser Schiffspassage trotz grandiosem ersten Teil: NIE WIEDER!

Ein Jahr „on the road“

Die Überquerung des Darien Gap war nicht nur in geographischer Hinsicht ein Meilenstein für uns. In Südamerika beginnt für uns auch unser zweites Jahr „on the road“. Noch nie im Leben waren wir so glücklich wie in diesem einen Jahr. Da wir mit dem Leben als Krad-Vagabunden so gut klarkommen, ist aus dem ursprünglichen Plan, die Amerikas zu bereisen, mittlerweile ein weit ambitionierterer geworden. Wir wollen auf eigenen Rädern heimfahren! Mit anderen Worten: Weltumrundung heißt ab jetzt das Motto!

Mr. Machete oder wie mir ein Schwytzerdütsch sprechender Salsalehrer meine Heldentaten tätowierte

Wir schlendern glücklich und entspannt durch das malerische Cartagena, als uns ein Tattoo-Shop namens „Mr. Machete“ anlockt. Der Künstler sieht nicht nur wie der Prototyp eines Salsalehrers aus, er ist auch einer. Das erklärt er uns in breitestem Schwyzerdütsch, das uns staunend mit offenem Mund da stehen lässt. Die Chemie stimmt mit Mr. Machete und wir nutzen die Gelegenheit, uns ein paar weitere Stücke feinster Hautkunst zuzulegen, die unsere Heldentaten der letzten Tage anschaulich dokumentieren.

Bekloppter Verkehr

Die Kolumbianer haben das schlimmste Verkehrsverhalten, das wir bisher auf Reisen erlebt haben. Ständig und überall wird rücksichts- und auch sinnlos überholt. Oft ziehen Busse und LKW an unglaublichen Stellen hinter uns raus und quetschen sich Sekunden später mit brutaler Gewalt zwischen uns beiden wieder rein. Die Überhol-Manöver sind schon im Ansatz zum Scheitern verurteilt und gehen nur gut, weil wir zähneknirschend und aus Angst um unsere Sicherheit Platz machen. In Deutschland würde ich das als persönlichen Affront auffassen und die Situation eskalieren. Auf Reisen in Entwicklungsländern gelten andere Regeln. Heil durchkommen heißt die Devise und da man nie weiß, ob die Idioten einen im Konfliktfall nicht mit Absicht über den Haufen fahren würden oder Waffen dabei haben, hält man die Schnauze und den Stinkefinger in der Tasche und denkt für die anderen noch mehr mit, als man es als Zweirad-Fahrer ohnehin tut. Und bei allem Frust und Ärger: Irgendwie macht diese Verkehrs-Anarchie auch Spaß und ist Teil des Abenteuers.

Extravaganzen zum Discount-Preis

In Taganga frischt Simon ihre etwas eingerosteten Tauch-Fertigkeiten auf. Die Gelegenheit ist unwiderstehlich. Dies ist eines der billigsten Tauchreviere der Welt. Zig PADI zertifizierte Tauchschulen buhlen hier um die Gunst der Kunden. Simon zahlt für zwei Tauchgänge mit einer deutschen Instruktorin 40 EUR und ist nicht nur mit dem Preis sondern auch der Qualität sehr zufrieden.

Nicht immer ganz leicht zu befolgende goldene Regel auf Langzeitreisen: Sich was gönnen, wo es preiswert ist. Bergsteigen, Höhlentouren, Wildwater-Rafting, Reiten, Tauchen, Drachenfliegen und vieles mehr. Wir haben uns so manche Extravaganz auf der Reise erlaubt – allerdings vorzugsweise dort, wo sie extrem preiswert war. Wer auf seine Chance warten kann, bekommt sie früher oder später geboten und spart so viel Geld. Oft ist es allerdings schwer, in den Adrenalin-Hochburgen nein zu verlockenden Angeboten zu sagen, die weit im dreistelligen Euro-Bereich liegen, und die Disziplin aufzubringen, auf eine Discount-

Chance in einem anderen Land zu hoffen. Erfahrungsgemäß ergeben die sich aber immer mal wieder. Und dann kann man auch als Low Budget Reisender ohne Reue zuschlagen. So wie hier in Kolumbien beim Tauchen und Tätowieren.

Latina-Schwarm oder Hochmut kommt vor dem Fall

Während Simon sich als Meerjungfrau unter Wasser vergnügt, lungere ich am Strand herum und werde von einem halben Dutzend Schulmädchen im Teenie-Alter umzingelt. Als ich offenbare, dass ich kaum Spanisch kann und auf Englisch nachlege, brechen sie in Jubel aus. Ich bin perplex. Wie sich rausstellt, machen sie im Englisch-Unterricht Feldübungen. Sie sollen einen Touristen interviewen und ihn dann zu ihrer Lehrerin bringen. Ich finde die Sache höchst amüsant und das nicht nur, weil ich noch nie von so vielen schönen Latinas umschwirrt wurde. Bei der nicht minder rassigen Lehrerin angekommen, müssen die Schülerinnen auf Englisch berichten, was sie erfahren haben. Als der kurze Redefluss schnell versiegt, hakt die Lehrerin nach: „Tell me, how is he personally?“, woraufhin eine Schülerin spontan antwortet „old“. Mein Hahn-im-Korb-Grinsen erfriert in meinem Gesicht. Langes betretenes Schweigen folgt. Autsch! Der hat gesessen. An diesem emotionalen Waterloo werde ich noch eine Weile zu knabbern haben. Ich nehme mir vor, mich zum Wohle meines angeschlagenen Egos sicherheitshalber bis auf Weiteres von schönen Latina-Teenies fernzuhalten!

Venezuela – das Land mit den meisten Schönheitsköniginnen und dem billigsten Benzin

Angesichts der desolaten Sicherheitslage und des allgemeinen politischen Klimas haben wir lange überlegt, ob wir einen Abstecher nach Venezuela machen sollen. In gleichem Maße, in dem sich die Lage im Nachbarland Kolumbien drastisch verbessert hat, ging es in Venezuela bergab. Wir konnten dennoch nicht der Versuchung widerstehen, uns das Land anzuschauen, das angeblich mehr Schönheitsköniginnen hervorgebracht hat, als irgendein anderes.

Die Grenzer sind außergewöhnlich nett und hilfsbereit und schon bald tuckern wir zusammen mit unzähligen rostigen Auto-Wracks über die schlechten Straßen.

Der technische Zustand der betagten Ami-Schlitten ist haarsträubend und toppt selbst Kuba, das bisher immer für uns eine Ausnahmestellung hatte. So mancher Cadillac fährt im Schritttempo durch die Gegend. Wir vermuten das komplette Fehlen von Bremsen als den Grund. Durch ökonomische Fahrweise Benzin sparen braucht in diesem Land nämlich niemand, wie uns beim ersten Tankstopp klar wird. Unglaubliche 0,6 Euro-Cent kostet der Liter. Da zahlen wir für zweimal Volltanken weniger als 20 Cent. Kein Wunder, dass sich der Tankwart erst weigerte, uns überhaupt zu bedienen.

Abends zelten wir wild am Ufer des Lago de Maracaibo, der mit Hunderten von Ölfördertürmen auf der Wasserfläche ein gespenstisches Bild bietet, das durch ein örtliches Kuriosum noch verstärkt wird: Nächtliche Blitze ohne Donner. Gruselig!

Regenzeit = Erdrutsche

In den Bergen fangen die Probleme an.
In den nördlichen Anden (Venezuela, Kolumbien und Ecuador) ist jetzt Regenzeit. Das bekannte Wetterphänomen „la Niña" hat dieses Jahr außergewöhnlich heftig zugeschlagen. In Kolumbien hatten wir schon Meldungen von über 50 Erdrutschen in einer einzigen Woche. Dort waren vor einigen Tagen noch praktisch alle Fernstraßen durch Erdrutsche, Auswaschungen und Ähnliches blockiert.

Auch hier in Venezuela fehlen oft unvermittelt Stücke aus der Straße.

Immer wieder kämpfen wir uns durch Wasserdurchfahrten und Schlamm-Passagen. Irgendwann geht es dann gar nicht mehr weiter. Wir müssen ewig weit zurückfahren und mühsam eine Alternativ-Route suchen, die angeblich passierbar sein soll. Die Halbwertzeit solcher Aussagen ist hier in den Anden während der Regenzeit allerdings sehr kurz!

Immer wieder sehen wir die fatalen Auswirkung von „la Niña“: Hausdächer ragen aus Wasserflächen, überschwemmte Felder, ganze Äcker, die den Hang runter gekommen sind. Es ist offensichtlich, dass manche Existenz vernichtet wurde. Und es sind, wie so oft, vor allem die Ärmsten, die zu leiden haben.

Für Mutige: Lachs- und Bier-Eis

Der Lohn der Mühen: In Merida gibt es eine weltberühmte Eisdiele - die Heladeria Coromoto. Die Sortenvielfalt ist üppig und kurios. Mit ein paar Freunden nehmen wir die kulinarische Herausforderung mutig an. Jeder muss sich mindestens ein Bällchen der eher gewagten Sorten holen. Unsere Mimik und die Geräusche, die wir beim Verkosten machen, sind mit Worten nicht zu beschreiben. Hier nur ein paar der Test-Erkenntnisse. Die Sorten „Bier" und „Käse" sind überraschend wohlschmeckend. Über „Tomate" und „Champignon mit Wein" gehen die Meinungen weit auseinander und die Geschmacksrichtungen „Lachs" und „Hamburger" bekommen ein kollektives „Daumen runter" samt hektischer Blicke in Richtung Mülleimer und Toilette.

Kolumbiens Antwort auf den Mad Sunday

Zurück in Kolumbien sind wir froh, dass die einzige Straße weit und breit, die seit Wochen wegen Erdrutschen gesperrt war, kurz geöffnet wird. Die Fahrt wird dennoch zum Horror-Trip angesichts der Fahrweise der kolumbianischen Busfahrer und Trucker, die rücksichtslos ausscheren, selbst wenn wir sie gerade überholen. Was folgt, sind mehr als einmal höchst brenzelige Momente. Noch schlimmer: Blindes Überholen über lange Strecken hinweg. Das Highlight in Sachen russisch Roulette ist ein Gefahrguttransporter, der gut ein Dutzend nicht einsehbarer Serpentinen braucht, um an einem marginal langsamer fahrenden LKW vorbeizuziehen. Wäre da Gegenverkehr gekommen, wir wären alle auf der Stelle tot gewesen. Wem der Mad Sunday auf der Isle of Man zu lasch ist, dem sei für den richtigen Adrenalin-Kick ein Tag auf Fernstraßen in den ostkolumbianischen Anden empfohlen!

Mit zunehmendem Training wächst natürlich die Fähigkeit eines Fernreisenden, die Verkehrssituation rundherum radargleich in sich aufzunehmen, das potenzielle Fehlverhalten der anderen Verkehrsteilnehmer zu antizipieren und blitzschnell darauf zu reagieren. Nichtsdestotrotz gehört stets eine große Portion Glück dazu, nicht unter die Räder zu kommen.
Das hatte James, ein irischer Motorradreise-Freund, offensichtlich nicht. Genau auf der Straße, über die wir so geflucht haben, erwischt es ihn, wie wir einige Tage später über den Buschfunk hören. Trotz eindeutiger Schuld des blind überholenden LKW wird der Fahrer nicht bestraft und unser ernsthaft verletzter Kumpel ist am Ende froh, dass er den Bullen entkommt, ohne als Opfer auch noch Strafe zahlen zu müssen.

Ghetto-Party

In Bogota landen wir eher zufällig auf einem Heavy Metal Festival. Auch wenn die Veranstaltung harte Kost für unsere Ohren ist, so fühlen wir uns in solchen Subkulturen doch immer wohl. Es dauert nicht lange, bis wir ins Gespräch kommen. Der Abend wir mit jedem Bier und mit jedem neuen Freund amüsanter. Als um 3.00 Uhr die allgemeine Sperrstunde erreicht ist, strömen alle raus. Ein Pärchen lädt uns ein, mit ihnen in ihren Stadtteil zu fahren und dort auf der Straße weiter zu feiern. Andere Gäste warnen uns vor dem Viertel im Allgemeinen und den beiden im Speziellen. Aber wir vertrauen auf unsere intuitive Menschenkenntnis und sagen von unserer Neugier geleitet JA zum Abenteuer. Die Taxifahrt nimmt kein Ende und die urbane Landschaft verändert sich zusehends. Waren wir da doch zu leichtsinnig? Als wir am Ziel aussteigen, haben wir eine gehörige Portion Muffensausen. Ghetto pur! Dutzende finsterer Gestalten feiern auf offener Straße ab. Der Rauschpegel ist hoch. Das hier ist definitiv keine Gegend, in die man als Fremder auf eigene Faust geht, ohne fällig zu sein. Aber unsere Gastgeber bürgen für uns und machen auch prompt einigen anderen nachdrücklich klar, dass wir als ihre Gäste tabu sind. Es ist schon lange hell, als wir den Rückweg antreten, für den wir von der ganzen Bande sicheres Geleit bis zum Taxi erhalten. Ein geiles Erlebnis und eine super Nacht, von der wir vermutlich noch in Jahrzehnten berichten werden. Einmal mehr hat sich gezeigt, dass gewisse Regeln und Umgangsformen über Sprach- und (Sub-)Kultur-Grenzen hinweg funktionieren. Wer sich respektvoll benimmt und auf sein Gegenüber zugeht, kommt auch in solchen, auf den ersten Blick gefährlichen Situationen gut klar. Umgekehrt haben wir schon so manches Mal beobachtet, dass arrogantes oder ignorantes Auftreten geradewegs ins Verderben führt. Ähnlich wie die zuvor erwähnten, durch tägliches Training verbesserten Fähigkeiten im Straßenverkehr, nehmen auch die sozialen Fähigkeiten mit der Reisezeit zu. Es fällt uns zunehmend leichter, Situationen einzuschätzen, uns auf Menschen einzustellen und intuitiv den richtigen Ton zu treffen.

Keine Macht dem Kokain

Auf dem Festival hatten wir einige Jugendliche ganz offen koksen gesehen. Als wir unsere Gesprächspartner darauf ansprechen, erfahren wir Verblüffendes. Viele von ihnen lehnen den Kokainkonsum kategorisch ab. Nicht weil sie etwas gegen das weiße Pulver an sich hätten, sondern weil es ihr Land ins Elend gestürzt hat. In weiten Teilen der Bevölkerung scheint die Überzeugung verbreitet, dass man nur durch einen persönlichen Boykott der Droge etwas verändern kann. Kein Drogengeld für die kolumbianische Mafia! Ob es an dieser vom Volk getragenen Einstellung liegt oder an staatlichen Maßnahmen, können wir nicht beurteilen. Aber Kolumbien hat sich in den letzten Jahren von dem de facto durch die Drogen-Mafia kontrollierten Staat zu einem für regionale Verhältnisse sicheren Land gewandelt, das man als Globetrotter - mit Ausnahme der von den FARC-Rebellen kontrollierten Gebiete - ohne

Bedenken bereisen kann. Venezuela ist aus anderen Gründen in die andere Richtung unterwegs und mittlerweile leider mehr oder weniger zum No-Go geworden.

Kolumbien säuft ab

Kolumbien gefällt uns ausgesprochen gut! Tolle Landschaften, viel Sehenswertes und Spannendes zu entdecken und ein interessantes, urbanes Leben inklusive einer ausgeprägten Tattoo-Szene. Doch leider sind wir zur falschen Zeit hier, was man auch bei guter Planung einer solchen Reise nicht immer ganz vermeiden kann. Die zweimal im Jahr auftretende Regenzeit und die damit einhergehenden Erdrutsche und Überschwemmungen verderben uns den Spaß nachhaltig, so dass wir am Ende schweren Herzens einige verlockende Routen und Sehenswürdigkeiten streichen und die Flucht nach Süden antreten.

80er Jahre Fußgängerzonen-Feeling

Unser erster Eindruck von Ecuador ist spitze. Die Panamericana ist in tadellosem Zustand und in Sachen Verkehr fühlen wir uns, als wären wir in einer anderen Welt, verglichen mit Kolumbien. Mit dem Überschreiten der Grenze hat sich noch etwas grundlegend geändert. Hier in Ecuador sieht man großteils indigene Menschen. Ein riesiger Unterschied zu den zuvor bereisten Ländern. Einzig Guatemala hatte eine ähnlich hohe Quote an Indios. Uns gefällt das. Wirkt das Land doch dadurch fremdartiger und spannender auf uns. Na ja, eine Einschränkung muss ich machen. Als wir das erste Mal traditionelle Musik hören, fühlen wir uns schlagartig wie in unserer Jugend in einer beliebigen deutschen Fußgängerzone, wo man damals ja keine hundert Meter gehen konnte, ohne irgendwelche Panflöten-Combos aus den Anden sehen und vor allem hören zu müssen.

Jenseits des Äquators wird alles anders

Zum ersten Mal im Leben fahren wir über den Äquator! Das ist ein erhabener Moment und wir fühlen uns albernerweise wie große Entdecker, die wer weiß was vollbracht haben.
Mit der Überschreitung des Äquators wird manches anders. Von einem Moment auf den nächsten haben wir formell nicht mehr das Sommer- sondern das Winterhalbjahr! Und von nun an wird die Tageslichtdauer wieder zunehmend mit der Jahreszeit variieren. Nah am Äquator sind die Tage ja das ganze Jahr über immer gleich lang. Gegen 6.00 Uhr geht die Sonne auf und gegen 18.00 Uhr unter. Das andere Extrem hatten wir schon in Alaska erlebt. Und beim Navigieren mit der Sonne, was wir gar nicht so selten machen, muss man aufpassen. Sie erscheint zwar immer noch im Osten und versinkt im Westen, aber im Gegensatz zu Europa nimmt sie nun ihren Lauf über den Norden und nicht den Süden. So einfach die Theorie, so schwer fällt es uns in der Praxis, von der tief verwurzelten Gewohnheit umzuschalten.

Im Gegensatz zu einigen anderen Ländern, von denen wir klare Vorstellungen hatten, wissen wir über Ecuador praktisch nichts. Mal abgesehen vom Äquator ist unsere Liste bis auf einen weiteren Punkt blank: Simon hat einen Besuch bei einem der riesigen Zuchtbetriebe vereinbart, von denen sie in Köln immer die Rosen bezogen hat. Ein spannender Einblick, den sie da vor Ort bekommt.

Kläffende Köter

Freilaufende Viecher machen uns besonders hier in Ecuador zu schaffen. Kühe, die uns mit unvermuteter Plötzlichkeit und Agilität vors Motorrad springen. Hühner, Esel, Schafe, Lamas und Schweine sind im besten Falle am Straßenrand angebunden, um dort fressen zu können. So kann sich der eine oder andere nicht gegen Simons Liebkosungen wehren oder wird von der Mutter Teresa der Tiere mit Leckerchen gefüttert, die außerhalb seiner Reichweite wachsen. Am schlimmsten sind jedoch die Hunde, die uns ständig attackieren. Selbst in Anatolien und Kurdistan war es nicht so schlimm wie hier. Wir sind zwar noch nicht gebissen worden, aber es nervt mächtig, dass ständig Köter angeschossen kommen und man deshalb entweder voll in die Eisen gehen oder auf üblen Off-Road-Kurven-Strecken mehr Gas geben muss, als einem lieb ist, um den kläffenden Biestern zu entkommen. Als Maß der Plage mag gelten, dass selbst die extrem tierliebe Simon mittlerweile stets Steine griffbereit hat, um den vierbeinigen Bastards Saures zu geben.

4.000 Höhenmeter in zwei Stunden

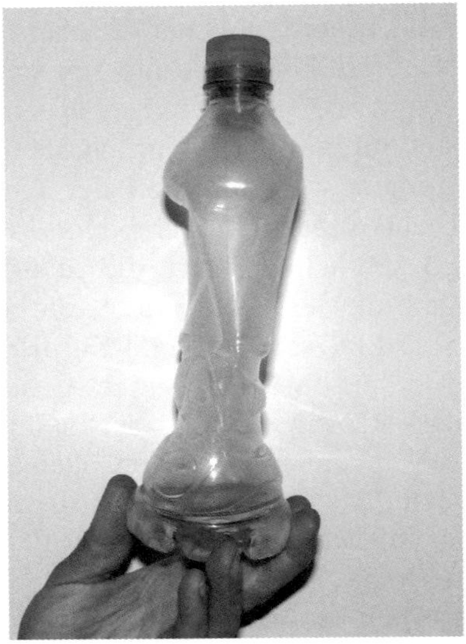

Wir übernachten am Lago Quilotoa auf 3.850 Metern bei Temperaturen um den Gefrierpunkt. Ein erster zaghafter Vorgeschmack auf das, was uns in den nächsten Monaten erwartet. Am nächsten Morgen geht es noch ein wenig mehr aufwärts und dann für kurze Zeit mit Schwung hinab. 4.000 Höhenmeter in zwei Stunden! Das dürfte nur an sehr wenigen Orten auf der Welt möglich sein. Eine so schnelle Veränderung des Luftdrucks hat auf den Organismus und auch auf unsere Wasserflaschen drastische Wirkungen. Alles wird wie mit einer eisernen Faust zusammengedrückt. Nicht nur die Sonnencreme-Flasche explodiert uns förmlich ins Gesicht. Was für eine Sauerei!

Freud und Leid mit lateinamerikanischen Motorradmechanikern

An Simons Handbremse ist ein Stück ausgebrochen, wodurch die Funktion erheblich eingeschränkt ist. Da ist kein Roadside-Fix möglich. Mit etwas Pech muss das ganze Guss-Stück ersetzt werden, weshalb es nötig ist, einen Honda-Händler zu finden, der das Teil vielleicht bestellen kann. Aber wir haben Glück. In der Werkstatt angekommen, entpuppen sich die beiden Mechaniker als super nett und engagiert. Klar könne man das schweißen lassen. Sie würden sich sofort dran geben und wir könnten das Motorrad morgen früh abholen. Wir sind erleichtert, wenn auch skeptisch. Zu schlecht ist unsere Meinung bezüglich der häufig total unrealistischen Selbsteinschätzung der Fähigkeiten von lateinamerikanischen Motorradmechanikern. Am nächsten Morgen ist das Motorrad natürlich nicht zur verabredeten Zeit fertig. Wir nehmen es gelassen.

Nach nunmehr sieben Monaten in Lateinamerika sind wir an die Unverbindlichkeit von Terminen gewöhnt. Eine Stunde später ist es dann aber soweit. Tadellose Arbeit auf den ersten Blick, auch wenn ich bezüglich der langfristigen Haltbarkeit noch Zweifel habe. Aber in solchen Situationen muss man grundsätzlich Abstriche hinsichtlich der Perfektion zugunsten der momentanen Praktikabilität machen. Nur so geht es stets weiter.
Die Rechnung ist dann eine Sache, für die ich diese Region liebe. Insgesamt 13 Euro fürs Schweißen in einer Fachwerkstatt und geschätzt drei Stunden Arbeit bei Honda. Zu Hause hätte jeder Vertragshändler nur eine Lösung angeboten: Das Gussgehäuse, das es natürlich nur mit allen Kleinteilen wie Handbremspumpe, Federn und Dichtungen für schlappe 300 EUR gibt, zu ersetzen. Zuzüglich dann nochmal drei Arbeitsstunden zu mindestens 70 EUR. Damit ist die Ecuador-Variante rund 500 EUR günstiger. Hoffentlich auch nachhaltig und fachmännisch.

Besoffene Grenzer und die korruptesten Bullen des Kontinents

Die größte Herausforderung beim Grenzübertritt Ecuador-Peru ist der Grenzer, der in Fernreise-Kreisen dafür berüchtigt ist, ständig hackenstramm zu sein, sich aber genau aus diesem Grund einer gewissen Beliebtheit erfreut. Während Simon tapfer versucht, den Mann vorm Einschlafen zu bewahren, damit er weiter unsere Papiere bearbeiten kann, werde ich von einem Ecuadorianer über seine peruanischen Nachbarn aufgeklärt. Er rät uns dringend davon ab, Nebenstraßen zu benutzen, da wir dort garantiert ausgeraubt würden. Wenn nicht Schlimmeres! Und die nächste große Stadt sei die gefährlichste von ganz Peru! Zum Beweis untermauert er die Behauptung mit einer drastischen Anekdote. Ich höre höflich zu, ziehe wie immer in solchen Situationen 90% ab und komme zu dem Schluss, dass Peru kein Stück gefährlicher ist als seine Nachbarstaaten. Was mich mehr bewegt, sind die Warnungen, die uns ein australisches Motorrad-Globetrotter-Pärchen am Vorabend mitgegeben hat. Sie seien in keinem Land so oft von den Bullen kontrolliert worden wie in Peru. Und in keinem Land hätten diese so oft versucht, die Hand aufzuhalten, wie hier. Die beiden waren mächtig angepisst!

So ahne ich denn Böses, als wir schon nach fünf Minuten das erste Mal von der Polizei gestoppt werden. Zu unserer großen Verwunderung verlangt der Beamte nicht unserer Papiere, sondern schüttelt uns die Hand und begrüßt uns freundlich in Peru! Wow! Damit hatten wir nicht gerechnet!
Die Frage, ob wir einen Fotoapparat hätten, finden wir dann direkt wieder befremdlich. Aber wie sich herausstellt, will er ihn uns nicht abluchsen, sondern möchte gerne ein Erinnerungsfoto mit jedem von uns, das wir ihm doch bitte an seine E-Mail-Adresse zuschicken sollen. Sollte der Typ gerade ein internes Verfahren wegen Korruption laufen haben und versuchen, mit diesen Fotos seinem Vorgesetzten seine Touristenfreundlichkeit zu beweisen? Während ich noch diesem sarkastischen Gedanken nachhänge, bringt ein zweiter Polizist zwei Becher mit Wasser für uns. Zum Schluss müssen wir noch jeder eine Packung Kekse mitnehmen – nur für den Fall, dass wir auf dem Weg bis zur nächsten Stadt Hunger bekommen. Simon wird dann gar noch mit Küsschen auf die Wange verabschiedet - gerade als wären wir alte Freunde, die nun leider weiterfahren müssen.

Am nächsten Kontroll-Punkt hebt der Cop schon von Weitem den Arm. Aber nein, er will uns gar nicht stoppen. Er hält ein Handy in der Hand und versucht, uns zu fotografieren! Um das nette Trio komplett zu machen: Am nächsten Tag salutiert gar ein Polizist, als wir an ihm vorbeifahren! Soviel zu den angeblich korruptesten Bullen des Kontinents.

Bitterarmes Land

Zumindest in einer Sache hatte der Ecuadorianer an der Grenze recht. Peru scheint bitter arm zu sein. Viele Behausungen entlang der Panamericana sind aus Holz-Knüppeln gebaut und kaum mehr als einen Quadratmeter groß! Anfangs haben wir sie für Vieh-Gatter gehalten, aber offensichtlich leben Menschen in ihnen. Später sehen wir ganze Siedlungen, wo die „Häuser" nur aus Wänden aus Flechtmatten bestehen – oftmals ohne Dach und so winzig, dass ich bezweifle, dass ich mich darin überhaupt ausgestreckt hinlegen könnte. Krass!

Den Salmonellen eine Chance geben

Wir halten an einer Cevicheria. Hier gibt es das peruanische Nationalgericht: rohen Fisch mit viel Zitronensaft. Wir sind weit weg vom Meer und die Chancen auf fangfrischen, salmonellenfreien Fisch damit eigentlich gering. Aber die Neugier siegt wie so oft, zumal die nette Wirtin uns mit einem Probier-Teller Ceviche auf Kosten des Hauses kaum eine Wahl lässt. „Köstlich" ist unser beider Urteil und auch in Sachen Bekömmlichkeit können wir nicht klagen.
Ceviche und andere örtliche Leckereien sind aus diversen Gründen eher die Ausnahme für uns. Der Alltag sieht so aus: Am späten Vormittag oder gegen Mittag gibt es Frühstück. Hier in Peru bekommen wir ohne Probleme unsere bevorzugten Zutaten dafür und das in sehr guter Qualität und auch noch zu Preisen, die Spaß machen. 1 Kilo Tomaten: 0,25 EUR. Geschätzt 300 Gramm eines außergewöhnlich leckeren Käses: 1,25 EUR. Zehn kleine Brötchen, die knusprig sind und nicht weiche Pappe, wie oftmals in Mittelamerika: 0,25 EUR. Das alles reicht für uns beide locker für zwei Mahlzeiten. Ach ja, diese billige köstliche Mahlzeit gibt natürlich es

wie immer als Picknick mit unbezahlbarer Aussicht! Wenn abends das Zelt steht und alle anderen Aufgaben erledigt sind, wird in der Regel ein einfaches Gericht auf dem Benzinkocher gebrutzelt und und das eine oder andere Feierabend-Schlückchen getrunken.

Kuelap – die kleine Schwester von Machu Picchu

Die mehrtägige Fahrt ins abgelegene Kuelap ist schön, anstrengend und mangels Tankstellen streckenweise auch aufregender als gedacht. Alleine für den Hammer-Ausblick hätte sich die Fahrt jedoch schon gelohnt. Die Anlage aus der Vor-Inka-Zeit liegt in 3.000 Metern Höhe auf einem Bergrücken. Im Gegensatz zum großen Bruder Machu Picchu verirren sich hierher nur einige wenige Individual-Reisende, was den Reiz zusätzlich steigert. Dass wir direkt vorm Eingang auf einer Wiese zelten, stört hier niemand. Gesellschaft leistet uns ein Schweizer Paar, das wie viele europäische Rentner auf diesem Kontinent vierrädrig unterwegs ist. Bei Rotwein und Knabbereien wird munter Fernreisenden-Garn gesponnen. Hier unten gibt es übrigens wenig Berührungsängste zwischen Fahrrad-, Motorrad- und vier- oder mehrrädrig Reisenden. Das vordergründig Trennende ist den meisten weniger wichtig, als die Gemeinsamkeiten. Bestimmt liegt es aber auch daran, dass man im nördlichen Südamerika seltener Fernreisende trifft und die Solidarität daher stärker ist, als in Top-Regionen, wo es nur so von Globetrottern gleich welcher Fortbewegungsart wimmelt.

Mythos Panamericana

Bücher, Dia-Shows, Reise-Blogs, Zeitschriftenartikel und manches mehr - sie alle schmücken sich gerne mit dem populären Schlagwort Panamericana. Diese Straße kennt schließlich vermutlich fast jeder Reise-Interessierte. Dabei ist das Konzept, die Amerikas auf der Panamericana zu erkunden, ungefähr so pfiffig, als würde ein Amerikaner Europa ausschließlich auf Autobahnen „erfahren“ wollen. Peru ist das perfekte Beispiel. Die Pan-Am verläuft als markellose zweispurige Teerstraße schnurgerade durch Wüste, Wüste und noch mehr Wüste. Der Anblick, den man schnell nicht mehr interessant sondern öde findet, wird nur durch unzählige stinkende

Geflügelgroßfarmen unterbrochen. All die Natur- und Kulturhighlights, von denen Peru so viele auf Weltklasseniveau zu bieten hat, verpasst man, wenn man stur der viel gerühmten Panamericana folgt. Da allerdings vor allem so mancher nordamerikanischer Panamericana-Reisender mit straffem Zeitplan unterwegs ist, fehlt ihm ohnehin die Zeit, die „Autobahn" zu verlassen und wirklich was von Land und Leuten mitzubekommen.

Cañón del Pato

Leichten Herzens biegen wir von der Panamericana ab. Unser Ziel ist der viel gepriesene Cañón del Pato. Die karge Schlucht schlägt uns dann auch prompt in ihren Bann. Man könnte alle paar Meter für ein neues Fotoshooting anhalten. Fast 40 Tunnel soll es auf dieser Strecke geben! Viele davon einige hundert Meter lang. Alle unbeleuchtet, einspurig und mit buckeligem Schotter und Schlaglöchern, die man im staubschwangeren Dämmerlicht nicht erkennen kann!
Leider rennt uns die Zeit davon! Es ist mal wieder später Nachmittag und schon absehbar, dass wir es auf keinen Fall im Hellen bis zur nächsten Stadt schaffen werden. Da wir diese Welt-Klasse-Strecke zudem auf keinen Fall durchhetzen wollen, fangen wir beizeiten an, nach einem Spot zum wild Campen Ausschau zu halten. Gar nicht so einfach in so einer engen Schlucht. Aber wir haben Glück und finden eine Stelle, die zwar nur wenige Meter neben der Straße liegt, aber durch einen Steinwall sichtgeschützt ist. Bei Einbruch der Dunkelheit entfaltet der Platz dann ungeahnte Reize. Wir haben Vollmond und die Szenerie unter funkelndem Sternenhimmel in der vom Mondlicht beschienenen engen Felsschlucht ist der Hammer! Wir liegen nach dem Abendessen rotweinselig auf buckeligem Felsboden auf dem Rücken und können uns gar nicht satt sehen an diesem Himmel und diesem romantischen Ort. Glücklich schlummern wir ein und werden irgendwann mit steifem Genick und schmerzendem Rücken wach. Autsch! Das werden wir noch Tage lang spüren. Schlaftrunken kriechen wir mit schmerzenden Muskeln ins Zelt.
Was wir am nächsten Morgen auf unserer Weiterfahrt zu sehen bekommen, ist ein Feuerwerk für die Sinne. Das hier ist eine der besten Strecken, die ich jemals gefahren bin!

Außerdem gibt es auch abseits der Straße einiges zu bestaunen: Einen Friedhof, der an sich schon sehenswert wäre. Grabräuber haben die Gruften aufgebrochen und die Gebeine liegen achtlos hingeworfen davor. Gruselig! Unwillkürlich schaut man über die

Schulter und ist in Versuchung, sich schnell aufs Krad zu schwingen und weiterzufahren. Immer wieder kommen wir an primitiven Kohle-Gruben vorbei, wo mit minimaler Belegschaft und weitgehend mit Man-Power die Kohle gebrochen und auf LKW verladen wird. Manches Mal verjüngt sich die Piste bedrohlich und wir sind froh, als einspurige Fahrzeuge vergleichsweise locker durchzukommen. Gegenverkehr in solch einem Moment wäre kein Spaß und den Blick in den Abgrund verkneift man sich auch besser. Da wird einem echt schwindelig! Auf der anderen Seite: Felsüberhänge und senkrecht aufragende Felswände. 1001 Nacht in Peru - märchenhaft! Ein steter Wechsel zwischen engen Passagen, bei denen die Felswände der beiden hier aufeinander treffenden Gebirge teilweise nur 15 Meter voneinander entfernt sind, und weiten Abschnitten, die nicht minder reizvoll sind.
Immer entlang des Rio Santo, zu dem es oftmals brenzlig steil runter geht am unbefestigten Straßenrand. Trotz aller Faszination, es ist eine heiße, staubige Fahrt und als wir die erste kleine Stadt erreichen, ist es Zeit für eine weitere kulinarische Peru-Erfahrung. Ich kaufe mir mutig das nationale Erfrischungsgetränk, eine „Inka Kola“. Hat die Farbe von Klo-Reiniger und schmeckt wie eine Flasche flüssiger Gummibärchen. Wer Red Bull lecker findet, wird Inka Kola lieben!

Cordillera Blanca

Die Cordillera Blanca ist Bergwelt auf absolutem Weltklasse-Niveau. Über 600 Gletscher und alleine 21 Gipfel von über 6.000 Meter sorgen für ein Panorama, das zuweilen zu schön erscheint, um wahr zu sein.
Wir zelten an einem wunderschönen Bergsee in rund 3.500 Meter Höhe. Zum Abendessen braten wir uns auf unserem Benzinkocher köstlichen Käse, der hier in Peru echt die Wucht ist – egal ob heiß oder kalt. So schön die Atmosphäre, so lecker das Abendessen, so süffig der Rotwein an solch einem großartigen Ort ist, mit Einbruch der Dunkelheit wird es sofort verdammt schnell verdammt kalt und wir flüchten uns ins Zelt, wo wir uns lesend aneinander kuscheln und dank Wein, vollem Bauch und muckeligen Temperaturen in unserem Doppelschlafsack mal wieder viel zu früh einpennen. Am nächsten Morgen sind wir daher viel zu früh wach und alles ist noch mit Eis überzogen und steif gefroren, so dass an einen sofortigen Aufbruch nicht zu denken ist.

Die üblichen Reparaturen

Irgendwas liegt immer an und die To-Do-Liste eines Globetrotters wird nie leer, was zuweilen durchaus eine Belastung sein kann. Heute suchen wir mal wieder nach Bremsbelägen, da selbst unsere Reserve-Sätze mittlerweile dem Ende entgegen gehen.
Nach endlosem Durchfragen finden wir einen Fachbetrieb für Bremsbelags-Erneuerung.

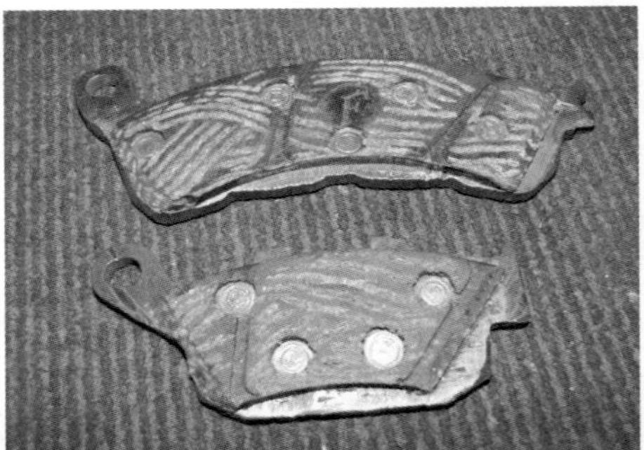

Nein, wir kaufen da keine neuen Bremsbeläge, wie man das in der Heimat machen würde, sondern wir geben die alten abgefahrenen Beläge ab und lassen sie, wie in solchen Ländern üblich, erneuern. Dazu wird der Rest des alten Bremsbelages (so denn überhaupt noch einer übrig ist) abgeschliffen und dann werden neue Reibflächen aus irgendwelchen Schrottteilen darauf genietet. Und ich meine wirklich aus

IRGENDWELCHEN Schrottteilen. Da lagen alte Kupplungsscheiben herum und was weiß ich nicht noch alles. Die „neuen" Reibflächen können sich gerade mal einen Millimeter abfahren, bevor die Nietköpfe erreicht sind. Aber der Fachmann versichert uns, die seien ganz weich und würden der Bremsscheibe nicht schaden. Wir werden sehen, wie gut diese Methode ist, die hier fast jeder nutzt und die nach dem, was ich von anderen Krad-Reisenden gehört habe, auch im mittleren Osten und in Asien weitverbreitet ist.
Als letzter Punkt auf unserer To-Do-Liste steht noch Hosen reparieren lassen. Nicht zum ersten Mal. Das klappt diesmal aber leider nicht wirklich gut. Wir finden zwar nach der üblichen Frage-Odyssee einen Schneider, aber als wir am nächsten Tag zur verabredeten Zeit dort auftauchen, sind die Hosen nicht wie fertig. Typisch Südamerika. Zwei Stunden später präsentiert uns der Meister der flinken Nadel eine schlichte Frechheit. Meine nagelneuen Hosentaschen weisen direkt ein fettes Brandloch auf, dessen Reklamation der Schneider als lästig empfindet. Zuweilen fällt es angesichts der lateinamerikanischen Mentalität schwer, nicht aus der Haut zu fahren.

Peruanische Spezialität: Gegrilltes Meerschweinchen

Nach der Pflicht kommt die Kür. Heute gibt es eine peruanische Spezialität für mich, auf die ich mich schon lange freue: Meerschweinchen, respektive Cuy, wie es in der Landessprache heißt. Aber wie das so mit Dingen ist, auf die man sich sehr lange gefreut hat – sie sind oftmals bei weitem nicht so toll, wie erträumt. Um genau zu sein: Mein (viertel) Meerschweinchen hat die Konsistenz von zähem Gummi und es ist nicht mehr Fleisch daran als an einer unterernährten Wachtel. Egal! Es gibt Erfahrungen, die muss man einfach selber machen, weil man sich sonst sein ganze Leben lang ärgert, sie verpasst zu haben. Und da darf man sich dann auch nicht von böse vorwurfsvollen Blicken der Freundin irritieren lassen, die es als einen Akt der Barbarei empfindet, so einen kleinen putzigen Nager zu verspeisen. Nun weiß ich jedenfalls, wie Meerschweinchen schmeckt und kann ganz entspannt verkünden: Das kommt mir kein zweites Mal auf den Teller!

Bush Camping Höhenrekord

Fasziniert beobachte ich dieser Tage die Höhenangaben auf dem GPS-Gerät. 4.825 Meter ist unsere vorläufige Bestmarke, die in den nächsten Wochen allerdings bestimmt noch übertroffen wird. Unseren persönlichen Bush Camping Rekord loggen wir bei 4.167 Meter ein.

Die Symptome der Höhenkrankheit sind nicht mehr zu leugnen. Ab ca. 2.500 Meter setzen sie ein. Schweratmigkeit und Kopfschmerzen, wobei die individuelle Betroffenheit sehr unterschiedlich ausfallen kann. All die vertrauten Handlungen beim täglichen Lageraufbau kosten hier oben ein Vielfaches an Energie. Wirklich anstrengende Tätigkeiten werden zur Herausforderung. Selbst unser Benzinkocher hat mit der Höhe zu kämpfen. Trotz reduziertem Siedepunkt brauchen die Nudeln ewig. Dafür schmecken sie gar köstlich auf solch „verwegener“ Höhe und mit einem derart tollen Bergpanorama im Blick. Eigentlich soll man in solchen Situationen die Finger vom Alkohol lassen. Aber ein Gläschen oder zwei auf diesen Erfolg lassen wir uns dann doch nicht nehmen.

Abenteuer Tanken

Fernreiseleid: Ach hätten wir doch nur beizeiten getankt. Prompt kam stundenlang keine Tankstelle mehr und nun sind wir gezwungen, uns mit zweifelhaftem Sprit aus Kanistern an einer Ansammlung von Tante Emma Läden einzudecken. Wir halten vor einer dieser „Tankstellen“ und ein stockbesoffener Besitzer, der sich kaum auf den Beinen halten kann, kommt heraus. Hier tanken wir ganz sicher nicht, ist unser beider Gedanke!

Bevor wir jedoch die Flucht ergreifen können, stürzt die hilfsbereite Nachbarin heran und übernimmt rigoros das Geschäft. So kommt dann auch nochmal mein Tee-Sieb zum Einsatz, mit dem ich zumindest den gröbsten Dreck aus dem Benzin zu filtern hoffe. Da es dort oben derbe windig ist, geht gut ein halber Liter des teuren Nass über die Motorräder und den Teesieb haltenden Panny. Ich fluche so heftig, dass auch für die des Deutschen nicht mächtigen Peruaner kein Zweifel an meiner Stimmung besteht.

Der Abstieg an die Küste beschert uns dann nochmal einen Eintrag in unser ganz persönliches Guinessbuch der Rekorde. 4.100 Höhenmeter in zwei Stunden. Ein Wert, den wir übrigens in den folgenden Jahren niemals wieder auch nur ansatzweise erreichen werden.

Harte Arbeit statt niemals enden wollender Urlaub

Der eine oder andere mag sich eine Langzeitreise als niemals enden wollenden Urlaub vorstellen. Weit gefehlt! Natürlich erleben wir unendlich viel Schönes und genießen dieses Vagabunden-Leben in vollen Zügen. Aber dieser Lebensstil ist ein Vollzeit-Job! Irgendwas ist immer zu machen: An den Motorrädern, der Ausrüstung oder in Sachen nächste Reise-Etappen. Und da fast nichts davon so einfach zu erledigen ist, wie zu Hause, wird die To-Do-Liste niemals leer.
Wenn ich zu Hause irgendwas benötige, weiß ich in der Regel sofort, wo ich es zu einem guten Preis bekommen kann. Schnell schwinge ich mich aufs Motorrad oder gehe vielleicht nur mal kurz um die Ecke oder bestelle es gar bequem online. Kurze Zeit später habe ich genau das, was ich brauche. Na ja, meistens jedenfalls. In der Fremde ist das alles schwieriger. Da werden aus Kleinigkeiten große Herausforderungen. Da heißt es, sich durchzufragen oder monatelang nach in Deutschland selbstverständlichen Dingen, wie zum Beispiel schwarzem Panzerband, Silikon- oder Imprägnierspray zu suchen und dafür Dutzende von Geschäften abzuklappern und mit zig Menschen zu sprechen. Da muss manches Mal improvisiert oder mit Suboptimalem vorliebgenommen werden. Mit zunehmender Reisedauer nehmen diese Notwendigkeiten exponentiell zu. Wer für ein paar Wochen auf Reisen geht, kann mit etwas Glück darauf hoffen, dass es weder am Fahrzeug noch an der Ausrüstung Wesentliches zu reparieren oder zu ersetzen gibt. Selbst bei mehrmonatigen Reisen hat man wenig Probleme, wenn man mit gut gepflegtem Equipment und neuen Verschleißteilen am Fahrzeug startet. Auch kann man in der Regel vorab und in Ruhe das Gröbste zur Reiseroute planen und die damit verbundenen Formalitäten wie Visa erledigen. Alles was man in Sachen GPS- und Landkarten, sowie Reiseführern braucht, hat man in der Regel schon von Anfang an dabei. Kein Stress mehr unterwegs, was das angeht. Anders sieht das aus, wenn man für Jahre auf Tour geht.

Unabhängig von der Reisedauer kommen zu den oben genannten außerordentlichen Dingen auch noch die alltäglichen zeitraubenden Aufgaben: Lager machen, Essen kaufen (oft viel aufwendiger als daheim) und zubereiten, Wartung / Instandhaltung der Fahrzeuge und der Ausrüstung, E-Mail-Korrespondenz, Homepage-/Blog-Aktualisierung, Sichtung, Bearbeitung und vor allem Sicherung der digitalen Bilder und Videos, die nächste Tagesetappe planen und manches mehr. Vieles von diesen täglichen Aufgaben ist Routine, manches macht sogar Spaß, aber alles braucht viel Zeit. Alleine der Vorgang abends das Zelt und Gepäck abzuladen, das Lager aufzubauen und das ganze retour am nächsten Morgen, schlägt trotz Übung täglich mit mehr als einer Stunden zu Buche. Selbst wenn man im Hotel schläft, muss in der Regel das ganze Gepäck vom Krad runter und bis in die dritte Etage getragen werden. Denn jedes Hotel scheint ein paar Zimmer in der obersten Etage und dort in der hintersten Ecke für Motorradfahrer reserviert zu haben.
Speziell in Sachen Routenplanung ist zudem Flexibilität angesagt. Im Klartext: Wegen Erdrutschen, Überschwemmungen, Bränden, Erdbeben, Tsunamis, Streiks, Wahlen, Kriegen, geänderten Einreise-bestimmungen und tausend anderen Faktoren heißt es regelmäßig, eine Alternative zur ursprünglich angedachten Route zu finden. Das betrifft oft die nächste Tagesetappe und kann bis zur Grobroute für ganze Kontinente gehen. Eine mehrjährige Tour komplett zu planen, ist unmöglich. Zuviel ist unvorhersehbar und zu vieles verändert sich währenddessen.
In der Regel macht mir speziell die strategische und logistische Herausforderung sogar großen Spaß. Aber manchmal kotzt es einen auch einfach nur an. Manchmal belastet es einen, dass man drängende Probleme nicht ad hoc erledigt bekommt und sie gedanklich mitschleppen muss. Vor allem mir gelingt es dann oft nicht, die kleinen und größeren Sorgen einfach auszublenden, damit ich das Schöne, das ich gerade erlebe, in vollen Zügen genießen kann.
Nicht nur dort, aber ganz speziell im technischen Bereich, sieht man sich zuweilen mit Problemen konfrontiert, für die man einfach keine Lösung weiß. Zumindest geht es mir hin und wieder so. Aber im Gegensatz zu einem beruflichen Projekt gibt es hier kein Eskalations-Gremium, dem man sein Scheitern mitteilen kann und

das dann schon irgendwie einen Ausweg finden wird. Man selbst ist letzte Instanz für jedes scheinbar unlösbare Dilemma. Man MUSS eine Lösung ersinnen, weil sonst die Reise zu Ende ist – auch wenn das nicht unbedingt heißt, dass man sie dann selbst umsetzen muss.
Zugegeben, solch gravierenden Herausforderungen steht man nicht täglich gegenüber. Aber der psychische Druck kann je nach Mentalität in solchen Fällen enorm sein und vielleicht auch frustrieren oder sogar überfordern.
Langfristig gewöhnt man sich zu einem gewissen Grad an all das. Aber es braucht Zeit.
Und gäbe es nicht all die netten Menschen, die einem unterwegs in unterschiedlichem Maße helfen, und das großartige Unterstützungs-Team in der Heimat, dann wären all diese Probleme plötzlich viel größer oder sogar unlösbar.

Falsche Versprechungen

Wenn wir nicht so viel in Lima zu erledigen hätten, wären wir dort nicht hingefahren. Alleine dass wir unsere mühsam erworbene Höhengewöhnung durch diesen Ausflug auf Meeresniveau aufgeben und anschließend wieder neu erringen müssen, wäre schon ein starkes Argument dagegen. Aber wie gesagt, wir haben einiges zu erledigen. Unter anderem brauchen wir mal wieder Reifen, was uns in Lima eine volle Woche täglicher Mühen kostet. Dabei ließ sich die Sache anfangs vielversprechend an. Der Präsident der Motoviajeros Peru hatte uns eingeladen, auf ihrem wöchentlichen Clubtreffen einen kleinen Vortrag zu halten. In Lateinamerika sind Motorrädchen unter 200ccm die Regel. Große Kräder wie die unseren sieht man selten und ihre Besitzer gehören in der Regel zu den Wohlhabenderen. Im Falle der Motoviajeros Peru wäre wohlhabend jedoch eher ein Understatement. Das Treffen findet in einer Villa statt. Snacks und Getränke werden vom Hauspersonal kredenzt und wir kommen uns in unseren vom Vagabunden-Leben gezeichneten Klamotten deplatziert vor. Angenehm ist, dass die Clubmitglieder dank überdurchschnittlichem Bildungsniveau alle des Englischen mächtig sind, was in Südamerika die Ausnahme ist. Alle sind sehr nett und doch fühlen wir uns nicht unter Unseresgleichen.
Der redselige Präsident bietet uns Hilfe bei der Reifensuche an.

„Alles kein Problem. Ich nehme das in die Hand.“, so seine optimistische und vollmundige Versprechung. Was in den nächsten Tagen folgt, sind viel heiße Luft und keine Taten. Ein ums andere Mal lässt er uns schmählich hängen. Wir kommen ins Grübeln. Kulturell bedingte Kommunikations-Störung, bei der der Peruaner nur höflich sein wollte und wir die Versprechen irrtümlich für ernst genommen haben? Oder haben wir einfach nur einen unzuverlässigen Dummschwätzer erwischt, dank dem unsere Hotelrechnung im teuren Lima mit jedem weiteren Tag in schmerzlichem Maße wächst? Irgendwann brechen wir entnervt den Kontakt ab und regeln die Sache selber. Highlight der Aktion ist ein halber Tag am Cargo-Flughafen, wo ich mich an einem Sonntag (schlechtester Zeitpunkt, den man sich denken kann) mit der Import-Prozedur für Reifen abmühe, die uns ein ortsansässiger Händler in Brasilien bestellt hat.

Ein Hoch auf die deutsche Bürokratie!

Nach diesem demotivierenden Erlebnis in Sachen lateinamerikanischer Unzuverlässigkeit ist die Beantragung von Zweitpässen bei der deutschen Botschaft für uns ein Fest in Sachen deutscher Zuverlässigkeit und transparenter Prozesse. Nach nunmehr sieben Monaten in Ländern, in denen alles „mañana” (= morgen oder am Sankt Nimmerleinstag) erledigt wird, geraten wir regelrecht ins Schwärmen angesichts der effizienten deutschen Bürokratie. Natürlich wird unserem etwas ungewöhnlichen Antrag nach Zweitpässen entsprochen, nachdem wir unser berechtigtes Interesse kurz dargelegt haben. Kein Abwiegeln eines komplizierten Vorganges aus Angst, Fehler zu machen (sehr verbreitetes Verhalten in Südamerika). Kein Gefeilsche um Bestechungsgelder. Statt dessen eine eindeutige Gebührenordnung. Ob es möglich sei, die neuen Pässe in ein anderes Land zu liefern, wo wir sie in einigen Monaten abholen würden? Die Dame legt uns die Kompliziertheit des Verfahrens dar und endet dennoch mit: Selbstverständlich könne man das machen – ohne zusätzliche Kosten. Nicht zum ersten Mal werden uns die Vorzüge unseres Heimatlandes und der deutschen (Arbeits-)Mentalität klar.

Nasca Linien & Mumien-Friedhof

Im Vorfeld unserer Reise haben wir alles an Dokus über Südamerika verschlungen, was das Fernsehen zu bieten hatte. Keine Sendung über Peru, in der nicht die zwei Mega-Sensationen Machu Picchu und die Nasca Lines erwähnt werden. Letztere sind nun unser Ziel. Die Nasca Linien wurden über mehrere Epochen hinweg mit unterschiedlichen Methoden in die Wüste „gezeichnet“. 800 Linien, 300 geometrische Figuren und 70 Tier- und Pflanzendarstellungen finden sich auf einer Fläche von 500 Quadrat-Kilometern und variieren in ihrer Ausdehnung und Länge von einigen zehn Metern bis hin zu mehreren Kilometern. So richtig erkennen kann man sie erst aus der Luft, was sie umso mystischer macht, da es zu ihrer Entstehung (teilweise deutlich vor Christi Geburt) diese Möglichkeit ja nicht gab. Warum hat man sie also in dieser Art und Weise erschaffen? Es gibt Theorien en masse – inklusive natürlich solcher, die Ufos und Außerirdische einschließen. Trotz faszinierendem theoretischem Hintergrund will sich uns der Reiz der Nasca Linien jedoch nicht erschließen. Irgendwie funkt es bei uns nicht, als wir von einem Aussichtspunkt auf sie herabschauen. Den üblichen Flug für rund 100 USD pro Person verkneifen wir uns leichten Herzens.

Statt dessen finden wir in der Nähe einen echten Kracher, der (fast) umsonst ist. Die Ausgrabungsstätte von Cauchilla beeindruckt mit einigen Dutzend offenen Gräbern in denen erstklassig erhaltene Mumien sitzen - alles in allem bestimmt 40 Stück! Keine Glaswand oder sonst was schützt die Artefakte. Wenn man wollte, könnte man die Absperrseile hochheben und sich zu den Mumien in die Grube setzen. Archäologie zum (beinahe) Anfassen. Unbedingt anschauen lautet unser Urteil!

Die angeblich schönste Motorradstrecke Südamerikas

Auf HUBB (einem der zwei internationalen Motorradreise-Foren) gibt es eine Diskussion über die schönste Motorradstrecke in Südamerika. Keine wird dabei so oft genannt, wie die 2-Tages-Tour von Nasca nach Cuzco. Entsprechend hoch sind unsere Erwartungen. Der Anfang ist jedenfalls schon mal eine Wucht. Die Straße windet sich durch ein Wüsten-Gebirge in die Höhe. Solche Landschaften liebe ich! In der Ferne sehen wir den Cerro Blanco, die mit 2.078 Metern höchste Sanddüne der Welt.

Die insgesamt ca. 650 km lange Strecke ist abwechslungsreich und bietet ganz verschiedene Landschaften. Das Wüstengebirge wird von einem Hochplateau abgelöst. Wir fahren für rund zwei Stunden auf ca. 4.500 Meter Höhe und sehen viele Lagunen und überall Lama-Herden und deren wilde Verwandte grasen. Es ist ziemlich frisch (ca. fünf Grad) und ich bin mit meiner Zunfthose heute definitiv falsch angezogen, aber mal wieder zu stur, anzuhalten, die Gepäckrolle aufzumachen und meine warme Motorradhose rauszuholen. Bei soviel Schönheit macht die Kälte einem eh weniger aus. Kurz vor Sonnenuntergang geht es dann in ein enges Flusstal hinab und wir haben Mühe, hier eine Stelle zum wild Zelten zu finden. Leider haucht an diesem Abend auch noch unser Benzinkocher endgültig sein Leben aus. Trotz mehrmaligem Zerlegen und akribischem Reinigen bleibt die Brennleistung vollkommen unzureichend und wir kriechen frustriert und hungrig in unsere Schlafsäcke.

Auch am zweiten Tag folgen wir dem schönen Flusstal noch für lange Zeit. Danach heißt es dann wieder, sich über Kurven, Kurven und noch mehr Kurven in die Höhe zu schrauben bis in Cuzco der Spaß sein Ende findet.

Cuzco – Tourismus pur!

Cuzco ist die größte Stadt in der Nähe des Heiligen Tals und der bekanntesten Touristen-Attraktion von ganz Südamerika: Machu Picchu. Im Jahresdurchschnitt besuchen 2.500 Touristen pro Tag die Ruinen! Da jetzt auch noch Hauptsaison ist, kann man sich ausrechnen, wie viel mehr es sind. Und fast alle nehmen früher oder später mal Quartier in Cuzco. Es könnten gut und gerne 10.000

Touristen sein, die sich hier gleichzeitig aufhalten. Entsprechend ist die ganze Stadt ausgerichtet: Mega touristisch! Inklusive des von mir gehassten Effekts, dass man keinen Schritt tun kann, ohne von jemandem aufdringlich angesprochen zu werden, der einem eine Tour, ein Restaurant, eine Gratis-Massage, Drogen, oder sonst was verkaufen will. Meine Toleranz für diese Schmeißfliegen ist gering und meine Laune geht dann immer schnell in den Keller.

Flitzekacke Jackpot!

Wettermäßig haben wir es ziemlich schlecht getroffen. Es schüttet nonstop. Da wir auch noch oberhalb der Stadt auf 3.600 Meter zelten und es dort arschkalt ist, wundert es mich anfangs nicht, dass ich friere. Irgendwann setzt dann aber auch noch Fieber ein und ich bekomme schlimmen Durchfall. Fuck! Nicht jetzt! Nicht hier! Es sind immer dieselben Gedanken, die man in solchen Momenten hat. Als es am zweiten Tag noch nicht besser ist, beschließen wir, in ein Hostal in die Stadt umzuziehen. In so einem erbärmlichen Zustand im Zelt zu liegen und jedes Mal durch die Kälte und den Regen aufs Campingplatz-Klo rennen zu müssen, ist kein Spaß. In meinem Zustand und bei der Witterung das Zelt abzubauen und die Karren aufzurödeln, ist allerdings auch kein Vergnügen. Mit zittrigen Beinen fahre ich hinab in die Stadt, wo wir zum Glück ohne langes Suchen eine bei Fahrrad- und Motorradreisenden populäre Herberge finden, die im ansonsten recht teuren Cuzco bezahlbare Zimmer anbietet. Natürlich sind sie spartanisch und ungeheizt mit Gemeinschaftsklos im Hof – aber es ist dennoch eine Verbesserung zum Zelten!

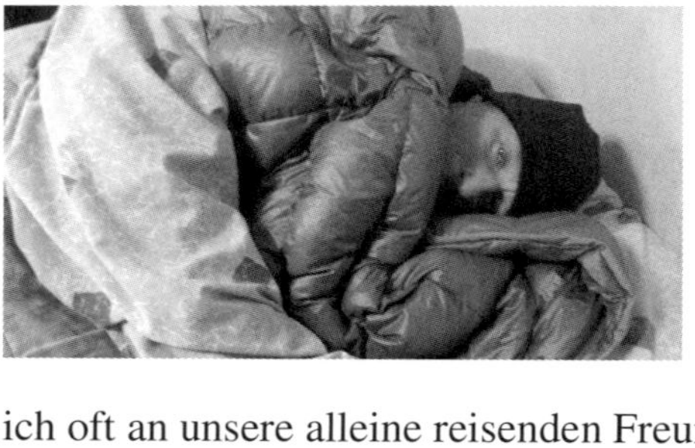

Die nächsten Tage verbringe ich mit Fieber und in erbärmlichem Zustand unter einem Berg von Decken und Schlafsäcken und werde von der weltbesten Krankenschwester gepflegt. In solchen Momenten denke ich oft an unsere alleine reisenden Freunde und wie scheiße es für die sein muss, wenn sie krank sind und keiner da ist, der ihnen helfen

kann.
So langsam geht es zwar aufwärts, aber der schlimme Durchfall wird und wird nicht besser. Am fünften Tag gehe ich zum Doc, der mir aufgrund der Laborwerte Salmonellen und dazu noch eine Darmentzündung diagnostiziert! Jackpot! Antibiotika und diverse andere Sachen muss ich schlucken und für ein, zwei Wochen strenge Diät halten. Meine Laune ist im Keller. Wie soll ich so denn wieder zu Kräften kommen, um unter diesen ohnehin sehr anspruchsvollen Bedingungen Krad fahren zu können? Da ist wohl Abenteuer light für die nächsten zwei Wochen angesagt.
Simon nimmt die Sache wie so oft gelassener als ich – was im konkreten Fall auch ein bisschen daran liegen mag, dass sie zwar einen quengeligen Patienten betreuen, aber nicht selber Montezumas Rache erleiden muss. Pragmatisch wie sie ist, nutzt sie die Zwangs-Reisepause, um nochmal einige Tage Sprachschule nachzulegen und ihr Spanisch weiter zu verbessern.

Jeder Gang durch die Stadt wird zum Spießrutenlauf für mich. Diese zigtausend Touristen wollen ja alle essen und trinken und so duftet es aus jedem zweiten Hauseingang gleichermaßen verführerisch und verboten. Hinter jedem dritten Fenster erblicke ich einen Schankraum, in dem Menschen unbeschwert Bier trinken. Hölle! Ich versuche mich darauf zu konzentrieren, einen neuen Kocher aufzutreiben und nicht an all die Versuchungen zu denken. Die Aufgabe entpuppt sich in jeder Beziehung als schwierig. In Cuzco gibt es zwar mehr Outdoor-Shops als im ganzen restlichen Mittelamerika zusammen, aber die darf man sich in Sachen Sortiment nicht wie einen europäischen Laden vorstellen. Von den ca. 30 Shops haben genau 29 den gleichen Gas-Kartuschen-Kocher und sonst nichts. Der 30te hat dann zusätzlich noch einen einzigen MSR Wispherlight im Angebot – zu Importpreisen versteht sich. Aber wer keinen Wahl hat, dem fällt die Entscheidung leicht. Ich handle das Teil noch ein bisschen runter und dann sind wir Besitzer eines neuen Kochers – des dritten auf dieser Reise! Das ist weit entfernt von dem, was ich mir vor der Reise erhofft hatte. Zum einen hatte ich erwartet, dass der Benzinkocher ewig hält und zum anderen hatten wir uns extra einen MSR gekauft, da wir dachten, für den würden wir weltweit Ersatzteile bekommen. Von wegen! Zum zweiten Mal haben wir uns einen neuen Kocher kaufen müssen, weil keine Ersatzteile zu bekommen waren! Und der Kocher ist einfach ein unverzichtbares Ausrüstungsteil. Beim wild Campen, das wir gerade hier in Peru oft und gerne praktizieren, geht nichts ohne.

Das heilige Tal

Ich bin zwar noch lange nicht wieder fit, aber wir haben Hummeln im Hintern. Nach fast zwei Wochen Zwangs-Sesshaftigkeit wollen wir endlich wieder unser Krad-Vagabunden-Leben aufnehmen und sehnen uns danach, wieder im Sattel unserer Motorräder zu sitzen! Wir brechen ins heilige Tal auf, wo wir es mit einigen Tagesausflügen ruhig angehen lassen.

Als erstes fahren wir die Terrassen von Moray an – ein Agrar-Versuchslabor längst vergangener Zeiten. Auf jeder der Ebenen herrscht ein anderes Mikroklima. Zweites Ziel: Die Salinas, die weit eindrucksvoller sind, als wir es erwartet hatten – egal ob aus der Höhe, oder wenn man sie zu Fuß durchstreift. Über 5.000 Becken werden von einem stark salzhaltigen Bach über ein ausgeklügeltes System gespeist und das Wasser wird dann zum Verdunsten gebracht. Wie immer in Südamerika: Alles Handarbeit.

Machu Picchu - das touristische Mega-Highlight Südamerikas

Machu Picchu ist die bekannteste und meistbesuchte Attraktion ganz Südamerikas. 2.500 Besucher pro Tag – ich erwähnte es zuvor schon. Angesichts solcher Touristen-Ströme fragt man sich als Individual-Reisender zwangsläufig, ob man sich das antun möchte, oder ob der Genuss nicht durch die vielen nervigen Menschen auf der Strecke zu bleiben droht. Dass man die Touristen-Zahl mittlerweile reglementiert hat, klingt einerseits sinnvoll, bedeutet andererseits natürlich zusätzlichen Verdruss, falls man nicht zu den Auserwählten gehört. Exorbitante Preise, die auf diesem Kontinent Ihresgleichen suchen, lassen uns zusätzlich zögern. Letztendlich entscheiden wir uns dann doch dafür, uns selbst ein Bild zu machen. So eine Chance hat man schließlich nicht alle Tage. Statt einer überteuerten Zugfahrt nach Aguas Caliente, dem Örtchen am Fuße von Machu Picchu, die je nach Komfort unterschiedlich hohe dreistellige (!) Euro-Beträge kostet, entscheiden wir uns für die Variante quasi durch die Hintertür via Santa Theresa.

Die 250 km lange Anfahrt dorthin ist für uns kein Handicap, sondern Motorrad-Fahrspaß pur, trotz winterlicher Bedingungen auf dem Pass, auf dem man auch zu dieser Jahreszeit schon mal im Schnee festsitzen kann. Vom tropisch gelegenen Santa Theresa geht es dann per Zug oder auf Schusters Rappen entlang der Gleise nach Aguas Caliente. Wir wählen auf dem Rückweg besagte Wander-Variante und haben einige bange Momente in Sachen Tunneldurchquerungen, nachdem ich zuvor in guter Indianerfilm-Manier mein Ohr an die Schienen gehalten und selbstsicher verkündet hatte, dass kein Zug im Anmarsch sei. Eine fulminante Fehleinschätzung, die uns wenige Momente später eine hohe Dosis Adrenalin beschert.

Aguas Caliente ist übrigens genau so, wie man sich ein Dorf vorstellt, durch das täglich Tausende von Touristen hindurch müssen, von denen die meisten das Geld locker sitzen haben. Ab hier wird es dann ziemlich unschön und auch für uns teuer. Dreimal müssen wir an diesem Tag zudem noch unseren Reisepass vorzeigen. All das finden wir lästig.
Am Ende sind wir uns dennoch einig: Alle Mühen und Kosten haben sich gelohnt! Machu Picchu ist die eindrucksvollste Ruinen-Stadt, die wir je gesehen haben. Dieses Urteil gründet sich auf die Stätte an sich, aber noch viel mehr auf

ihre spektakuläre Lage. In (fast) jede Richtung geht es steil in die Tiefe, was die Einzigartigkeit der Anlage ausmacht. Trotz allem

Zynismus muss ich sagen: Ich hatte es mir schlimmer vorgestellt. Die Menschen-Massen verteilen sich überraschend gut auf das Areal. Da haben wir in Mexiko bei der einen oder anderen Maya-Ruine Schlimmeres erlebt.

Geburtstags-Pechsträhne

Kennt ihr das? Während der ersten Tageshälfte sieht man haufenweise top Spots zum Zelten oder einladende Unterkünfte, aber während der letzten Tageslichtstunden, wenn man konkret Ausschau hält, kommt dann rein gar nichts mehr. So geht es uns heute mal wieder. Es ist schon dunkel, als wir endlich eine runtergekommene Bleibe finden, die mit „spartanisch" zu beschreiben ein Euphemismus wäre. Statt Abendessen gibt es die erste Pulle Bier seit 14 Tagen. Schmeckt die geil! Es bleibt aber bei der einen, so müde wie wir sind. Außerdem wird die Flasche in der Hand im Hotelzimmer beim Trinken kälter. Hölle! Das ist wie in einem Iglu! Das Bett ist übrigens der blanke Albtraum für jemanden, der gerade mit akuten Rückenproblemen zu kämpfen hat. Morgens um 5:30 Uhr stellen die Lehm-Ziegel-Macher im Hof das Radio auf volle Lautstärke und beenden eine der übelsten Nächte, die wir auf der gesamten Reise hatten. So beginnt mein dreiundvierzigster Geburtstag! Eigentlich hab ich mir nie viel aus Geburtstagen gemacht. Aber dass ich nun schon den zweiten „on the road" erlebe, hat für mich dann doch eine sehr positive Bedeutung, da es ein Symbol dafür ist, dass ich endlich mein Leben genau so lebe, wie ich es will. Dass dieser 43ste Geburtstag der beschissenste aller Zeiten werden soll, ahne ich zu dieser frühen Morgenstunde noch nicht. Wir sitzen um 7.00 Uhr auf den Motorrädern und nehmen die Straße bei Minusgraden und strahlendem Sonnenschein unter die Räder. Es geht dauerhaft auf rund 4.000 Metern über den Altiplano – eine steppenartige Hochebene, die sich bis weit nach Bolivien zieht. Begrenzt wird sie von eindrucksvollen, schneebedeckten Berg- und Vulkan-Ketten. Die Finger schmerzen vor Kälte, aber wir sind gut gelaunt.

Das Pech schlägt zu. Simons Hinterreifen ist platt. Ich hasse Reifenwechsel. Und ich hasse sie vor allem, wenn mir haufenweise Leute dabei zuschauen und uneingeladen zur Hand gehen wollen. In der Theorie sehe ich ja ein, dass es lieb gemeint ist von den Menschen, aber ich kann es nun mal nicht ab! Sicherheitstechnisch ist so eine Situation zudem der Albtraum. All unser Gepäck muss abgerödelt werden und türmt sich neben den Motorrädern. Werkzeug liegt herum und auf all das kann ich kein Auge haben, weil ich vollauf damit beschäftigt bin, den verfluchten Reifen zu wechseln. Simon gibt ihr Bestes, die Helfer halbwegs in Schach zu halten und ein Auge auf unsere Sachen zu haben. Gegen einen echten Vollprofi-Dieb hätten wir in so einer Situation dennoch keine Chance. Als Simons Krad endlich wieder auf zwei prallen Reifen steht, kommt aber erst der eigentliche Tiefschlag. Meine Karre springt nicht mehr an. Ich kann es nicht fassen! Ich könnte gerade verzweifeln, als mir das Ausmaß des aktuellen Problems klar wird. Aber es hilft nicht, sich selbst zu bemitleiden. Es wird keine Fee mit Zweirad-mechaniker-Ausbildung um die Ecke geflogen kommen und mir ihre Hilfe anbieten. Es gibt nur einen, der diese Problem lösen kann bzw. lösen muss: Ich selbst.

Also runter vom Bock, Handschuhe mit Schwung auf den Boden geknallt und laut geflucht dabei. Das baut zumindest ein ganz klein bisschen Frust ab und hilft für wenige Minuten, einheimische Helfer auf Abstand zu halten. Karre zum Teil wieder abrödeln und Werkzeug wieder rausholen. Alles unter den Augen eines sensationslüsternen Publikums. Tief Luft holen. Nachdenken. Und los geht's mit der üblichen Fehlersuche, die heute aber partout nicht erfolgreich sein will. Ich bin mit meinem Latein am Ende. Abschleppwagen via ADAC rufen? Undenkbar in dieser Region! Mir bleibt nichts anderes übrig, als das schwer bepackte Motorrad bis zur nächsten Stadt zu schieben. Mit kaputtem Rücken ist das Schieben eine Tortur. Auf 4.000 Meter Höhe und in der prallen Sonne ist es zudem unglaublich anstrengend. Alle paar hundert Meter bleibe ich mit zitternden Beinen und am Ende meiner Kräfte stehen. Alter Schwede! Ich bin körperlich und emotional fertig! Die Sonne geht langsam unter und so wird aus dem Ganzen auch noch ein Wettlauf gegen die Uhr. Zuletzt wechseln wir uns beim Schieben ab, da ich total k.o. bin. Mit dem letzten Tageslicht erreichen wir eine Werkstatt, wo mich dann das Pech nochmal richtig auslacht. Als ich dem Mechaniker mein Problem demonstrieren will, springt mein Motorrad problemlos an. Aaaaarrrrgggg. Es ist zum Ausflippen. Ich habe stundenlang alles probiert – ohne Erfolg. Dann die elende, nicht enden wollende Schieberei auf dieser kräftezehrenden Höhe und nun springt das Biest an, als wäre nichts gewesen. Der Mechaniker grinst und verlangt allen Ernstes eine Gebühr für seine „Reparatur“ - nichtsahnend, dass er gerade mit seinem Leben spielt.

Heute war ich wirklich richtig verzweifelt. Ich hab geflucht und hatte die Schnauze gestrichen voll. Aber als ich an diesem Abend in einer total überhitzten Pizzeria sitze, als vor mir eine Pizza steht, ich einen Schluck kaltes Bier trinke, in die Augen meiner geliebten Simon sehe und ihre Hand halte, da weiß ich, dass ich trotz allem Pech und allem Frust ein glücklicher Mann bin! Wie heißt es so treffend: Geteiltes Leid ist halbes Leid! Da ist verdammt viel Wahres dran! Auch das heutige Abenteuer haben wir zu zweit durchgestanden. Irgendwie geht es immer weiter.

Lug und Betrug

Da der Reißverschluss meines Tankrucksacks mittlerweile total im Arsch ist, machen wir uns auf die Suche nach einem Schuster, den wir nach langem Suchen dann auch tatsächlich finden. Nach einigem Hin und Her werden wir uns einig: Für umgerechnet fünf Euro soll der Meister einen neuen Reißverschluss einsetzen. Er verspricht hoch und heilig, dass der Tankrucksack am nächsten Morgen um 10.00 Uhr fertig sein wird. Anschließend machen wir uns auf die Suche nach dem Motorrad-Werkstätten-Viertel. In Mittel- und Südamerika sind die Branchen nämlich fast immer geballt in einem Stadtteil. Leider funktioniert diese Logik nicht in Puno. Wir verbringen einen halben Tag damit, zu Fuß einen Motorradladen nach dem anderen abzuklappern – keiner liegt auch nur in der Nähe des anderen und keiner kann uns in Sachen eines 130er Schlauches helfen. Lokale Motorräder haben maximal einen 110er hinten drauf. Die Suche nach selbst in Deutschland ziemlich seltenen Zündkerzen für unsere Motorräder breche ich nach dem dritten Shop ab. Überall ist das einzige Maß für die Kompatibilität der Kerzen, ob das Gewinde nach Augenmaß das gleiche ist. Wärmewert im Speziellen und Sinnhaftigkeit von Typenbezeichnungen im Allgemeinen kann ich keinem Südamerikaner vermitteln.

Am nächsten Morgen ist zu meiner Überraschung der Tankrucksack zur versprochenen Zeit fertig und ich bin von der Qualität begeistert. Auf dem Heimweg sehe ich mir den Reißverschluss dann nochmal genau an und stutze. Bei penibler Betrachtung zeigt sich, dass der Lump mich betrogen hat. Er hat einen neuen Schlitten eingezogen und den alten Reißverschluss gefärbt! Ich bin mächtig angepisst! Was hängen mir mittel- und südamerikanischer Pfusch und Betrügereien zum Halse raus! Nach nunmehr neun Monaten in diesem Kulturkreis muss ich sagen: Pfusch und Betrug sind nicht die Ausnahme, sondern die Regel. Auch von vielen Europäern und Nord-Amerikanern, die sich hier niedergelassen haben, hören wir nichts anderes. Wutentbrannt stürme ich zu dem Schuster zurück. Ich bin stinksauer, obwohl er sofort verspricht, einen neuen Reißverschluss einzusetzen. Das war kein Versehen. Das Schwein hat mich mit voller Absicht versucht abzuziehen. Ganz nebenbei sind fünf Euro in Peru verdammt viel Geld. Dafür hätte mir sogar ein deutscher Schuster einen neuen Schlitten eingezogen. Selbst für einen neuen Reißverschluss ist das hierzulande ein Gringo-Preis. Fatal für uns ist, dass wir zeitlich extrem knapp dran sind. Wir müssen ja noch ins Hotel zurück, packen und die Motorräder aufrödeln. Und das alles in den nächsten 1,5 Stunden. Und der Schuster muss jetzt erst mal einen neuen Reißverschluss auf dem Markt kaufen gehen. Erwähnte ich, dass ich von dieser Scheiße die Schnauze gestrichen voll habe? Am Ende ziehe ich mal wieder mit einer Arbeit ab, deren Qualität nicht meinen Vorstellungen entspricht. Wird nicht lange dauern, bis wir uns das nächste Mal auf die Suche nach einem Schuster machen werden, um diesen Tankrucksack reparieren zu lassen.

Höhenrekorde

Unser Weg führt erneut bei unerfreulich frischen Temperaturen über den Altiplano und dann Richtung Cañon del Colca. Es geht immer weiter hoch und die Temperaturen gehen immer weiter runter. Die Landschaft ist optisch dementsprechend. Es sieht aus, als würden wir durch einen Gletscher fahren. Meterhohe Eiswände! Ein Gebirgsbach gefriert auf seinem Weg den Hang hinunter.

Wir fühlen uns kein bisschen wärmer, als das Wasser dieses Baches! Oben auf dem Pass, der mit 4.886 m knapp unser neuer Höhenrekord ist, müssen wir uns zwingen, um bei Minusgraden anzuhalten und das skurrile Heer der Steinmännchen zu fotografieren. Die 4.886 Meter sollen übrigens unsere Höchstmarke für Südamerika bleiben, obwohl es einige wenige Orte gibt, wo man dem Himmel noch näher kommen kann.

Um all die Höhenangaben der letzten Kapitel mal in Relation zu setzen: Der höchste Pass in den Alpen ist rund 2.800 Meter hoch. Und selbst der höchste Berg, der Mont Blanc, bringt es dort auf läppische 4.810 Meter.

Neben den schon beschriebenen Herausforderungen der großen Höhe für den Organismus haben auch die Motorräder zu kämpfen. Die dünnere Luft ist vor allem für Vergaser-Motorräder ein erhebliches Problem. Bewusst haben wir uns deshalb für Einspritzer entschieden, die mit der Höhe viel besser klarkommen. Spurlos geht sie allerdings auch an unseren leidensfähigen Hondas nicht vorbei.

Kulinarisches Highlight

Chivay, das sogenannte Tor zur Colca-Schlucht ist für uns eine Enttäuschung. Wir sind geschockt von den Restaurant-Preisen. Getränke kosten hier das Zwei- bis Dreifache von dem, was wir in Puno bezahlt haben. Allerdings hält der Abend ein unerwartetes kulinarische Highlight für mich bereit: Alpaca Steak in Anden-Frucht-Sauce. Ein Hochgenuss – unvergleichlich schmackhaftes Fleisch, erstklassige Sauce.
Auch wenn ich in den letzten Kapiteln öfter über kulinarisch Spannendes aus Peru berichtet habe, generell sind Mittel- und Südamerika in dieser Beziehung eine mega Enttäuschung. Zumindest in der Preisklasse, in der wir uns bewegen, regiert aufgewärmtes, verkochtes und extrem langweiliges Essen. Ich war noch auf keinem Erdteil unterwegs, wo ich das Essen so reizlos fand, wie hier. Da ist das heutige Mahl ein echter Ausreißer!

Mit den Riesen der Lüfte auf Augenhöhe

In Ecuador hatten wir sie schon in einem Wildpark bestaunt, nun hoffen wir, sie in freier Wildbahn zu erspähen: Kondore!
Nachmittags und damit angeblich viel zu spät für Sichtungen der Riesen der Lüfte, schlagen wir zwei Kilometer unterhalb des berühmten Cruz del Condor unser Lager auf. Kein Mensch weit und breit. Dafür schweben für den Rest des Tages bis zu einem Dutzend der imposanten Aas-Fresser graziös über uns! Mit ihren teilweise über drei Metern Flügelspannweite und dann auch noch auf so kurze Distanz, sind sie ein wahrlich ergreifender Anblick.

Auf unserem Rückweg nach Chivay kommen uns am nächsten Morgen endlos viele kleine und große Busse entgegen und machen staubmäßig die Tour zu einer Tortur! Ich überschlage im Kopf auf die Schnelle die Anzahl der Touristen, die sich da für die Morgen-Session zum Cruz del Condor chauffieren lassen, und komme auf weit über Tausend! Unglaublich und bestimmt kein Spaß, inmitten solcher Menschenmassen ein Naturschauspiel zu beobachten. Wieder einmal hatten wir als Individual-Reisende einen enormen Vorteil, den ich nicht missen möchte.

Bolivien

Die beiden Grenzübergänge am Titicaca-See haben eine gewisse Reputation in Sachen Korruption. Wir finden den Versuch eines Zöllners eher erheiternd, der von uns eine Cola fordert, damit er nicht mehr so müde sei und unseren Antrag schneller bearbeiten könne.

Unser erstes Doppelzimmer schlägt in einem sehr touristischen Badeort gerade mal mit vier Euro zu Buche. Auch sonst sind die bolivianischen Preise erfreulich. Weniger erfreulich sind die Geschäfts-Sitten in diesem Land, von denen wir am nächsten Morgen direkt mal eine typische Kostprobe erhalten. Der Hotel-angestellte will unsere Motorräder nur gegen 50% Aufpreis aus dem Hof lassen, obwohl davon beim Einchecken keine Rede war. Wir bleiben stur. Leider soll dies keine Einzelerfahrung in diesem Land bleiben. Wir erleben in den nächsten Wochen derartige Betrugs- und Abzocke-Versuche ziemlich oft, weshalb Bolivien für uns einen der allerletzten Plätze auf unserer gesamten Weltreise belegt, was Ehrlichkeit und faire Behandlung angeht.

Nach einer etwas abenteuerlichen Überquerung des Titicaca-Sees geht es weiter über den Altiplano, der in seiner Monotonie mittlerweile erheblich an Reiz für uns eingebüßt hat.

Die Straße des Todes – Mythos und Wirklichkeit

Camino del Muerte – die Straße des Todes. Sie ist eine der berühmtesten Straßen Südamerikas. Wir hatten schon viel über sie gelesen und einige Dokus über diese gefährliche Piste im Fernsehen gesehen. Was von unseriösen Journalisten und angeberischen

Reisenden gerne durcheinander geworfen wird: Diese Straße WAR EINMAL extrem gefährlich und hat DAMALS Todesopfer im Tages-Takt gefordert. Heutzutage besteht die größte Gefahr darin, dass man mit einem von Hunderten Moutain-Bikern kollidiert, die im Gegensatz zu Fahrrad-Fernreisenden hier teilweise ohne Sinn und Verstand runterbrettern. Hintergrund für die entschärfte Situation ist eine Teerstraße, die seit nunmehr einigen Jahren parallel zu der berühmt-berüchtigten Strecke verläuft.

Wir nehmen die Straßen-Legende zu früher Stunde unter die Räder und sind bis auf eine Truppe argentinischer Motorradfahrer alleine. Die bleiben jedoch bald hinter uns zurück, weil sie ständig anhalten, um sich dabei zu filmen, wie sie die Piste, die übrigens in erstklassigem Zustand ist, im Stehen entlangfahren. Bei so viel Rumgepose können wir nur den Kopf schütteln. Zu gerne würden wir den Text zu diesem Angeber-Film später mal hören.

Die obere Hälfte der Straße des Todes ist ein bisschen spannender als die untere, aber wahrlich keine Herausforderung. Wenn man sich allerdings klarmacht, dass dies hier früher die Hauptverkehrsstraße mit richtig viel Verkehr war und ständig LKW einander passieren mussten, dann kann man sich schon vorstellen, woher der Name dieser Piste kommt. Da wir in Peru und Bolivien schon mehrfach erlebt haben, wie sich einander entgegenkommende Verkehrsströme aus Dummheit ineinander verkeilen und dann feststecken, haben wir Probleme, uns auszumalen, wie das auf dieser Strecke früher überhaupt funktioniert hat, ohne dass es ständig zu hoffnungslosen Patt-Situationen kam.

Gegen 10:30 Uhr erreichen wir die Teerstraße und nur wenige Minuten später beginnt ein nicht mehr enden wollender Strom von Moutain-Bikern uns entgegenzukommen. Sie überholen wild, heizen nebeneinander um Kurven und einige fahren freihändig, um während der Fahrt fotografieren zu können. Soviel zu den wirklichen Gefahren der Straße des Todes. Sollte einer dieser Ein-Tages-Helden aus eigener Schuld sterben, so wird sich die Presse mit Begeisterung darauf stürzen und diesen Toten als Indiz für die Gefährlichkeit der Strecke werten – nicht ohne einige uralte Geschichten über diesen Mythos von Straße mit in den Artikel einzubauen.

Tankstellen-Wüste

In Sachen „trockene Tankstellen" steht Bolivien Venezuela in nichts nach. Vor allem außerhalb großer Städte geht sehr vielen Tankstellen regelmäßig das Benzin aus. Nun haben wir ja schon ein bisschen Motorradreise-Erfahrung und tanken in solchen Gegenden immer beizeiten. So hatte ich dann heute auch begonnen, nach einer Tanke Ausschau zu halten, als unsere Tanks noch mehr als halbvoll waren. Aber es kam und kam keine – zumindest keine, die nicht trocken war. In Challapata dann das vorläufige Aus. Auch hier ist kein Benzin zu bekommen. Vor einer Tankstelle stehen circa hundert Diesel-Fahrzeuge Schlange, weil es angeblich am späten Nachmittag eine Lieferung geben soll. Benzin soll am nächsten Tag eintreffen. Wir fragen herum, ob man nicht irgendwo Sprit aus Kanistern kaufen könne. Fehlanzeige. Notgedrungen fahren wir in das trostlose Nest zurück, das gerade in der Mittags-Ruhe erstarrt ist. Nach Stunden des Wartens bekommen wir endlich ein Zimmer. Die Wirtin ist ein Kotzbrocken. Für Klopapier und Duschen will sie extra Kohle sehen. Aber wenigstens dürfen unsere Motorräder im Flur parken – nichts Ungewöhnliches in Mittel- und Südamerika. Oft ist es haarsträubend bis lustig, wo für unsere Kräder Platz geschaffen wird.

Wenige Minuten später erzählt uns jemand, wo wir Benzin zum doppelten Preis aus Kanistern hätten kaufen können. Nun ist es zu spät. Aber mittlerweile gefällt uns das Nest ganz gut – hier wären wir ohne Not nie gelandet und hätten damit eine feine Chance verpasst, die alltägliche und authentische Seite Boliviens zu erleben. Absolut touristenfrei! Wir schlendern umher und essen an einem Straßenstand köstliche Empanadas für 0,10 EUR das Stück bis wir fast platzen.
Der nächste Tag fängt typisch bolivianisch an. Die Wirtin will eine Gebühr für die Motorräder, von der am Vortag keine Rede war. Meine Toleranz für derartige Betrügereien ist mittlerweile gleich Null. Ich halte lautstark dagegen und bluffe, die Bullen zu holen. Das gefällt der Hexe nicht. Sie rückt wutentbrannt das fehlende Wechselgeld raus. Leider hatte ich nämlich heute mit einem großen Schein zahlen müssen.
An dieser Stelle ein Tipp für streitwillige Fernreisende: Immer Kleingeld horten. Wer passend zahlt, hat es einfacher, sich gegen ungerechtfertigte Forderungen durchzusetzen, als derjenige, der um korrektes Wechselgeld kämpfen muss.
Die Tankstelle hat dann wirklich Benzin, als wir dort ankommen und wir dürfen uns als Motorradfahrer auch noch ganz vorne in die ewig lange Schlange einreihen. Das war in Venezuela auch schon so üblich und ist uns noch immer ein bisschen peinlich.

Die Devil's Miners

Potosi war für seine Wahnsinns Silbervorkommen berühmt. Einst war diese Stadt so groß wie Paris oder New York. Noch heute ist „potosi" ein Adjektiv im Spanischen, das soviel wie „steinreich" bedeutet. Man schätzt, dass dieser Berg, der eher wie ein großer Dreckshaufen aussieht, ca. 8 Millionen Menschen das Leben gekostet hat! Noch heute wird er von Tausenden Bergleuten in Hunderten kleiner und mittelgroßer Minen nach Mineralien durchwühlt. Der Film „Devil's Miners", gibt einen guten Einblick in die lebensgefährlichen Bedingungen, unter denen hier gearbeitet wird. Man sagt, dass ein Bergmann von seiner ersten Schicht unter Tage an im Schnitt nur noch 10 Jahre lebt. Hunderte der „Devil's Miners" sind Kinder.
In Potosi gibt es unzählige Touristenbüros, die Führungen durch

diese aktiven Minen anbieten. Diese Touren sind Hardcore und nicht mal ansatzweise mit einer durch eine europäische Mine zu vergleichen! Je nachdem, was für einen Anbieter man erwischt, ist so eine Führung phantastisch oder ein klaustrophobischer, lebensgefährlicher Albtraum!

Die mobile Spätzlemaschine

Mit Adi und Markus, zwei schwäbischen Motorradreisenden, denen wir vor einigen Tagen zufällig über den Weg gefahren sind, verbringen wir entspannte Tage in Sucre, das uns von allen bolivianischen Städten am besten gefällt. Neben dem üblichen Austausch von Reiseerfahrungen und Tipps vergleichen wir ausgiebig unsere Erfahrungen mit den Motorrädern und unsere Ausrüstung. Sehr interessant zu sehen, wie jeder andere Prioritäten hat. Die haben sogar Nicht-Trinkwasser zum Waschen dabei! Die reinste Platz- und Gewichts-Verschwendung in unseren Augen! Dafür sind wir von ihrer Spätzlemaschine begeistert. Ein ideales Mittel, um sich für all die Einladungen, die man auf so einer Reise bekommt, mit einem heimatlichen Gericht zu revanchieren. Nicht nur die bolivianische Mutter des Hauses ist entzückt. Auch wir genießen die köstlichen Spätzle und die Gesellschaft der beiden!

Der Salar de Uyuni

Der Salar der Uyuni ist der größte Salzsee der Welt. Er liegt auf knapp 4.000 Meter. Ihn mit dem Motorrad zu befahren und eine Nacht auf ihm zu zelten, wäre DAS Highlight Südamerikas für uns, auf das wir uns seit Monaten freuen!

Allerdings ist es zweifelhaft, ob dieser Traum in Erfüllung gehen wird. Seit vielen Wochen berichten alle Reisenden, die uns entgegenkommen, dass der Salar noch immer unter Wasser steht, was ganz untypisch für die Jahreszeit (Trockenzeit) ist. Die jüngsten Nachrichten, die wir hören, sind auch nicht viel besser. Wir hatten uns auf minus 15 Grad des Nachts auf dem Salar eingestellt. Derzeit sollen es aber minus 25 und selbst tagsüber weit unter Null sein.
Schon die Fahrt zum Salzsee ist landschaftlich ein Volltreffer.

Deutlich attraktiver als der Norden des Landes.

Wie so oft zelten wir wild, was sich in diesem Fall zudem als gutes Training für den Salar de Uyuni entpuppt. Nachtfrost mit zweistelligen Minusgraden ist in den peruanischen und bolivianischen Anden keine Seltenheit, aber so kalt hatten wir es noch nie. Selbst die Wasserflaschen im Innenzelt sind gefroren. Brrrrr! Beim morgendlichen Zähneputzen erstarren die Wassertropfen in meinem Bart augenblicklich zu Eis. Würde ich es gerade nicht selber erleben, ich hätte es für unmöglich gehalten.
Die einzige Stadt am Salar ist Uyuni, ein ziemlich schäbiges Nest. Der ganze Ort ist von einem mehrere hundert Meter breiten Müllhalden-Gürtel umgeben. Dafür hat Uyuni neben dem Salzsee ein weiteres Weltklasse-Highlight zu bieten: Den Eisenbahnfriedhof.

Hier stehen rund 200 vor sich hin rostende Waggons und Lokomotiven in unterschiedlichen Verfallsstadien. Alleine für diesen stimmungsvollen Ort, an dem man stundenlang auf Entdeckungstour gehen kann, hat sich die Fahrt nach Uyuni gelohnt.

Der nächste Tag bringt lange Gesichter und bittere Einsichten. Der Salar steht an seinen Zufahrten massiv unter Wasser. 30 cm tiefes Salzwasser ist nichts, was wir unseren Motorrädern zumuten wollen. Noch zu frisch ist die Erinnerung an die Schäden, die das Salz bei der Überquerung des Darien Gap angerichtet hatte. Und hier wäre die Konzentration noch viel höher. Da die Motorräder uns noch einige Jahre um die Welt tragen müssen, entscheiden wir uns schweren Herzen gegen die Befahrung des Salzsees. Eine große Enttäuschung, die durch den atemberaubenden Anblick der weiß glitzernden endlosen Fläche nur bedingt gemildert wird.

Auch unsere Weiterfahrt entlang der berüchtigten Laguna-Route, die unsere bisher größte Herausforderung geworden wäre, ist unmöglich. Auf bis zu 5.000 Metern geht wegen Schnee und Eis derzeit gar nichts. Keiner der Geländewagen-Tour-Anbieter fährt dieser Tage die Strecke. Da wir schon seit längerem von ungewöhnlich starken Schneefällen und unpassierbaren Pässen in dieser Region hören, ist das kaum noch eine Überraschung. Wieder einmal erleben wir die bittere Erkenntnis, dass es selbst bei optimaler Planung oft genug anders kommt, als gedacht. In diesem Fall ist die Planänderung besonders bitter für uns. Wer weiß, ob wir im Leben eine zweite

Chance für dieses Erlebnis bekommen?

Verfluchter Sand, verfluchter Durchfall

Die Alternativroute nach Tupiza hat es in sich. Fast die ganze Strecke sogenanntes Wellblech in unterschiedlich starker Ausprägung. Mehrere Tiefsand-Passagen setzen vor allem Simon zu. Am Ende lautet ihre Bilanz: Einmal festgefahren und dreimal auf der Seite gelegen.

Mit vereinten Kräften geht es aber immer irgendwie weiter – auch wenn wir viel fluchen und schwitzen.

Tupiza ist für seine tollen Felsformationen bekannt. Die wollen wir auf einer 15 km langen Wanderung erkunden. Aber meine Beine sind heute wie Blei. Mit jedem Schritt fällt mir das Laufen in der prallen Sonne schwerer. Nach einer Stunde bitte ich Simon umzukehren. Der morgendliche Durchfall scheint wohl doch eine ernstere Sache zu sein. Dabei hatte ich mich anfangs sogar über ihn gefreut. Er schien mir immer noch besser zu sein als die schlimme Verstopfung, an der ich seit den Salmonellen vor drei Woche leide! Allmorgendlich nach Zeltnächten bei deutlich unter null Grad mit blankem Hintern in der Landschaft zu hocken, sich im wahrsten Sinne des Wortes den Arsch abzufrieren und gleichzeitig mit hochrotem, schmerzverzerrtem Gesicht wie ein Weltmeister zu pressen, gehört nämlich ganz entschieden nicht zu den schönen Seiten des Krad-Vagabunden-Lebens. Leider ist dies nun schon das dritte Mal in fünf Wochen, dass ich mit Durchfall und Fieber flachliege. Neben den eigentlichen Qualen macht man sich da auch so seine pessimistischen Gedanken. Das Fieber hält sich zwar nur 24 Stunden, aber der Durchfall ist hartnäckiger. Ich konzentriere mich auf ein einziges Ziel: Wieder fit genug werden, um mich im Sattel halten zu können und die letzten rund 100 km bis Argentinien zu schaffen. Dort werde ich dann ggf. ins Krankenhaus gehen, um mich untersuchen zu lassen, falls ich dann immer noch diesen heftigen Durchfall habe. Argentinien, dem man die beste Infrastruktur bzw. den höchsten Entwicklungsstand aller Länder Südamerikas nachsagt, scheint mir dafür einfach besser geeignet, als Bolivien, das man am anderen Ende der Skala ansiedeln muss.

Streiks & Straßenblockaden

Schon in Peru hatte uns das Thema in Atem gehalten. Militante Demonstranten blockierten wochenlang die Strecke nach Bolivien. Vor allem im Alkoholrausch sind solche Menschen-Ansammlungen eine tickende Bombe und es genügt ein Funke, um das Ganze zum Explodieren zu bringen. Als Fernreisender kann man da Glück haben und durchgelassen werden. Aber genauso gut kann es aus willkürlichen Gründen fatal enden. Selbst einem Krankenwagen verweigerten die Demonstranten jüngst die Durchfahrt, was den schwerverletzten Patienten das Leben kostete. Bis zu einem gewissen Grad kann man die Radikalität der Streikenden verstehen. Sie stehen mit dem Rücken zur Wand und die Staatsmacht geht beim gewaltsamen Auflösen der Blockaden oft genug über Leichen.

In Bolivien sind derartige Blockaden Gang und Gäbe und wir witzeln auf den letzten hundert Kilometern schon voreilig, dass wir keine einzige erlebt haben. Zu früh gefreut! Prompt stehen wir vor Bus-Barrikaden.

Kleine Motorrädchen können alternativ über die Schwellen einer in schwindelerregender Höhe verlaufenden Eisenbahnbrücke hoppeln. Uns wird schon beim bloßen Zuschauen schlecht. Zum Glück wird uns diese Mutprobe erspart. Die Demonstranten öffnen die Sperre, um ein Polizei-Fahrzeug durchzulassen und wir hängen uns fix dran. Das nächste Dutzend Blockaden bis zur Grenze ist kein Problem. Irgendwie können wir immer mit den Motorrädern durchs Gelände oder über Bürgersteige daran vorbei. Zum Glück sind die Demonstranten locker drauf und lassen uns gewähren. Mulmig ist uns dennoch dabei.

Ein weiter Weg bis zur südlichsten Stadt der Welt

Ein Straßenschild begrüßt uns in Argentinien und lässt unsere Gesichter strahlen: 5.121 km bis Ushuaia, der südlichsten Stadt der Welt. Es wird aber noch mindestens bis Ende November dauern, bis wir dort ankommen, denn vorher kann man dort unten wetterbedingt mit dem Motorrad nicht hin. Dann ist in Patagonien nämlich Sommer, was soviel heißt wie: Mit etwas Glück 10 Grad oder ein klein bisschen mehr, viel Regen und extrem starker Wind. Wir sehen dieser speziellen Erfahrung schon mit Spannung entgegen.
Die Kilometer-Angabe auf dem Schild vermittelt aber ein ganz gutes Gefühl für die Dimensionen von Argentinien. Zum Vergleich: Von Flensburg bis München sind es gerade mal rund 900 km!

In Argentinien schaffen wir nur fünf Kilometer, dann taucht vor uns eine Fahrzeugschlange auf, an deren Ende wir schon wieder vor einer Straßenblockade stehen. Wirkt eher wie ein friedliches Sit-In und wir wollen uns spontan daran vorbei mogeln, werden aber von der Polizei gehindert. Scheiße! Auch wir müssen warten. Wir erfahren, dass so was auch in Argentinien nichts Ungewöhnliches ist. Ich persönlich habe wenig Liebe für diese Art des politischen Ausdrucks, die meine (Reise-)Freiheit unangenehm einschränkt. In Deutschland schwer vorstellbar: Hauptverkehrsadern, zu denen es keine Alternativ-Routen gibt, werden durch unangemeldete Demonstrationen stunden- oder tagelang blockiert!

Bitterkalte Tropen

Für mich waren die Tropen immer eine Klimazone.
Erst als wir vor einigen Monaten den Wendekreis des Krebses (tropic of cancer) nach Süden überquerten, schwante mir aufgrund der Begriffsähnlichkeit etwas. Und siehe da, die Tropen definieren sich

geographisch tatsächlich als die Region zwischen zwei bestimmten Breitengraden: Den Wendekreisen, von denen einer nördlich und einer südlich des Äquators liegt. Den südlichen, den Wendekreis des Steinbocks (tropic of the capricorn) überqueren wir heute direkt zigmal aufgrund der gewundenen Streckenführung. Allerdings fühlt es sich nicht an, als würden wir in die Tropen kommen bzw. sie verlassen. Das hier hat verdammt wenig mit dem zu tun, was ich mir im heimischen Deutschland unter Tropen vorgestellt habe. Hier ist nichts mit feucht-schwüler Luft, Dschungel usw. Wir sind nach wie vor in den Anden, es scheint zwar prall die Sonne, aber es ist wie gehabt tagsüber frisch und nachts bitterkalt.

Ruta Cuarenta

Bevor wir uns in Richtung Paraguay und Brasilien aufmachen, wollen wir noch eine letzte Anden-Runde drehen. Von Salta geht es durch die Quebreda de Cafayate, wo man alle paar Kilometer in wenigen hundert Metern Entfernung zur Straße Natur-Attraktionen wie „Garganta del Diabolo" (Schlund des Teufels), „El Anfiteatro", „El Obelisco" und „Tres Cruces" bestaunen kann. Noch schöner finden wir den Rückweg über die legendäre „Ruta Cuarenta"

(RN40). Die Straße selbst ist als Schotter- und Sandpiste nicht gerade geeignet, große Begeisterung hervorzurufen, aber die Landschaft ist super! Kilometer-Marker mit Zahlen wie „4.480“ zeugen von der Länge dieser südamerikanischen Traum-Straße. Mehrfach geht es gleichzeitig über Kuppen und durch Felsdurchbrüche, wo sich dann schlagartig spektakuläre Perspektiven eröffnen!

Glück im Unglück

Der nächste Morgen fängt schlecht an. Die Rappel-Piste am Vortag hat reichlich Tribut gefordert. Die Feder meines Hauptständers ist abgesprungen und leistet hartnäckig Widerstand, sich wieder einhängen zu lassen. Mit einer Schlaufe aus Kabelbindern und meinem längsten Schraubenschlüssel sind wir dann aber doch noch im Sinne der alten Weisheit „Groß ist des Pannys Kraft, wenn er mit einem Hebel schafft!“ erfolgreich. Die nächste schlechte Nachricht: Trotz regelmäßiger Kontrolle auf derartigen Strecken ist an Simons Krad gestern eins der Flacheisen mit Gewinde, mit denen die Koffer befestigt sind, auf der Strecke geblieben. Nun hat Simon eine Aufgabe, bei der sie all ihren Charme und ihre Kommunikations-Fähigkeiten aufbieten muss: An einem Präsidentschafts-Wahl-

Sonntag eine Schlosserei zu finden, die uns ein neues Flacheisen fertigt, dürfte nahezu unmöglich sein. Simon wird wie immer „weitergereicht" und mehrfach durch die ganze Stadt chauffiert, bis sie endlich einen tätowierten Rocker mit eigener Werkstatt auftut, der uns hilft. Ausnahmsweise weder Pfusch noch Abzocke! An der Arbeit lässt sich echt nichts aussetzen! Ausnahme von der Südamerika-Regel oder ist Argentinien anders als die nördlichen Nachbarn?

Alkohol-Prohibition zur Präsidentschaftswahl

Apropos Präsidentschaftswahl: Die treibt mich zum Wahnsinn! Am Abend davor und am Wahltag selbst herrscht nämlich Alkohol-Verkaufsverbot – auch für nicht wahlberechtigte Ausländer, die wegen Durchfall für eine volle Woche zwangsweise auf Bier verzichtet haben. Dass ein derartiges Verbot in Argentinien allerdings überhaupt nötig ist, wirft kein gutes Licht auf das Land.

700 km geradeaus

Die vorerst letzte Etappe durch Argentinien ist eine Prüfung! 700 km geradeaus. Kurven sind hier Mangelware. Erst geht es durch den sogenannten trockenen Chaco, der mit über 45 Grad angeblich den amtlichen Hitzerekord für Südamerika hält! Ganz so heiß ist es jetzt zu Frühlingsbeginn nicht, aber die Kombination aus Trockenheit und Hitze sorgt dennoch für reichlich Buschfeuer am Straßenrand. So gibt es aber wenigstens eine gewisse Ablenkung von der Monotonie.

Wir überqueren den Rio Parana, der locker doppelt so breit ist wie der Rhein. Um ehrlich zu sein: Wir wussten nicht einmal, dass dieser Fluss existiert.

Argentinische Gastfreundschaft & Asado, Asado, Asado

In Corientes sind wir bei Ricardo eingeladen, den wir - wie viele unserer Gastgeber auf dieser Reise - über ein Internet-Forum kennengelernt haben. Bei ihm und seiner Familie fühlen wir uns direkt wohl. Ihre Gastfreundschaft und Freundlichkeit ist rührend und nahezu grenzenlos! Argentinier toppen ihre nördlichen Nachbarn diesbezüglich ganz klar. Sie sind sehr viel offener und freundlicher als beispielsweise Bolivianer und Peruaner. Nicht dass wir uns über unfreundliches Verhalten im Allgemeinen in diesen Ländern beschweren könnten, aber Argentinien ist diesbezüglich echt eine ganz andere Liga.

Am Ankunftstag gibt es extra für Simon vegetarische Empanadas (Teigtaschen) – inklusive Einführungskurs in die Herstellung. Ab dann ist aber Schluss mit lustig für die Beinahe-Vegetarierin Simon, denn am nächsten Tag heißt es Asado! Übrigens das erste von vielen vielen Dutzend, zu denen wir in den nächsten Monaten eingeladen werden. Was ein Asado ist? Eigentlich ganz normales Grillen und doch ist es ganz anders, als wir es aus Deutschland kennen. In Argentinien und den Nachbarländern wird es firlefanzfrei zelebriert. Von Ausnahmen abgesehen, wird da nichts mariniert, es gibt keine Soßen, keinen Salat oder sonstige Beilagen außer Weißbrot. Es gibt einfach nur richtig viel Fleisch, das doppelt gut schmeckt, wenn man jemanden dazu einlädt. So kommt es uns zumindest vor. Denn an Einladungen zum Asado wird es uns in den nächsten Monaten nicht mangeln. Dabei ist kein Anlass zu nichtig, um ein Asado auszurichten und nicht selten kommen wir zweimal pro Tag in den Genuss. Für Simon, die eigentlich nur in Ausnahmefällen mal Fleisch isst, ist das eine harte Prüfung, zumal ein modernes Konzept wie Vegetarismus hier unten eher mit Kopfschütteln quittiert und die Ablehnung des leckeren Fleisches als Zurückweisung der Gastfreundschaft verstanden wird. Von seltenen Fällen abgesehen, wo extra für Simon auch mal ein Fisch oder Käse auf den Grill kommen, heißt es somit für sie, in den sauren Apfel zu beißen, der ihr im ursprünglichen Sinne oft lieber wäre.

Weniger Probleme hat damit Ricardos neun Monate alter Sohn, der uns eine eindrucksvolle Lektion in argentinischer Asado-Früherziehung vorführt. Mit seinen drei Zähnen mampft er munter einen Brocken Grillfleisch und strahlt glücklich dabei. Früh übt sich, wer ein echter Argentinier werden will.

Samstags treffen sich die Kumpels bei Ricardo in der Hobby-Werkstatt. Es wird an den Mopeds geschraubt und Benzin gequatscht. Sentimentale Erinnerungen an unzählige ähnliche Szenen mit Freunden zu Hause kommen hoch und gleichzeitig fühlt man sich mit diesen Menschen, die man erst ein, zwei Tage lang kennt, wie unter Freunden.
Generell gilt: Gemeinsame Hobbys und Leidenschaften bauen Brücken und brechen das Eis. Egal ob es, wie in unserem Fall, Motorräder und Tattoos sind, oder ob es das Fahrradfahren, der Spaß am Angeln, die Tätigkeit als Feuerwehrmann oder die Begeisterung für Fußball ist, durch solche Gemeinsamkeiten kommt man in Kontakt! Letztendlich ist es egal wodurch. Aber als Faustregel gilt: Je weniger Menschen der jeweiligen Leidenschaft frönen, desto stärker die Solidarität und Verbundenheit untereinander. Uns haben vor allem die Motorräder, aber in geringerem Maße auch die Tattoos so manche Tür geöffnet und wir haben es nie bereut, hindurchgegangen zu sein.
Tipp am Rande: Durch Aufkleber auf dem Fahrzeug oder auf anderem Wege zeigen, worauf man abfährt. Das liefert leicht identifizierbare Anknüpfungspunkte.

Rocker-Treffen

Samstags fahren wir mit der Bande auf ein Motorradtreffen. Wir haben bei solchen Veranstaltungen immer großen Spaß daran, Gemeinsamkeiten und Unterschiede zu Treffen, wie wir sie in anderen Ländern erlebt haben, zu beobachten. Nicht selten laufen wir zu solchen Anlässen wie Kinder durch die Spielzeugabteilung und weisen uns nonstop gegenseitig auf die neusten Beobachtungen hin. „Haste den gesehen“ und „Die machen das hier ja genau, wie bei uns...“ und so weiter und so fort. Diesmal gibt es jedoch ein gravierendes Novum für uns. Schon in Ricardos Clique wurden wir regelrecht wie Helden behandelt. Hier auf dem Treffen ist es genauso. Die Mischung aus Begeisterung für unsere Reise und der typisch argentinischen Gastfreundschaft ist der Hammer. Alle wollen sich mit uns unterhalten und wir werden ohne Unterlass zu immer wieder neuen Asados eingeladen. Mit jedem Bier (1-Liter-Pullen) fällt die Kommunikation leichter. Dass ich nur einen sehr rudimentären Wortschatz auf Spanisch habe und von den anderen kaum einer Deutsch oder Englisch spricht, stellt zu fortgeschrittener Stunde kein Hindernis mehr da.

Auch wenn das ganze Treffen nicht gerade ein Mega-Event ist, amüsieren wir uns köstlich. Vieles ist zudem haargenau so, wie wir es aus Deutschland kennen. Es gibt peinliche Mopeds zu bestaunen, Kill-Schalter-Orgien malträtieren das Gehör, die üblichen Bikerspiele (Würstchen Schnappen, Tauziehen und Co.) sorgen für Unterhaltung, Burnouts vernebeln den Platz und Stripperinnen bringen das Blut einiger Möchtegerne-Rocker in Wallung, auch wenn die „Krankenschwester“ nicht blank zieht, sondern Unterwäsche unter der Unterwäsche trägt!

Was es in Argentinien bzw. Südamerika übrigens praktisch nicht gibt: Motorradfahrerinnen. Das hier ist echt ein Macho-Kontinent, auf dem Frauen nur auf dem Sozius-Sitz zu finden sind und Simon somit eine exotische Ausnahme darstellt! Dabei äußert kein einziger hier Kritik daran. Manch Biker sähe es angeblich sogar gerne, wenn seine Frau mit eigenem Krad unterwegs wäre, und auch die eine oder andere Frau kriegt das Glänzen in den Augen. Ob's nur Lippenbekenntnisse sind oder ob die allgemeine Kultur und Wertevorstellungen den Frauen auf diesem Kontinent den Mut nehmen? Wir wissen es nicht. Aber vielleicht hat der Kontakt mit uns ja ein klein bisschen etwas verändert?
Die Clubs beschenken uns mit Aufklebern und T-Shirts und zu guter Letzt wird uns auf der Bühne auch noch ein kunstvoller Pokal aus

Motorrad-Metall-Teilen überreicht. Eine rührende Geste und gleichzeitig eine unlösbare Aufgabe. Wie sollen wir das sperrige, sauschwere Teil nur transportieren? Aber eins haben wir mittlerweile gelernt. In so einem Moment sind sachliche Einwände vollkommen unangebracht. Statt dessen zeigen wir unsere Freunde, umarmen die Schenker und klopfen munter auf lederkuttenbedeckte Schultern. Ein solches Präsent nicht anzunehmen, nur weil wir es nicht transportieren können, wäre ein falsches Signal. Das mit den sperrigen, schweren Pokalen wird uns übrigens auf den vielen Motorradtreffen, die wir in Argentinien, Brasilien und Chile besuchen werden, weiter verfolgen – ähnlich wie die Hotelzimmer, die immer im obersten Stock, ganz am Ende des Korridors für Motorradreisende reserviert sind. Wir schmunzeln über so was nur noch.

Jubiläum für den Angeber-Koffer

In Paraguay ist Jubiläum angesagt. Mein Angeberkoffer bekommt seinen fünfzigsten Länderkennzeichen-Aufkleber! Spontan nehme ich mir vor, in den sieben Jahren bis zu meinem fünfzigsten Geburtstag die Zahl auf 2 x 50 zu erhöhen. Erst im Nachhinein wird mir allerdings klar, wie schwer das werden dürfte. Auf den ersten Blick mag sich ein solches Ziel für Weltreisende ja locker anhören, aber die Fakten sind hart. Bis dato sind wir auf unserer Weltreise in 14 Monaten gerade mal durch 17 Länder gekommen und eine fixe Überschlagsrechnung ergibt für die nächsten zwei bis drei Jahre weniger als 20 weitere Länder auf unserer groben Route nach Hause. Selbst wenn wir auf zukünftigen Reisen alle Länder, die wir zwischen Gibraltar und der Mongolei noch nicht gesehen haben, abgrasen, würde es nicht reichen. Aber getreu dem Motto, dass nur mutige Visionen einen im Leben weiterbringen, gebe ich die Idee noch nicht verloren.

Paraguay – Hochburg der Korruption

Paraguay hat den äußerst zweifelhaften Ruf, das korrupteste Land außerhalb Afrikas zu sein. Wir hatten schon viel Negatives gehört. Zwei deutsche Auswanderer, die wir hier besuchen wollen, hatten uns bereits gewarnt. Wir sollten in diesem Land auf keinen Fall unsere übliche harte Linie gegen die Bullen versuchen, sondern unbedingt wenigstens einen kleinen Betrag rausrücken. Die Konsequenzen bei Weigerung würden sonst drastisch sein. Das System zwingt Polizisten in diesem Land quasi dazu, die Hand aufzuhalten. Sie müssen angeblich alle Unkosten (auch für das Dienstfahrzeug) selber tragen und erhalten nur ein Drittel des Existenzminimums als Gehalt. Das klingt wenig verlockend und wir erwarten vom ersten Meter an, dass die Wegelagerer in Uniform über uns herfallen. Zumindest bis ins Zentrum der Grenzstadt Encarnation schaffen wir es jedoch unbehelligt. Nun heißt es, einen visa-plus-fähigen Geldautomat zu finden und sich beim Abheben nicht von den Ordnungshütern beobachten zu lassen. Die sollen nämlich gelegentlich die Gunst der Stunde nutzen und einen Teil des abgehobenen Geldes in sehr nachdrücklicher Form für den Witwen- und Waisenfonds der Polizei einfordern. Statt dessen werden wir von zwei Reportern des lokalen Radiosenders „überfallen". Die beiden sind super nett und engagiert. Wenn wir irgendwelche Probleme in ihrem Land hätten, speziell mit den Bullen, dann sollten wir uns bei ihnen melden. Sie würden mit Freude helfen. Über mein Gesicht zieht sich ein fettes Grinsen, als ich das Potential der Visitenkarte erkenne. Sollten wir angehalten werden, werde ich als erster das Wort ergreifen und nach der Adresse des Radiosenders fragen. Wir wären dort zu einem Interview eingeladen und spät dran. Eine solch subtile Drohung müsste doch selbst der dümmste Cop verstehen.
Um es vorwegzunehmen: Wir haben uns mal wieder ganz umsonst Gedanken gemacht. Wir wurden in Paraguay kein einziges Mal zur Kasse gebeten. Von anderen motorisiert Reisenden, die teilweise bis zu drei Monate in diesem Land unterwegs waren, hörten wir Gleiches. Das kann natürlich schlicht und einfach Glück gewesen sein. Ihre These war jedoch: Die Cops halten bei den Einheimischen die Hand auf und lassen auf „Befehl von oben" die Touristen in Ruhe.

Das Wach-Pferd, das mir immer aufs Plumpsklo folgt

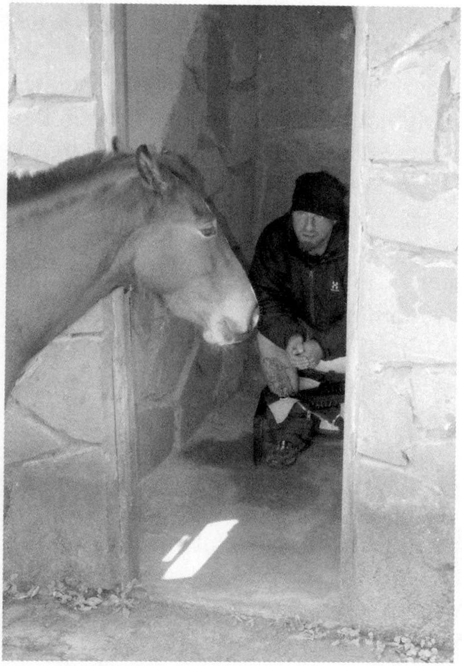

Unsere deutschen Gastgeber verdienen sich ihren Lebensunterhalt mit der Zucht von Hühner-Küken und bieten darüber hinaus noch einigen Dutzend Hunden, Katzen und Pferden Asyl. Die reinste Arche Noah, in der jedes Fleckchen von Haustieren belegt ist. Selbst im Bett tummeln sich die Vierbeiner.

Kuriose Sache: Das Wachpferd patrouilliert unermüdlich die Grundstücksgrenzen ab und attackiert jeden Eindringling.

Leider ist es unmöglich, sich von ihm unbeobachtet aufs Plumpsklo zu schleichen. Egal wie sehr ich mir auch Mühe gebe, der Gaul kommt mir hinterher und stupst mit seinem Kopf die Klotür auf, die man von innen nicht verriegeln kann. Und so ende ich ein ums andere Mal mit einem Pferd, das mir auf kürzeste Distanz vis-a-vis beim Verrichten meiner Notdurft zuschaut. Höchst irritierend!

Die Tücken des Nach-dem-Weg-Fragens

Während Simon sich mit der Einfuhr unserer Motorräder nach Brasilien herumschlägt, werde ich mit unseren Krädern von einem Reporter eines brasilianischen Motorradmagazins interviewt und fotografiert. Was ich in dem Moment noch als Zufall abtue, ist ein zarter Vorgeschmack auf die nächsten Tage. Auch das Busch-Trommel-Prinzip, das den Reporter vermutlich so schnell zu uns gebracht hat, werden wir in Brasilien noch öfters erleben.

Die Einreise gestaltet sich extrem langwierig, was unter anderem daran liegen mag, dass diesen Grenzübergang aufgrund seiner Lage vermutlich nur sehr selten Fernreisende benutzen. Wir haben ihn alleine deshalb gewählt, weil in der Nähe auf der brasilianischen Seite ein Motorradtreffen ist, zu dem wir wollen. Einige Stunden zuvor waren wir übrigens schon einmal hier. Ein Motorradfahrer, den wir aus Argentinien kannten, gab uns dann aber den Tipp, die Grenze nicht hier zu überqueren, weil die Straße auf brasilianischer Seite extrem schlecht sei. Statt dessen sollten wir einen nördlicheren Übergang wählen, den keine unserer Karten kannte.
Was Tipps Einheimischer angeht, bin ich extrem vorsichtig. Auch wenn sie immer in tiefster Überzeugung gegeben werden, so hat sich doch ziemlich oft gezeigt, dass Einheimische aus den unterschiedlichsten Gründen einfach nicht drauf kommen, wo für uns Probleme liegen könnten. Nehmen wir den Fall, dass wir einen Mann auf einem Esel fragen, ob die Dreckspiste auf der wir gerade unterwegs sind, die nächsten 200 km für Motorräder befahrbar ist und er antwortet: Ja, kein Problem. Dass die Motorräder nicht schaffen können, wo der Esel durchkommt, wird ihm vielleicht nicht in den Sinn kommen. Oder er hat nur von den nächsten 20 km gesprochen, denn weiter ist er in seinem Leben noch nie geritten. Dass die Frage sich auf die nächsten 200 km bezog, ist ihm gar nicht klar geworden.
In Südosteuropa hatten wir gelegentlich Probleme, wenn wir Menschen eine Landkarte gezeigt haben und sie uns auf der den Weg zeigen sollten. Erst im Nachhinein wurde uns klar, dass sie noch nie eine Landkarte gesehen hatten und das Konzept auch auf die Schnelle nicht begriffen, was nicht weiter verwunderlich ist. Oder wir haben den Fehler gemacht, nach der nächsten großen Stadt, die hundert Kilometer weit weg war, zu fragen. Von der hat der Befragte zwar mit etwas Glück schon gehört, aber er war noch nie da und hat auch keine Ahnung, wie man dorthin kommt. Da er aber dem Fremden gerne helfen und auch nicht dumm dastehen möchte, bekommt man garantiert eine Richtung gezeigt, in die man fahren soll. Leider ist sie willkürlich geraten. Mittlerweile sind wir schlauer. Statt uns nach dem Weg zu einer bestimmten Stadt zu erkundigen, stellen wir nun sogenannte offenen Fragen. Z.B.: Wo führt diese Straße hin? Das erhöht den Nutzwert der Antworten deutlich.
Heute ist die Gretchenfrage: Ist der freundliche Motorradfahrer sich

sicher, dass es an dem empfohlenen Grenzübergang nicht nur sogenannten kleinen Grenzverkehr gibt, sondern auch die nötigen Einrichtungen, damit Fernreisende aus nicht Anrainer-Staaten dort die Grenze überqueren können? Natürlich ist er sich ganz sicher, dass wir dort rüber können. Ebenso ein freundlicher Autofahrer, der hält, um zu fragen, ob er uns helfen kann. Ihr ahnt es vermutlich schon. Natürlich können wir an dem empfohlenen Grenzübergang nicht rüber! Wir können dort weder unsere Motorräder ausführen, noch sie auf der brasilianischen Seite einführen. Also fahren wir zähneknirschend die ganze Strecke zu dem ersten Grenzübergang wieder zurück. Wie gesagt, solche Situationen, in denen ein Einheimischer aus tiefster Überzeugung einen Tipp gibt, der sich dann als Holzweg für uns erweist, habe ich zuhauf erlebt und ich bin dadurch mittlerweile sehr zurückhaltend geworden, ihnen Glauben zu schenken.

Auf die Fresse

Das dritte Wochenende auf Motorradtreffen in Folge. Nichtsdestotrotz wird es für uns nicht langweilig, zumal es diesmal in Brasilien ist und damit wieder anders als in Argentinien.

Das Maß an Aufmerksamkeit, das uns zuteil wird, erreicht hier einen neuen Level. Eigentlich hatten wir uns gar keine Steigerung mehr vorstellen können. Aber hier in Brasilien werden wir wirklich nonstop angesprochen und fotografiert. Keine Sekunde Pause. Hunderte von Fotos und ebenso viele Menschen, die man kennenlernt. Das sind definitiv zu viele Namen und Gesichter, um sie sich in der unglaublichen Schlagzahl zu merken, so dass das Treffen nach einigen Stunden für uns zum Tretminen-Feld wird. Wir wissen beim besten Willen nicht mehr, wen wir schon kennen müssten und wen wir gerade zum ersten Mal treffen. So müssen sich Rockstars fühlen. Wir sind hin- und hergerissen zwischen Euphorie und dem Wunsch, uns ins Zelt zu verkriechen, um wenigsten mal für einige Minuten eine Kommunikationspause zu haben. Spaß macht es auf alle Fälle und so widerstehen wir der Versuchung, uns zu verstecken. Abends nimmt der ansonsten großartige Tag leider eine unschöne Wendung. Ein exzentrischer Typ rastet aus, als ich ihm ein gemeinsames Foto verweigere, weil er mir furchtbar auf den Geist geht und ich zudem seine Ideologie ablehne. Als er mir wutentbrannt an den Hals geht, handle ich nicht überlegt sondern intuitiv. Längst vergessen geglaubte, vor Jahrzehnten antrainierte Reflexe aus dem Kampfsport lassen meine Bewegungen automatisch ablaufen. Zum Teufel mit „In der Fremde muss man Konflikte um (fast) jeden Preis vermeiden"! Der Streithahn liegt schneller mit blutender Nase am Boden, als er piep sagen kann. Die Situation droht zu eskalieren. Seine Freunde attackieren mich hinterrücks. Die Gastgeber, mit denen wir uns prächtig verstehen, halten schlagkräftig dagegen. Platzverbot für den als streitsüchtig bekannten Stänkerer und seine Bande. Dem Gastgeberclub ist der Vorfall sichtlich peinlich und die Entschuldigungen nehmen kein Ende. Kurzerhand werden wir beim Präsidenten des Clubs einquartiert, damit die Streithammel nicht nachts an uns und unserem Zelt Rache nehmen können. Dass dieser Vorfall noch höchst dramatische Folgen nach sich ziehen wird, ahnen wir zu diesem Zeitpunkt noch nicht.

Iguazu-Wasserfälle

Sie gehören zu den Top-4-Sehenswürdigkeiten auf unserer ganz persönlichen Südamerika-Sightseeing-Liste: Die Iguazu-Wasserfälle. Schon der argentinische Teil hatte uns vor einigen Tagen in seinen Bann geschlagen. Auf brasilianischer Seite haben wir nun mehr Abstand zu den Fällen, wodurch sich uns erst die wahren Dimensionen dieses Naturwunders eröffnen. Weltklasse!

Aus immer wieder neuen Perspektiven starren wir auf die tosenden Wassermassen, die da donnernd in die Tiefe krachen. Unser Lieblingsspot: Der Gargante del Diabolo, wo man sich, entsprechenden Mut vorausgesetzt, auf einem Steg in luftiger Höhe weit ins nasse Inferno hineinwagen kann. Schon nach wenigen Sekunden ist man triefend nass. Aber das Erlebnis ist einzigartig. Trotz saftiger Eintrittspreise auf beiden Seiten der Fälle, empfehlen wir, sich beide Perspektiven zu gönnen. Das Schauspiel ist jeden Cent wert.

Ganz in der Nähe lockt noch der Itaipu-Stausee, ein Gemeinschaftsprojekt Brasiliens und Paraguays. Bis die Chinesen vor einigen Jahren ihre Superlativ-Offensive starteten und ihm mit dem Three

Gorges Damm den Rang abliefen, war dies die Nummer eins der Welt in Sachen Strom-Produktion.
Hier ein paar beeindruckende Fakten:

- die Staumauer ist an der höchsten Stelle 65 Stockwerke hoch
- der Stausee ist rund 2,5 mal so groß wie der Bodensee
- der hier gewonnen Strom deckt 90 % des paraguayischen Strombedarfs und 20 % des brasilianischen, was verdammt viel ist, wenn man die Größe dieses Landes und seinen Energie-Hunger bedenkt

In Paraguay werden übrigens 100 % des Strombedarfes durch Wasserkraft gewonnen. In Brasilien sind es immerhin noch 75%. Zum Vergleich: Das europäische Musterbeispiel ist die Schweiz, die gerade mal auf 60 % kommt. So beeindruckend die Zahlen, so unspektakulär fanden wir den Staudamm an sich. Uns hat das Bauwerk auf der geführten Tour nicht allzu sehr beeindruckt und wir haben es im Nachhinein bereut, knapp neun Euro pro Person dafür ausgegeben zu haben.

Crash!

Unsere Fahrt quer durch Brasilien nach Curitiba, wo wir von einem Exildeutschen eingeladen sind, fängt schlecht an. Schon wieder ein Plattfuß! Erwähnte ich schon, dass ich Reifenwechsel hasse? Ansonsten ist die Fahrt einfach nur öde. Mangels Alternativen sind wir auf einer Mischung aus Autobahn und Bundesstraße unterwegs. Landschaftliche Langeweile kommt noch hinzu. Mal abgesehen von den Bergen in der Provinz Santa Catarina besteht Süd-Brasilien ausschließlich aus umzäunten Feldern und Weideland. Da ist nebenbei bemerkt auch kein wild Campen möglich.
Am nächsten Morgen erwischt uns dann das Pech mit voller Breitseite. Wir sind nach wie vor auf der übersichtlichen National-straße unterwegs, als uns ein Motorradfahrer überholt, super knapp vor mir einschert (typisch südamerikanisch) und dann sofort in die Eisen geht, weil er ein Radar-Gerät sieht. Ein unglaublich dämliches Fahrmanöver! Auch ich bremse. Wie's der Teufel will: Simon schaut

in diesem Moment gerade auf die Landkarte, sieht zu spät wieder hoch und knallt mir mit voller Reisegeschwindigkeit (90 bis 100 km) von hinten rein. Ich bekomme einen mächtigen Schubs und meine Karre gerät heftig ins Schlingern. Ich habe alle Hände voll zu tun, mein Motorrad abzufangen, eine Kollision mit dem idiotischen Motorradfahrer vor mir zu vermeiden und nicht in den Graben zu krachen! Mir schlägt das Herz bis zum Hals, als ich endlich mit zitternden Beinen mein Krad auf dem Seitenstreifen zum Stehen bringe. Ich befürchte das Schlimmste, als ich zu Simon schaue. Das Motorrad liegt auf der Seite. Simon steht allerdings schon wieder daneben. Sie ist aufgrund der Geschwindigkeit ziemlich weit mit dem Krad über die Straße geschlittert und glücklicherweise auf dem Standstreifen liegen geblieben.
Der Unfallverursacher sucht das Weite. Dreckssack!

Ich rechne mit ernsthaften Verletzungen bei Simon und vor allem mit schlimmen Schäden am Krad. Ist das das Ende unserer Reise? Simons Schutzengel hat an diesem Tag jedoch erstklassige Arbeit geleistet. Ich kann es kaum glauben. Ihr Helm und ihre Schutzkleidung haben das Schlimmste verhindert. Die Motorradhose ist an einigen Stellen zerfetzt. Die Motorradjacke hat am Ellenbogen ein handtellergroßes Loch und auch die beiden Jacken darunter sind durchgeschliffen! Die Abschürfungen halten sich bei Simon in Grenzen und von den Prellungen und der Gehirnerschütterung merkt sie in diesem Moment noch nichts. Das kenne ich aus eigener leidvoller Erfahrung.
Die Schäden an beiden Motorrädern sind erheblich. Vor allem an Simons Krad sehen sie auf den ersten Blick dramatisch aus, ent-

puppen sich jedoch bei genauerer Betrachtung als ausnahmslos nicht vital. Und das ist es, was auf Fernreisen letztendlich immer zählt. Scheiß auf TÜV und Optik! Die Gretchenfrage ist alleine: Fährt das Motorrad noch?
Viele Autofahrer haben gehalten und wollen helfen. Sie haben den Pannendienst und den Rettungswagen alarmiert, die überraschend schnell eintreffen. Da man in solchen Ländern nie weiß, wie sich so eine Situation entwickelt und ob man am Ende nicht noch eine Strafe oder erhebliche Kosten für die professionelle Hilfe aufgebrummt bekommt, winken wir ab. Die Sanitäter können gar nicht glauben, dass wir ihre Dienste nicht in Anspruch nehmen wollen.
Ich fahre mit einem Gefühl grenzenloser Erleichterung weiter. Die Reise ist nicht zu Ende und was noch wichtiger ist: Meinem Mädchen ist nichts passiert! Yeah! Die letzten hundert Kilometer bis zu unserem Gastgeber sind dann noch harte Kost und es dauert mehrere Stunden, um durch die Peripherie der Großstadt Curitiba durchzukommen. Ich bin froh, zu sehen, dass Simon sich tapfer schlägt und fährt wie eh und je. Nach so einem Unfall soll manch einer zum zögerlich ängstlichen Fahrer geworden sein.
Am nächsten Morgen brummt Simon mächtig der Schädel und ihr ist speiübel. Gehirnerschütterung! Da sind erst mal ein paar Tage Ruhe angesagt. Perfektes Timing! Bei unserem Gastgeber, der sich gar nicht einkriegt, endlich nochmal mit Landsleuten Deutsch sprechen zu können, fällt das Ausruhen für Simon leicht. Ich nutze die Zeit, um ihr Motorrad wieder in Schuss zu bringen. Zum Glück kennt unser Gastgeber, der übrigens selber kein Motorrad fährt, den Präsidenten eines lokalen Motorradclubs, der seine Beziehungen spielen lässt und uns eine VIP-Behandlung bei seinem Schrauber verschafft, der sich engagiert mit mir auf die Suche nach einem neuen (gebrauchten) Handbremszylinder-Gehäuse macht, das bei Simons Motorrad passen könnte. Auch der Preis für eine Kühlsystem-Reparatur ist echt fair dank unserer Beziehungen.

Auf der Flucht

Simon sollte wenigsten drei, vier Tage mal aus der Sonne und vom Motorrad runter bleiben. Es fällt ihr schwer. Ich fahre derweil mit dem zuvor erwähnten MC-Präsident auf eine Motorrad-Clubhaus-

Party. Das hier ist offensichtlich eine härtere Liga, als die, die wir bisher auf Treffen kennen gelernt haben. Tarnklamotten, Tattoos und Piercings en masse und böse dreinblickende harte Jungs beherrschen die Szene. Meine Vorstellungsrunde stößt auf unterschiedlich viel Gegenliebe, was vor allem angesichts der sonst so überschwänglichen Gastfreundschaft in diesen Breiten auffällt. Wenige Minuten später flüstert mir „mein" Präsident aufgeregt ins Ohr, ich solle keine Fragen stellen, zu meinem Motorrad gehen und ihm um jedem Preis folgen – egal was passiere. So sehr mir Fragen auf der Zunge brennen, nun ist offensichtlich nicht die Zeit dafür. Mir geht der Arsch auf Grundeis und ich muss mich zwingen, cool zum Krad zu schreiten und dann durch die Menge zu fahren, die nur widerwillig Platz macht. Nach einigen Kilometer hält mein Begleiter an und klärt mich auf. Allzu viele zutätowierte deutsche Motorradreisende mit mattschwarzen Motorrädern gibt es wohl nicht in Brasilien. Jeder auf der Clubhausparty kannte anscheinend die Geschichte von dem brasilianischen Rocker, der neulich von dem deutschen Krad-Vagabunden vermöbelt worden war. Wie's der Teufel wollte, war mein Kontrahent der kleine Bruder des örtlichen MC-Chefs. Was für ein unglaubliches Pech! Wir sind über tausend Kilometer vom Ort des Geschehens entfernt und vielleicht denkt der große Bruder sogar, dass sein kleiner „Hermano" die Tracht Prügel verdient hatte, weil er mal wieder dem Falschen ans Bein gepisst hatte. Aber was hier viel mehr zählt, ist die Ehre. Und die verlangt nach Genugtuung. Dass es nicht mit einer zünftigen Abreibung getan sei, macht mir mein Begleiter nachdrücklich klar. Die Jungs haben alle Knarren. Das hier ist brasilianische Großstadt. „Mein" MC-Chef ist in der Zwickmühle zwischen Gastfreundschaft und Ehrenkodex der lokalen MC-Präsidenten, der meine Auslieferung verlangen würde.

Außer uns selber ist auch unser Gastgeber durch die Aktion in Gefahr, was uns unsäglich leid tut. Wir halten Kriegsrat und kämpfen nur mit Mühe unsere Panik nieder. Wir beschließen, die Nacht abzuwarten, auch wenn es uns schwerfällt, zu schlafen. Im Morgengrauen treten wir im wahrsten Sinne des Wortes die Flucht an, auch wenn Simon eigentlich noch nicht wieder fahrfähig ist. Das Unterfangen wird zur echten Herausforderung, weil drei Clubmitglieder angeblich bei der Nationalpolizei arbeiten. In Europa wäre so was undenkbar. Das Fatale daran: Die sind für die vielen Checkpoints auf den Fernstraßen zuständig. Eine Polizeikontrolle wäre also höchst gefährlich für uns, wie uns unsere brasilianischen Freunde mit Nachdruck erklären. Wir können in unserer Misere also keineswegs auf die Hilfe der Bullen hoffen. Vielmehr müssen wir sie als Feinde sehen. Auf kleinsten Straßen, die auch unser Navi nicht kennt und auf denen wir uns zigmal verirren, schleichen wir so aus der Gefahrenzone.

Gewalt und Waffen

Ob man Gewalt grundsätzlich ablehnt oder nicht, das ist eine philosophische Frage, die jeder mit sich selbst abmachen muss. Ich persönlich bin kein Pazifist. Ich halte Gewalt in bestimmten Situationen (sei es durch den Staat oder Privatpersonen in Notwehr- und Nothilfe-Situationen) für grundsätzlich legitim. Nichtsdestotrotz würde ich auf Reisen nahezu pauschal davon abraten. Unabhängig von der moralischen Rechtfertigung ist eine gewaltsame Reaktion / Verteidigung im Ausland oft mit unkalkulierbaren Risiken behaftet. Schnell mutiert man sonst in manchen Ländern als Fremder vom Opfer zum Bösewicht und kriegt den geballten Zorn der örtlichen Solidargemeinschaft ab. Bis hin zum Lynch-Mob. Auch wenn ich im Affekt auf dem brasilianischen Motorradtreffen meiner eigenen goldenen Regel nicht treu geblieben bin, Deeskalation ist in meinen Augen fast immer die erfolgversprechendste Strategie. Nicht nur bei Gewalt-Situationen, sondern auch, wenn man mal wieder ohnmächtig der Willkür von Bullen und Grenzern ausgeliefert ist. Wer da „den Lauten macht" und sich streitet, wird meistens auf Granit beißen. Hin und wieder gibt es in derartigen Situationen zugegebenermaßen Fälle, wo man mit Stärke oder Einschüchterung weiter kommt. Als Fernreisender entwickelt man ein Gespür dafür. Na ja, zumindest die meisten tun das. Wir haben auch andere getroffen.

Noch eindeutiger fällt mein Rat in Sachen Waffen aus: Finger weg! Wer glaubt, einen Gewalttäter oder Räuber durch das bloße Ziehen eines Messers abschrecken zu können, der wird unter Umständen vom Regen in die Traufe kommen.

Wer sich mit Waffe verteidigen will, der wird nur eins mit ziemlicher Sicherheit erleben: Eine neue Eskalationsstufe, bei der auch das Gegenüber eine Waffe rausholt. Und was dann kommt, ist gar nicht mehr lustig. Klar gibt es Fälle, wo so was erfolgreich war. Gegenüber Schmalspur-Ganoven. Oder wenn echt harte Jungs sich so verteidigt haben. Wir alle haben schon solche Geschichten gehört, gelesen und in Filmen gesehen. Aber bist du der Typ, der eine Waffe als erster gebraucht? Stichst du ohne großes verbales Vorspiel zu? Denn das ist nötig, wenn du wirklich in Gefahr bist und dich auf diese Weise verteidigen willst. Ich kenne nur sehr wenige Menschen, die dazu den Mumm und die Skrupellosigkeit haben. Dem anderen die erste Attacke zu überlassen, ist nämlich was für Roman- und Film-Helden. Die Realität sieht anders aus. Daher nochmal mein eindrücklicher Rat: Deeskalation! Notfalls wird die Ehre verletzt, aber der Gesundheitsschaden minimiert.

Resümee Brasilien

Die Iguazu-Wasserfälle sind eine der Top-Attraktionen Südamerikas und einige Tage Umweg dafür zu fahren, lohnt sich! Landschaftlich kann die Anfahrt durch Paraguay bzw. Nord-Ost-Argentinien nichts. Wir haben zwar nur Süd-Brasilien bereist, das immerhin noch viel größer als die Bundesrepublik ist. Landschaftlich war das das Langweiligste, was wir auf der Reise erlebt haben. Nichts als umzäuntes Agrarland. In den Bergen der Provinz Santa Catarina soll es noch ein paar tolle Strecken geben, die wir wetterbedingt nicht gefahren haben. In Sachen Exotik war der von uns bereiste Landesteil zudem eine herbe Enttäuschung. Schwarze sieht man hier seltener als in Köln. Ein stattlicher Teil der Bevölkerung stammt von Auswanderern aus dem Hunsrück und anderen deutschen Regionen ab und spricht noch immer die alten Dialekte. Familiennamen wie Metz, Gehlen und Dreher sind gleichermaßen unexotisch wie das Aussehen der Menschen, die auch gut daheim um die Ecke wohnen könnten. Auf der Negativ-Seite schlagen auch die für südamerikanische Verhältnisse üppigen Kosten zu Buche. Sehr hohe Benzinpreise, teilweise fette Mautgebühren, in vielen Regionen keine Möglichkeit zum wild oder regulär Zelten und auch die Lebensmittelpreise sind etwas höher als in den Nachbarstaaten. Trotz all dieser Nachteile war Brasilien für uns ein tolles Land und das hatte einen einzigen Grund: Die Menschen! In Sachen Freundlichkeit und Offenheit konnte bisher nur Argentinien da mithalten. Den Ärger mit den Rockern, der uns noch lange in den Knochen stecken sollte, verbuchen wir eher unter Pech, als dass wir ihn typisch für das Land ansehen würden. Die Großstädte sind ziemlich gefährlich und nur mit Vorsicht zu genießen. Ansonsten haben sich die Brasilianer extrem gastfreundlich gezeigt. „Mein Haus ist dein Haus" war hier mehr als eine Floskel. Zu schade, dass wir eine Reihe von Einladungen des nationalen Motorradreise-Clubs Brasil Riders aufgrund unserer Flucht nicht wahrnehmen konnten.

Uruguay – das europäischste Land Südamerikas

Wir genießen die Fahrt durch die Feuchtgebiete im Osten, wo die Rinder bis zur Brust im Wasser stehen. Uruguays Küste liegt zu dieser Jahreszeit im Dornröschen-Winterschlaf. An der Riviera Südamerikas muss im Sommer die Hölle los sein, nach allem, was wir gehört und gelesen haben. Die Kapazitäten der Campingplätze sind oftmals gigantisch: 500 Stell-Plätze oder mehr. Fatal ist nur: Die haben um diese Jahreszeit fast alle zu! Es ist wie verhext. Dabei ist das Wetter gar nicht mal schlecht. Manch Nordsee-Badeort wäre froh, wenn er so einen Sommer hätte.

In der Hauptstadt besuchen wir unseren Freund Ernesto, den wir damals in Alaska kennen gelernt hatten. Da er das Leben „on the road" nur zu gut aus eigener Erfahrung kennt, versucht er, uns möglichst viel Privatsphäre zu lassen, was wir zu schätzen wissen. Wenn man häufig zu Gast ist, dann laugt das kommunikativ schon ziemlich aus. Zum einen sind es fast immer die gleichen Themen und zum anderen ist die Intensität der Konversationen hoch. Man redet sehr viel und konzentriert sich zudem mehr als bei einem lockeren Plausch mit Freunden. Hinzu kommt: Kommunikation in einer Fremdsprache, die man häufig erheblich durch Gestik und Mimik unterstützen muss, strengt auf Dauer echt an.
Bei Ernesto ist die Mischung perfekt zwischen Phasen, in denen wir uns selbst überlassen sind und Ruhe haben und anderen, in denen wir gemeinsam Freunde besuchen und er uns die schönsten Seiten

Montevideos zeigt. Uns fällt auf, wie europäisch man hier ist. In Uruguay wurden die Indios so konsequent ausgerottet, wie nirgendwo sonst in Südamerika und so sieht man hier weit weniger Menschen mit dunkler Hautfarbe als in jeder deutschen Großstadt. Im Vergleich zu den Nachbarstaaten ist das Verhalten der Menschen auch reservierter und damit irgendwie europäischer – wenn auch nicht unfreundlich.
Europäische Politik wird intensiv verfolgt und mehrfach sprechen uns durchschnittlich gebildete Menschen auf unsere Kanzlerin an, die für ihren rigorosen Kurs in Sachen Währungsunion ein „Daumen hoch" erntet. Wir sind verblüfft und werden auch ein bisschen nachdenklich durch diese Erlebnisse. Wir wüssten schließlich noch nicht mal den Namen des Staatsoberhauptes unseres Gastlandes.

Buenos Aires - einmal und nie wieder!

Es ist früher Nachmittag, als wir hundert Kilometer vor Buenos Aires auf einen schön gelegenen Campingplatz fahren. Der Besitzer kontert unsere Frage nach dem Preis mit der Gegenfrage, ob wir Reisende seien. Als wir bejahen, ist seine Antwort: „Dann kostet das für euch nichts." Solche Erlebnisse erfreuen das Herz der Krad-Vagabunden!
Leider läuft es am nächsten Tag weit weniger gut, auch wenn der Start vielversprechend ist. Bei dem unter Motorradreisenden beliebten Dakar Motos holen wir Ersatzteile ab und trinken mit Xavier und Sandra noch gemütlich ein Käffchen. Ihre Einladung zum Zelten im Hinterhof lehnen wir dankend ab, weil uns die 20-km-Bahnfahrt ins Zentrum schreckt. Einige entnervte Stunden später trauern wir dieser verpassten Gelegenheit nach. Die Hotelsuche in Buenos Aires hat sich nämlich als frustrierend entpuppt. Dass Hotels in dieser Stadt recht teuer sind, war uns vorab schon klar. Unerwartet kommt noch eine weitere Hürde hinzu. Trotz gegenteiligem Versprechen hat unsere favorisierte Herberge keine Parkplätze. Alle umliegenden gebührenpflichtigen Parkings haben zwar auch Motorräder auf ihrer Preistafel, weigern sich jedoch, uns zu nehmen, mit dem Argument „Wir hatten hier noch nie Motorräder". Diese „Das machen wir immer so"-Mentalität hat uns in Südamerika schon so manches Mal zur Weißglut getrieben. Eine erhebliche Abneigung

gegen jede Abweichung vom üblichen Schema ist hier sehr verbreitet. Dazu kommt noch ein gravierender Mangel an unternehmerischem Denken bei Angestellten. Obwohl unsere zwei Kräder zusammen nur den Platz eines Autos einnehmen und dadurch sogar mehr Gebühren erzielt werden könnten, will keiner der Parkplatz-Kassierer uns das Parken erlauben. Zum verrückt werden! Auf Reisen hat man aber immer wieder solche Situationen. Die vernunftbasierte Lösung liegt auf der Hand und doch will das Gegenüber sie nicht akzeptieren. Man möchte den anderen am liebsten zur Einsicht zwingen. Aber das geht natürlich nicht und so ist man, wie so oft, dazu gezwungen, zu lächeln und freundlich weiter Überzeugungsarbeit zu leisten. Oft genug ohne Erfolg. Endergebnis und Siegerehrung des heutigen Dilemmas: Dank Intervention unseres Hoteliers gibt einer der Jungs nach langen Diskussionen zähneknirschend nach. Parken und Hotel summieren sich für zwei Nächte auf einen Betrag, der unseren durchschnittlichen Übernachtungskosten für Südamerika PRO MONAT entspricht. Die argentinische Hauptstadt steht damit definitiv nicht auf der Liste der Orte, an die wir nochmal zurückkehren wollen. Passend dazu schifft es am Abreisetag wie aus Eimern. Aber bei den Preisen geht kein Weg an der Weiterfahrt vorbei. Der Regen ist derart heftig, dass heute selbst mein geliebter Spruch „Lieber bei miesem Wetter auf Reisen, als bei Sonne auf der Arbeit" viel von seiner Motivationskraft einbüßt.

La Posta del Viajeros en Moto

„La Posta del Viajeros en Moto" - diese Anlaufstelle für Motorradreisende in Azul, respektive ihr Betreiber Jorge, der von allen nur Pollo (=Huhn) genannt wird, ist eine Legende! Definitiv einer dieser Orte/Menschen die man erlebt haben muss. Ohne, ist eine Südamerika-Motorradreise unvollständig.

Die Frohnatur Pollo, die immer gut drauf ist, betreibt das idealistische Projekt seit rund zwei Jahrzehnten. Finanziert wird es durch freiwillige Spenden der Gäste und viel Engagement seitens Pollo. Pi mal Daumen sind es um die 50 Krad-Globetrotter, die hier pro Jahr Station machen, wobei sich das meist auf die Saison (Dezember bis März) konzentriert. Zu Hoch-Zeiten stehen dann schon mal 20 Zelte gleichzeitig im Garten. Schade, dass wir das nicht miterleben. Wir sind Anfang Oktober ungewöhnlich früh für zweirädrige Patagonien-Fahrer dran und so haben wir das Reich für uns alleine. Man kann Stunden damit verbringen, all die kreativen Spuren der Motorradreisenden zu studieren. Es müssen viele hundert sein, die sich da mit Skulpturen, Wandgemälden und -Sprüchen verewigt haben. Wir entdecken manchen Freund und viele, von denen wir schon gehört und gelesen haben. Das hier ist echt das Mekka der Motorrad-Globetrotter! Ich kenne keinen Ort, der dem hier das Wasser reichen könnte.

Wir haben den Überblick verloren, wie oft wir schon von Radio-Sendern meist spontan interviewt wurden. Diesmal ist es aber etwas Besonderes. Wir sind bei Pollo zu Gast. Das Sendestudio ist ein winziges Kämmerchen, in das wir drei nur mit Mühe und angehaltener Luft passen. Das Bemerkenswerte: Pollo geht hier wöchentlich für zwei Stunden mit einer Motorrad-Radio-Show auf Sendung!

Wir gönnen uns eine Mahlzeit im „Casa de Comida“, einem landestypischen Buffet-Restaurant, wo man das Essen, das man sich selbst auf den Teller lädt, nach Gewicht bezahlt. Ein Kilo kostet rund vier Euro. Da kann man sich ausrechnen, wie günstig ein üppiges Mahl ist! Dass Pollo bekannt ist wie ein bunter Hund, merken wir auch hier. Jeder der reinkommt, fragt uns aus. Sobald er hört, dass wir mit dem Motorrad reisen, wird der Schluss gezogen: „Ah, dann seid ihr also bei „La Posta“ zu Besuch.“ Selbst der asiatische Betreiber ist höchst interessiert an unserer Reise und schenkt uns zum Abschied einen Sack voll Empanadas für den langen Weg, den wir noch vor uns haben! Solch positive Begegnungen sind es, die unsere Lebensqualität ausmachen!

Patagonien – wo Zweiradreisende an ihre Grenzen kommen

Patagonien, das übrigens schon sehr viel weiter nördlich anfängt, als ich immer dachte, empfängt uns standesgemäß mit einer steifen Brise und endlosen Geradeaus-Straßen.
Wie viele respekteinflößende Geschichten haben wir über diese Region gelesen und gehört? Und was davon ist wahr und was ist, wie so oft, zum Ruhm des Erzählenden leicht bis stark übertrieben?
Ständiger Wind und viel Regen. Seitliche Böen von bis zu 100 km/h in Kombination mit hoch aufgeschütteten Fahr-Dämmen bilden eine fatale Kombination. Wenn's einen von der Straße weht, folgt oftmals der Sturz. Kalt soll es sein und menschenleer und damit auch infrastrukturarm. Kurzum, ein Land, das so gar nicht zum Motorrad- und Fahrradfahren geeignet ist, und wo sich nur Dummköpfe auf zwei Rädern hin wagen. Und von denen soll es reichlich geben – speziell in der kurzen Saison hier unten. Für Zweirad-Reisende geht es üblicherweise erst im Dezember los, denn hier unten sind ja die Jahreszeiten entgegengesetzt zu Europa und dass Patagonien nass, kalt und windig ist, steht trotz aller Zweifel an mancher Reiseerzählung außer Frage.
Für viele ist das Horizons-Unlimited-Motorradreise-Treffen in Viedma Anfang Dezember der Startschuss. Zu Weihnachten und Neujahr sind dann nicht nur die meisten Motorradreisenden ganz unten in Ushuaia, der südlichsten Stadt der Welt. Dort soll dann der Bär toben – im positiven, wie negativen Sinne. Darauf wollen wir

aber nicht warten. Wir sind schon ganz heiß, endlich diese abenteuerliche Etappe in Angriff zu nehmen, auch wenn wir dann sieben Wochen früher dran sind, als die anderen. Außerdem müssen wir uns auf dem Rückweg „nach oben“ sputen, denn es gibt auf diesem Abschnitt noch vieles zu sehen und zu (er-)fahren und im Januar soll es dann von der Mitte Chiles nach Neuseeland rüber gehen. Später geht nicht, da uns dort sonst der Winter in die Quere kommt.
Ein typisches Beispiel übrigens für die Restriktionen, denen eine Weltreise unterliegt. So manch einer glaubt ja, mit einem solch üppigen Zeitrahmen sei man vollkommen flexibel in seinem Reisetempo. Aber was es da nicht alles zu beachten gibt, das einem dann letztendlich doch mehr oder weniger enge Schranken setzt: Jahres- und Regen-Zeiten, Sturm-Saison und manches mehr. Und bei all dem heißt es immer mit einem Auge möglichst weit nach vorne zu blicken auf die Besonderheiten und Restriktionen der Länder, durch man als nächstes kommen wird.

Die Halbinsel Valdez

Unser erster Stopp in Patagonien ist die Halbinsel Valdez. Als wir am Kassenhäuschen zum Eingang des Nationalparks unseren Obolus entrichten, blicken wir beide verstört auf eine handgeschriebene Anzeigetafel, die außer dem aktuellen Datum auch die Temperatur (11 Grad) und „windstill“ verkündet. Wir tauschen irritierte Blicke. Wenn das hier windstill ist, was ist dann erst ein windiger Tag in Patagonien?
Landschaftlich ist die Halbinsel Valdez definitiv keinen Besuch wert. Warum also hierhin fahren? Wenn man sich dem Strand nähert, beantwortet sich die Frage sofort. Maritimes Tierleben in Hülle und Fülle! Vom Aussichtspunkt in der Nähe von Puerto Piramides bekommen wir eine Kostprobe vom Feinsten.
In New-England (Ostküste USA) haben wir vor Jahren mal eine Walbeobachtungstour gemacht, die ein kleines Vermögen gekostet hat. Ich hab fünf Stunden lang versucht, nicht „die Fische füttern“ zu müssen und dabei mit einigen Dutzend anderer Deppen angestrengt aufs Meer gestarrt. Die großen Höhepunkte waren zwei, drei Sichtungen winziger Körperpartien von Walen. Das war's für mich. Nie wieder eine Waltour, hatte ich mir geschworen.

Wenn man dieses Erlebnis mit dem vergleicht, was man hier gemütlich (=ohne schlimmes Schaukeln) vom Strand aus sehen kann, dann fällt das Urteil eindeutig aus. Das hier ist der Hammer! Teilweise hat man ein halbes Dutzend Wale gleichzeitig im Bild! Und die zeigen nicht nur ein klitzekleines bisschen Haut, sondern springen aus dem Wasser oder lassen die Heckflosse schier endlos in der Luft stehen. Alleine die Fotos, die wir hier vom Aussichtspunkt geschossen haben, waren schon klasse. Gegen die Bilder, die Simon dann am nächsten Tag auf einer Schlauchboot-Waltour knipst, kommen sie allerdings nicht an, denn dort nähert sie bis auf Armeslänge an diese Riesen an.

Selbst die Landtier-Sichtungen auf dem 200 km langen Schotter-Rundkurs um die Halbinsel begeistern: Kecke Graufüchse und urzeitlich anmutende Gürteltiere. Klasse!

400.000 Pinguine auf einem Fleck

In Patagonien und Feuerland gibt es reichlich Möglichkeiten, Pinguin-Kolonien zu sehen. Wir wollen aber nicht irgendeine, sondern die größte Kolonie auf diesem Kontinent besuchen. In Punta

Tombo sollen es bis zu 200.000 Pinguin-Paare sein. Dafür nehmen wir auch 250 km Umweg in Kauf. Der erste Eindruck ist enttäuschend. Statt erhofftem Masseneffekt sind die Höhlen und Mulden weit verstreut. Zugegeben, die Fläche, über die sich das Ganze hinzieht, ist gigantisch. Aber eine sehr viel kleinere Kolonie hätte genauso gut gewirkt. Meistens sind es einzelne Brut-Löcher unter Sträuchern. Selten sind es kahle Hügel mit Dutzenden von Höhlen auf einen Blick. Auch wenn man immer auf den markierten Wegen des Naturschutzgebietes bleiben muss, kommt man den Pinguinen doch überraschend nah. Oftmals müsste man nur den Arm ausstrecken, um sie zu berühren. Toll! Leider haben wir hier keinen so idealen Zeitpunkt wie auf der Halbinsel Valdez erwischt. Die Jungen werden erst Ende November/Anfang Dezember schlüpfen. Dafür erspähen wir jetzt Mitte Oktober noch vereinzelte Nachzügler beim Balzen und Begatten, was sehr putzig aussieht.

Quer durch Patagonien

Von Punta Tombo wären es nur noch schlappe 1.600 km bis Ushuaia, dem südlichsten Punkt unserer Weltreise. Monatelang war diese Stadt noch ganz weit weg und damit irgendwie irreal für uns. Nun könnten wir sie locker in drei Tagen erreichen, zumal auf der Strecke dorthin wenig Interessantes zum Verweilen lockt. Statt dessen wollen wir aber lieber auf der West-Seite Patagoniens entlang der Anden nach Süden fahren.

Wir campen am Kiesel-Strand. Morgens werden wir durch Brunftschreie eines See-Elefanten geweckt, der 50 Meter vor uns im Wasser dümpelt. Der Bulle kann jedem europäischen Hirsch zur Brunftzeit akustisch das Wasser reichen.

In Trelow, einem der vielen Orte in dieser Gegend mit walisischem Ursprung, sind wir bei Juan eingeladen. Der hatte einem englischen Pärchen bei einer Motorradpanne geholfen. Die Engländer hatten wir dann in Panama getroffen, dort nach außergewöhnlich positiven Erlebnissen befragt und waren so an Juans E-Mail-Adresse gekommen.
Hier die große Preisfrage für aufmerksame Leser und Argentinien-

Kenner: Was gibt es am ersten Abend? Richtig: Ein Asado! Ein klasse Grillfest im Kreis von vielen netten Motorradfahrern. Die Bande ist übrigens trinkfest. Insgesamt bleiben wir drei Tage bei Juan und jeden Abend heißt es „hoch die Tassen“ und zwar immer bis weit in die Nacht oder sogar bis zum nächsten Morgen. Nach solch einem „Triathlon“ merken wir dann doch, dass wir keine 18 mehr sind.
In Juans Garage kann ich in aller Ruhe einige dringend nötige Wartungsarbeiten durchführen und wir haben endlich nochmal Gelegenheit, all unser Zeug zu waschen – inklusive meiner Motorradhose die mittlerweile echt unerträglich nach Abenteuer duftet!
Coole Aktion: Die Freundschafts-T-Shirt-Nummer. Eigentlich brauchte ich nur Ersatz für mein extrem zerlumptes Krad-Vagabunden-Sweatshirt. In Trelow endet die Suche mit Freundschafts-Sweatshirts, die von der einen Seite mit Krad-Vagabunden und von der anderen Seite mit „Ebrios del Asfalto“ (=trunken vom Asphalt), dem Clubnamen von Juan und seinen Freunden bedruckt sind.

Der Kontinent ist hier unten schon so schmal, dass es von Trelow auf der Ostseite nur 700 km bis zu den Anden auf der Westseite sind.

Dort wollen wir dann dem Gebirge nach Süden folgen. Erst heißt es jedoch wieder mal: Naturkatastrophe! Schon so manches Mal mussten wir in Südamerika wegen Regenzeit, Erdrutschen, Überschwemmungen, jahreszeituntypischem Schneefall und Demonstrationen unsere Route ändern. Jetzt erneut? Angeblich ist der Vulkan Puyehue wieder ausgebrochen. Dass wir mehrfach nachts Ascheregen hatten, passt dazu. Beim letzten Ausbruch vor einigen Monaten hat der Ascheregen, der damals viel heftiger gewesen sein muss, halb Patagonien unter sich begraben. Vor allem Bariloche hatte es seinerzeit heftig getroffen. Im Internet ist nichts rauszubekommen. Keine Nachrichten sind aus unserer Sicht gute Nachrichten und so brechen wir in Trelow auf und hoffen darauf, dass keine für uns relevante Straße gesperrt ist.
Immer wieder sehen wir Windhosen im trockenen Busch-Land. Ansonsten ist die erste Etappe ziemlich öde. Aber ab Los Plumas wird es richtig schön! Nach zwei Monaten landschaftlicher Langeweile ist das eine echte Wohltat! Die Farbkontraste zwischen blauem Himmel, grauem Fels und grün-gelber Flora sind krass. Einen der wenigen nicht eingezäunten Abschnitte nutzen wir, um über eine üble Piste an den Rio Chubut zu fahren, wo wir ein idyllisches Plätzchen zum Kampieren finden. Vagabunden-Romantik pur.

Schneebedeckte Gipfel wohin man auch schaut

Wir erreichen den Parque Nacional Los Alerces, wo wir am Ufer des Lago Futalaufquen zelten. Schneebedeckte Gipfel wohin man schaut. Die Grenzstation am Futaleufú-Pass ist landschaftlich vielleicht die schönste, die wir je passiert haben. So penibel wie vom chilenischen Zoll sind wir allerdings noch nie durchsucht worden. Ziemlich lästig, aber nach allem, was wir gehört haben, wohl Standard bei der Einreise in dieses Land. Neben den üblichen verbotenen Dingen darf man auch viele (frische) Lebensmittel nicht nach Chile einführen. Da sind sie ganz rigoros. Im ersten kleinen Städtchen, das allerdings für einige hundert Kilometer das einzige nennenswerte Örtchen für uns bleiben wird, gibt es genau eine Bank. Die hat Öffnungszeiten, die dem Sparkassen-Bus in der Eifel nahekommen: Drei Tage pro Woche für wenige Stunden. Der Bankautomat, so wurden wir schon

vorgewarnt, solle defekt sein. Große Klasse! Wie kommen wir denn nun an chilenische Peso? Erste Hoffnung keimt auf, als ein Einheimischer trotz angeblichem Defekt erfolgreich Kohle zieht. Leider mag die Maschine keine deutschen Visakarten. Nach zig erfolglosen Versuchen, mit immer wieder leicht variierten Ansätzen, gebe ich auf und probiere die Mastercard. Und siehe da! Die Kiste rattert und spuckt brav ein Bündel Scheine aus. Einmal mehr war meine Taktik erfolgreich: Möglichst viele Plastikkarten mit sich führen. Und vor allem nicht alles nur VISA-Karten, die man in Deutschland viel leichter gebührenfrei bekommen kann als Mastercard und andere.
Zu Preisen, wie man sie in einem touristischen Bergdörfchen erwarten darf, stocken wir unsere Lebensmittelvorräte für die nächsten Tage auf. Das erste Tanken einige Stunden später treibt uns dann die Tränen in die Augen. Mit 1,40 EUR pro Liter kostet der Sprit hier mehr als doppelt so viel wie auf der anderen Seite der Grenze! Gut dass wir in weiser Voraussicht unsere Kanister in Argentinien vollgemacht haben.

Es geht nach wie vor durch eine Bilderbuch-Bergwelt! Das hier ist eins der schönsten Fleckchen Erde, die wir je unter die Räder genommen haben! Einzig der oftmals regenschwangere Himmel

trübt unsere Euphorie. Aber wie das im Gebirge so ist: Kaum biegt man um einen Berg, schon hat man wieder ganz anderes Wetter. Das ist hier oben dieser Tage ohnehin total unberechenbar, wie uns ein Park-Ranger erklärt. Die vom Vulkan ausgestoßene Asche bringt alles durcheinander.
Apropos Vulkan: Heute morgen haben wir erfahren, dass nun noch ein weiterer Vulkan auf unserer Route ausgebrochen sein soll. Aber wie war noch gleich die alte Weisheit, die manchmal so schwer zu befolgen ist? Was man nicht ändern kann, darüber soll man sich auch keine Sorgen machen. Alternativrouten sind hier unten mit gigantischen Umwegen verbunden und so fahren wir einfach stur weiter und lassen uns überraschen.

Carretera Austral

Die Stimmung der Krad-Vagabunden ist top de luxe! Die Sonne lacht und wir sind zudem auf einer südamerikanischen Straßen-Legende unterwegs, der Carretera Austral! Die führt uns irgendwann in das verschlafene Nest Puyuhuapi, das an einem netten Fjord gelegen ist und wenige Kilometer später kommen wir in den Parque Nacional Queulat. Schon vom Zeltplatz aus kann man den Gletscher „Ventisquero Colgante“ sehen und auch immer wieder donnern hören! Bei Spitzenwetter wandern wir die wenigen Kilometer dorthin.

Verglichen mit dem vielen Regen in Alaska ist der Gletscher-Genuss hier in Patagonien deutlich höher!
Selbst nach einigen Tagen lässt unsere Begeisterung für die nicht enden wollenden schneebedeckten Berge nicht nach! Die Carretera Austral ist ganz großes Reise-Kino! Da fällt es schwer, einen Platz für das tägliche Brunch-Picknick auszuwählen. Lieber diese Bergkette im Blick oder doch lieber am Ufer des nächsten Sees? Die Auswahl scheint in beiderlei Hinsicht grenzenlos zu sein und wir fühlen uns wie im Motorradfahrer Himmel!
Der in der Nähe von Puerto Ibanez gelegene Cerro Castillo sticht dann aber selbst für hiesige Verhältnisse heraus. Man bekommt ihn im Laufe der Halb-Umrundung aus wechselnder Perspektive geboten. Wir schlagen unser Lager nahe der Straße in den Büschen auf und genießen die letzten Sonnenstrahlen am Kiesel-Ufer eines Flusses. Mit Einbruch der Dämmerung zieht sich der Himmel dann aber zu und es setzen Regen und starker Wind ein, die die ganze Nacht andauern. Unser Zelt wird echt gefordert und beweist sich wieder einmal hervorragend. Nichtsdestotrotz ist es durch den Wind bzw. durch die dadurch erzeugten Flatter-Geräusche des Zeltes höllisch laut in unserem winzigen Heim. Immer wieder werden wir in dieser Nacht vom Getöse wach. Aber was vordergründig nach Verdruss klingen mag, ist für uns Romantik pur! Wir lieben solche Situationen. Draußen tobt nach heimischen Maßstäben ein Sturm, in dem wir partout nicht ungeschützt sein möchten. Aber das sind wir ja auch nicht. Wir liege im muckeligen Schlafsack und können uns wohlig an den Menschen kuscheln, den wir lieben! Was für ein Genuss! Unser Leben könnte nicht besser sein! Das denke ich am nächsten Morgen allerdings nicht mehr, als es immer noch bläst und schifft wie Sau und der Ruf der Natur irgendwann nicht mehr zu ignorieren ist. Die nächsten Minuten gehören ganz sicher nicht zu den erhabensten Momenten des Krad-Vagabunden-Lebens! Bei Regen das Zelt einzupacken ebenfalls nicht, zumal irgendwann im Laufe des Abbaus sein Schutz wegfällt und ich es dann zusammen mit aller Kleidung in den großen Packsack bekommen muss.
Einige Stunden später lacht aber schon wieder die Sonne und - wie so oft in solchen Situationen - können wir kaum mehr nachvollziehen, warum wir wenige Momente zuvor noch Trübsal geblasen haben!

Lago General Cabrera

Die letzten 300 km der Carretera Austral bis Villa O'Higgins fahren wir nicht durch, da dies eine Sackgasse wäre. Statt dessen schwenken wir am Südende des Lago General Cabrera gen Osten.
Apropos Lago General Cabrera: Der zweitgrößte See Südamerikas schlägt in Sachen Panorama und vor allem Motorradfahrspaß bei Weitem den Titicaca-See. Auf argentinischer Seite heißt er übrigens Lago Buenos Aires. Man sollte tunlichst versuchen, im jeweiligen Land, den entsprechenden nationalen Namen zu benutzen. Ich weiß nicht, was die Chilenen von den Argentiniern halten, aber umgekehrt ist noch lange nicht vergessen, dass die Chilenen in den Achtzigern im Falklandkrieg den Engländern geholfen haben. Den falschen Namen für den See zu verwenden, stelle ich mir ungefähr so folgenschwer vor, wie ein Kölsch in Düsseldorf zu bestellen!
Die Fahrt entlang des Südufers des Lago General Cabrera ist echt der Hammer. Hier folgt nicht ein grandioses Panorama auf das nächste, sondern die Weltklasse-Aussicht nimmt schlicht und einfach kein Ende. Dazu kommt noch eine Piste, die so richtig Spaß macht. Es geht hoch, es geht runter, es geht links herum, es geht rechts herum, nur langweilig wird es nie!

Unter Brüdern oder Glück im Pannen-Pech

So manches Mal haben wir erlebt, wie aus einer anfänglich beschissenen Panne am Ende ein großartiges Erlebnis wurde. Während man mitten drin steckt im Drama, ist man allerdings stets weit weg von dieser Einsicht.

Diesmal ist es ein sich auflösender Reifen, der mir die Sorgenfalten auf die Stirn treibt. An einigen Stellen kann man schon die Karkasse sehen. Verflucht! Der hält nicht mehr lange, obwohl er kaum Kilometer auf dem Buckel hat. Hätten wir doch die Warnungen anderer Motorradreisender vor den in Brasilien produzierten Reifen dieser deutschen Marke ernst genommen! In dem Kaff, in dem wir uns befinden, gibt es zwar zwei Reifenbuden, aber Hilfe können wir dort keine erwarten, denn sie fühlen sich nur für Autoreifen zuständig. Da haben wir es wieder: Bloß kein Abweichen vom „Das machen wir immer so"-Prinzip. Als ob ein Motorradreifen so viel anders zu reparieren wäre. Auf die Frage, ob sie einen Reifen bestellen könnten, kriegen die Jungs einen Lachanfall. Wie denn? Sie sind doch nur für Autoreifen zuständig. Sackgasse. So kommen wir nicht weiter. Theoretisch könnten wir uns den Reifen von einem unserer südamerikanischen Freunde schicken lassen. Aber das würde mindestens eine Woche in diesem wenig sympathischen Nest bedeuten, so dass wir uns lieber für die Fahrt in die nächste große Stadt entscheiden. Auf unserer Seite des Kontinents gibt es aber weit und breit keine. Ergo heißt es mal wieder auf die andere Seite zu düsen. 400 km durch ödes Nichts. Einzig der Gedanke, dass wir hier vielleicht die ersten Globetrotter seit Ewigkeiten sind, ist amüsant. Denn es gibt wirklich keinen Grund, warum irgendwer hier den Kontinent von Ost nach West durchqueren sollte. Alle Fernreisenden fahren entweder entlang der Anden von Nord nach Süd bzw. umgekehrt oder nehmen die Atlantik-Strecke.

Auf der zweiten Hälfte kommen wir dann ins Öl-Gebiet. So weit das Auge reicht, fördern die typischen Ölpumpen das schwarze Gold aus dem patagonischen Boden.

In Comodore Rivadavia, einer optisch reizlosen Stadt, sind wir schon im dritten Shop erfolgreich. Der „Nimm ihn oder kauf ihn woanders wenn du glaubst es gäbe in dieser Stadt noch einen anderen passenden Reifen"-Preis treibt uns die Tränen in die Augen. Aber

letztendlich sind wir froh, überhaupt so einfach einen passenden Schlappen aufgetrieben zu haben. In einem Kfz-Shop dann ein ähnliches Spiel für unseren Scheinwerfereinsatz. Die Glühbirne kostet 28 EUR. Alter Schwede! Mein Entsetzen ist wohl so authentisch, dass ich vom Cheffe noch einen mitleidigen Preisnachlass auf 25 EUR bekomme. Dabei glaube ich nicht mal, dass ich da abgezockt wurde. Ersatzteile sind in Argentinien einfach unglaublich teuer. Die zahlen auf die europäischen Preise schließlich stets noch mindestens 50% Import-Zoll!
Jetzt kommt der angenehme Teil. Wir fahren zu einer Rockerbar, die uns von Juan empfohlen wurde. Wir lungern lange davor herum, bis endlich der Besitzer auf seiner Harley herandonnert und standesgemäß durch die Tür in den Schankraum fährt. Marcelino ist ein echtes Unikat. Nachdem wir unser Zelt neben dem Gebäude aufgeschlagen haben, werden wir erst mal zum Essen mit der Familie in der Küche der Bar eingeladen. Es gibt ausnahmsweise mal kein Asado, sondern eine leckere Paella!
Dass man in Argentinien erst spät ausgeht, haben wir schon in Buenos Aires und Trelow gemerkt. Und ich meine SEHR spät. Da machen Clubs erst nach Mitternacht auf und auf Partys geht man erst gegen 3.00 Uhr. So zumindest unsere punktuelle Erfahrung. Das sind nun wirklich keine Zeiten, die zu unserem Tagesrhythmus auf Reisen passen, bei dem wir aufgrund unseres regelmäßigen wild Zeltens eher mit dem Tageslicht leben. Aber wie heißt es so schön: Man muss die Feste feiern, wie sie fallen.

Und heute feiern wir richtig! Denn ganz nebenbei sind wir hier ja auch so was wie Botschafter der deutschen Trinkfestigkeit und müssen die „deutsche Fahne" hochhalten. Als um 3.00 Uhr die erste Band die Bühne erklimmt, sind unsere Augen schon auf Halbmast, aber unsere Gläser werden partout nicht leer – argentinische Gastfreundschaft kann gnadenlos sein.

Als wir um 6.00 Uhr endlich todmüde und sturzbetrunken zu unserem Zelt stolpern, gibt die Band noch immer ihr Bestes, was - nebenbei bemerkt - nicht wirklich gut ist. Dass unser Zelt nur wenige Meter neben der Bühne steht und die Trennwand eher optisch als akustisch wirkt, ist uns egal. Wir verfallen augenblicklich in

bleiernen Schlaf.
Den folgenden Samstag verbringen wir gemütlich bei Club-Mitgliedern zu Hause und werden mit Motorradeskorte durch die Stadt geführt. Sonntags dann noch eine gemeinsame 200km- Ausfahrt zum nächsten Nachbar-Club. Die Distanzen sind in Patagonien etwas anders als bei uns daheim.
Das Konzept des Moto-Asados kennen wir schon aus Brasilien. Sonntags mittags sitzen alle mehr oder weniger gesittet an Tischen in einem großen Raum und es wird fett aufgetischt!

Diesmal gibt es Rind, Huhn, Schaf und Lamm und das wie immer in rauen Mengen. Heute ist sogar der Rotwein im ohnehin fairen Pauschal-Preis inbegriffen. Das ist übrigens noch ein großer Unterschied zu Europa. Egal in welchem Land Mittel- oder Südamerikas: Saufen und Fahren ist hier zwar auch nirgends eine legale Kombination, aber es wird überall praktiziert. Es ist so selbstverständlich, dass wir immer schräg angeschaut werden, wenn wir mit dem Hinweis, später noch fahren zu müssen, Bier und Schnaps ablehnen. Wenn wir dann noch erzählen, wie rigoros bei uns heutzutage auf Alkohol und Drogen kontrolliert wird und welche Folgen es hat, wenn man erwischt wird, sind Südamerikaner stets schockiert

und nehmen vor Erleichterung darüber, weit weg von Deutschland zu leben, erst nochmal einen großen Schluck des National-Getränks Fernet-Cola!
Als es ans Abschiednehmen geht, kommt es uns vor, als würden wir alten Freunden Ade sagen. Viele Hände werden geschüttelt, es wird auf reichlich Schultern geklopft und so manches Küsschen gegeben. Besonders herzlich fällt der Abschied mit Marcelino aus. Sein Angebot, uns überall in Patagonien zur Hilfe zu kommen, ist keine Floskel! Ich wette, er würde wirklich tausend Kilometer mit seinem Truck fahren, um uns im Notfall abzuholen. In Sachen Gastfreundschaft und Hilfsbereitschaft haben uns Brasilianer, Uruguayer und vor allem Argentinier schon so manches Mal beschämt! Allein für diese großartigen Erfahrungen hat sich unsere Reise schon gelohnt.

Schlamm und Regen – das Vagabunden-Leben ist nicht immer eitler Sonnenschein

Heute ist mal wieder einer dieser Tage: Seit Stunden nichts als Zäune. Keine Chance, einen Lagerplatz zu finden. Und dann schlägt auch noch das Wetter um und verschlechtert sich rapide. Übler Wind, eisige Temperaturen und starker Regen. Innerhalb kürzester Zeit ist die Stimmung im Keller. Bei den Sichtverhältnissen ist es sehr schwer, die Pisten-Beschaffenheit zu erkennen. Als plötzlich aus Schotter Erde bzw. dank des Regens Schlamm wird, erkenne ich den Wechsel nicht und gerate sofort böse ins Schlingern. 300 Meter später komme ich mit pochendem Herz zum Stehen. Simon hat nicht so viel Glück. Ihre Schlitterpartie endet in stabiler Seitenlage. Auf dem Weg zu ihr zurück weiß ich kaum zu laufen, so schmierig ist der Schlamm. Ein Wunder, dass ich das heil geschafft habe. Wie so oft heißt es, zu zweit die Karre wieder in die Senkrechte bringen. Da frohlockt mein Leistenbruch. Aber es gibt keine Alternative. Fallen und wieder aufstehen gehört zu unserem Leben.
Gegen 20.30 Uhr kommen wir endlich im einzigen Dorf weit und breit an. Zwei Dutzend Häuser, eine Tankstelle, die berühmt dafür ist, dass ihr ständig das Benzin ausgeht und ein Hostel mit Camping. Campingplatz ist dabei ein echter Euphemismus für den kleinen Hinterhof. Böse Zungen vermuten zudem eine Zusammenarbeit mit der notorisch trockenen Tankstelle.

Kälte, Nässe, Frust – all das ist jedoch vergessen, als wir erkennen, wer da im Dämmerlicht auf dem Hof parkt: Weggu und Chrigge! Zwei Globetrotter-Freunde von uns, die wir seit Panama nicht mehr gesehen haben, mit denen wir aber in regem E-Mail-Kontakt stehen. Was für ein feiner langer Abend, den wir in ihrem warmen Camper verbringen! Bei Reiseanekdoten und dem Austausch von Streckentipps verfliegt die Zeit! Mehr als einmal wird Weggus Frage „Soll ich noch eine Flasche Rotwein aufmachen?“ von drei eifrig nickenden Köpfen beantwortet. Schade, dass wir in entgegengesetzte Richtungen fahren und es bei dem einen Abend bleibt. Viel zu selten hat man Gelegenheit, statt der täglich neuen Bekanntschaften mal an „alte“ Reise-Freundschaften anzuknüpfen. So freut man sich immer mächtig, wenn man alle paar Wochen oder Monate mal ein liebgewonnenes „Team“ wieder trifft. Derartige Kameradschaft kennt übrigens zumindest bei uns keine Standesunterschiede. Egal ob Fahrrad-, Motorrad- oder vierrädrig Reisende. Die Gemeinsamkeiten des Lebens- und Reisestils überwiegen. Was nicht heißt, dass man sich mit jedem, den man trifft, gut versteht. Das ist ähnlich wie im normalen Leben. Bei manchen funkt es und bei anderen nicht. Und je einsamer die Region, desto bereitwilliger ist man, auf den anderen zuzugehen und herausfinden, ob man auf einer Wellenlänge ist.
Nach einem ausgiebigen gemeinsamen Frühstück am Morgen, machen wir uns wieder auf den Weg und finden den Ruf der Tankstelle bestätigt. Kein Benzin! Zum Glück haben wir unsere Kanister voll.

El Chaltén

Die Ruta Cuarenta macht hier echt keinen Spaß! Die alte Schotter-Piste existiert nicht mehr, weil eine neue Teerstraße gebaut wird und diese großteils überdeckt. In nicht allzu ferner Zeit sollte von Perito Moreno bis ans südliche Ende der RN40 alles geteert sein. Derzeit heißt es für uns allerdings endlos lange parallel zur noch nicht vollendeten Asphalt-Straße auf einer Baustellen-Piste zu eiern. Der Schlamm ist zwar dank des patagonischen Windes schon deutlich angetrocknet, aber dennoch nach wie vor tückisch. Volle Konzentration ist gefragt, was über Stunden hinweg ermüdet.
El Chaltén hat eine sehr geile Lage. Tolle Berge und Gletscher in

jede Richtung. Das Fitz Roy-Massiv ist dabei die Top-Attraktion - in der Regel allerdings wolkenverhangen. Wir haben Glück. In den vier Tagen, die wir hier sind, haben wir immer klare Sicht.

Nachts ist es allerdings stets extrem windig. Obwohl wir unser Zelt wohlweislich hinter einem Windfang aufgebaut und es perfekt abgespannt haben, flattert und biegt es sich jede Nacht beängstigend, zumal der Wind in der des Zweirad-Fahrers unbeliebtesten Form auftritt: Als heftige Böen! Das Tosen des Windes und vor allem der Krach des Zeltes machen eine geruhsame, ungestörte Nachtruhe unmöglich.

Die Gegend, die übrigens zum „Los Glacieres NP" gehört, ist ein Wanderparadies. Entsprechende Fitness vorausgesetzt, kann man in dieser Weltklasse-Landschaft einige Wochen mit Trekking verbringen. Mit der Fitness ist es aber bei den Krad-Vagabunden, speziell beim Panny nicht weit her. Die fürs Motorradfahren nötige Rücken- und Schultermuskulatur ist bei uns topfit. Aber wenn's ans Laufen geht, fängt bei mir fast augenblicklich das Stöhnen an.

Südamerikanischer Pfand-Irrsinn

Mal abgesehen von der spektakulären Lage gefällt uns El Chaltén überhaupt nicht. Ein Touristen-Ort, wie er er im Buche steht. Lebensmittel und Alkohol sind extrem teuer und das Geschäftsgebaren auf Abzocke ausgerichtet. Im größten Supermarkt weigern sie sich pauschal das Pfand zurückzugeben. Das ist keine Lappalie bei einem halben Euro pro Pulle. Die Pfandregelung in Brasilien, Uruguay und Argentinien hat meinen Puls eh schon mehr als einmal auf 180 gebracht. Das macht hier nämlich jeder wie er will. Das Pfand pro Flasche beträgt zwischen 0,50 und 0,80 EUR. Rückgabe in der Regel nur mit Kassenbon im gleichen Geschäft, wo man die Flasche gekauft hat. Manchmal allerdings nur zur Verrechnung mit einem Neukauf, den man gar nicht tätigen will. Am allerschlimmsten sind die, die sich weigern, Bier zu verkaufen, wenn man kein Leergut mitbringt. Ich würde sie am liebsten schütteln und anschreien: „NEIN! Du darfst nicht dumm sein! Du MUSST uns Bier verkaufen! Wir fühlen uns wieder einmal wie Don Quijote im Kampf gegen die Das-haben-wir-schon-immer-so-gemacht-Windmühlen! Was glauben diese Idioten, wie der Handel mit Bier jemals begonnen hat? Wenn alle immer erst mal Leergut verlangt hätten, wäre bis heute nie eine Flasche verkauft worden. Solche Momente können echt bitter sein. Den staubigen, heißen Tag lang habe ich mich auf ein kühles Bier am Abend gefreut. Wir zelten sogar extra auf einem Campingplatz in einer Stadt, um die Möglichkeit zu haben, ein Pils zu ergattern. Und nun steht das begehrte Getränk auf Armeslänge vor mir. Und doch bekomme ich es nicht wegen eines sturen Idioten! Grausam! Gleichzeitig ist das wieder mal ein typisches Beispiel dafür, dass man manches, das man früher in Deutschland als selbstverständlich hingenommen hat, zu schätzen lernt, wenn man die unerfreuliche Alternative auf Reisen kennenlernt.

Ein Gutes hat der Extrem-Tourismus in El Chaltén dann aber doch noch für uns: Hier gibt es das Mountain Repair, einen Laden, der praktisch alles an Ausrüstung und Kleidung reparieren kann. Nebenbei bemerkt vom Fachmann. Ich bin jedenfalls sowohl mit dem Preis als auch der Qualität der Arbeit zufrieden: Ein neuer Schlitten für meinen Anorak-Reißverschluss, ein komplett neuer, grober Reißverschluss für den Tankrucksack und einer meiner Stiefel wurde auch noch nachgenäht.

5000 Meter Eisfront

Auf dem Weg nach El Calafate macht uns der starke Wind zu schaffen. Mühsam und anstrengend ist das Fahren. Die Kondore scheinen keine Probleme mit dem böigen Wind zu haben, der in Deutschland als mittlere Sturm eingestuft würde. Scheinbar mühelos schweben sie majestätisch über und neben uns. Auf den Seen treiben große Eisberge. Wider besseren Wissens, ist man in Versuchung Ausschau nach Eisbären zu halten.

Schon von weitem sieht man den Perito Moreno Gletscher – eine weitere Top-Attraktion Südamerikas. 60 Meter hoch und fünf Kilometer breit ist die mächtige Eis-Front, deren Spalten im Nachmittagslicht eisblau zu glühen scheinen. Der Perito Moreno ist in Sachen Gletscher, was Machu Picchu als Ruinen-Stätte ist. Danach wirkt alles andere enttäuschend klein und unscheinbar! Selbst in Kanada und Alaska, wo es an Gletschern wahrlich nicht mangelt, haben wir nichts Vergleichbares gesehen.

Harte Burschen tragen Pullunder

Wir haben Glück. In El Calafate ist dieses Wochenende ein dreitägiges großes Fest im Stadion. In Patagonien dreht sich dabei fast alles in irgendeiner Form um Pferde. Nachmittags schauen wir beim Pferde-Ball-Spiel zu. Abends geht es dann richtig zur Sache: Rodeo!

In Deutschland gehören Männer in Pullundern nicht gerade zu den augenscheinlich Härtesten. Hier in Argentinien ist das anders! Heidewitzka! Die Gauchos, geben echt alles und stecken teilweise übelst ein. Schon beim Zuschauen tun mir die „Cojones“ weh!

Gastfreundschaft vergelten

Seit Stunden haben wir kein Haus gesehen. An einer Kreuzung dann eine einsame Tankstelle inmitten des Nichts. Für uns atmen solche Orte förmlich die Atmosphäre eines Lebens „on the road".

Wie üblich ist alles voll mit Aufklebern von Reisenden, die wir wie immer begeistert studieren und uns freuen, wenn wir Bekannte entdecken. Zum Glück hatten wir uns in Mittelamerika einen stattlichen Vorrat an Krad-Vagabunden-Aufklebern machen lassen. Speziell hier in Südamerika sind sie Gold wert. Praktisch jeder Motorradfahrer ist hier in einem Club und jeder Club hat einen Aufkleber. Und eben diese Aufkleber auszutauschen, ist ein Ritual. Dass wir aus Deutschland und damit von weit her kommen, macht die unsrigen umso wertvoller und die Beschenkten meist mächtig stolz. Ganz nebenbei haben wir damit ein tolles Präsent, um für große und kleine Nettigkeiten, die uns zuteil werden, Danke zu sagen!

Wir erleben auf unserer Reise viel Gastfreundschaft und Hilfsbereitschaft. Dabei haben wir erst lernen müssen, diese anzunehmen, was uns noch immer Überwindung kostet, wenn der Gebende selbst nicht viel hat. Für viele ist es einfach ein schönes Gefühl, zu helfen und einem Fremden Gutes zu tun. Sie denken nicht wie der Durchschnitts-Deutsche über eine Gegenleistung nach. Nichtsdestotrotz ist eine solche guter Anstand. Das muss nichts Materielles sein. Ein freundliches Kompliment, ein offenes Ohr, Anekdoten aus dem exotischen Leben von Fernreisenden, politische Informationen, die sonst nicht zugänglich wären, eine typisch deutsche Mahlzeit kochen, ein Abstrahlen des Glanzes, wenn der Gastgeber, mit seinen deutschen Freunden angibt – es gibt unzählige Möglichkeiten, subtil und doch sehr effektiv Danke zu sagen. Die einzigen Fehler, die man im Falle einer ehrlichen Einladung machen kann, sind abzulehnen oder sich mit Geld zu revanchieren.

Torres del Paine

Wir haben aufgehört zu zählen, wie oft wir nun schon die Grenze zwischen Argentinien und Chile überschritten haben.

Vor uns liegt der weltberühmte Torres del Paine National Park, den wir zu den Top-5 Attraktionen des Kontinents zählen würden nach all dem, was wir schon Tolles über ihn gelesen haben. Der Park ist nicht nur für sein großartiges Bergmassiv, sondern auch für sein schlechtes Wetter bekannt. Was das angeht, haben wir sozusagen Halb-Glück. Es könnte sehr viel schlechter sein. Aber auch so ist es nicht das Wahre zum Motorradfahren. Temperaturen von unter zehn Grad fühlen sich in Kombination mit leichtem Regen und starkem Wind viel kälter an und sind nicht wirklich stimmungsfördernd. Außerdem wechselt das Wetter hier im 2- bis 5-Minuten-Takt. So was habe ich noch nicht erlebt! Die schon zum gewohnten Anblick gewordenen Eisberge haben hier gigantische Dimensionen. Ansonsten will sich uns der Reiz des Nationalparks nicht so recht erschließen. Unabhängig vom Wetter ist das hier wohl eher was für Wanderer, als für Motorradreisende. Für uns als durchreisende Motorradfahrer war es die umgerechnet 25 EUR Eintritt echt nicht wert. Auf die Liste der Top-5-Erlebnisse Südamerikas kommt Torres del Paine für uns ganz sicher nicht.

Kurz vorm Verlassen des Parks ist dann mal wieder Kanisterbetankung angesagt. Die Distanzen zwischen den Tankstellen sind hier unten einfach enorm, zumal starker Gegenwind zu extrem gesteigertem Benzinverbrauch führen kann. Ganz wichtig: Einen Rüssel für den Kanister dabei zu haben. Denn wenn man es bei der steifen Brise ohne versucht oder auch mit Hilfe eines aus einer PET-Flasche gebastelten Trichters, wie das in Südamerika so üblich ist, gibt es eine riesige Sauerei, bei der nur ein Bruchteil des kostbaren Sprits im Tank landet.

Mörderischer Wind

Die letzten 250 km bis Punta Arenas sind ganz harte Kost. Die Teerstraße ist zwar top de luxe, aber der Wind bläst so brutal wie noch nie. Heftig! Wir haben alle Hände voll zu tun, um auf Spur zu bleiben. Da der Wind zudem noch oft in Böen kommt, gelingt es mir zweimal nicht. Beim ersten Mal drückt es mich nach rechts von der Straße runter. Zu meinem großen Glück an einer der wenigen Stellen, wo die Straße mal nicht auf einem hohen Fahrdamm verläuft. Das nächste Mal kann ich nicht verhindern, wie in Zeitlupe auf die Gegenspur zu kommen. Zum Glück kommt in dem Moment kein Gegenverkehr.
Bis heute habe ich gedacht, ich wäre ein souveräner Wind-Fahrer. Diese Selbsteinschätzung bekommt heute Risse. Das hier war jenseits meiner Kontrolle. Das Fahren ist unter diesen Umständen eine Tortur. Man muss sich voll konzentrieren und Rücken-, Schulter- und Nackenmuskulatur sind wegen des seitlichen Winds total verspannt. Alleine den Kopf samt Helm in aufrechter Position zu halten, ist eine hochgradig ermüdende Sache. Als wir endlich in Punta Arenas ankommen, sind wir echt fertig. Eigentlich wollten wir im kleinen Hof des bei Fernreisenden beliebten Hostal Indepencia zelten. Aber der Wind bläst selbst hier erbarmungslos und so entschließen wir uns spontan, uns ausnahmsweise mal etwas Luxus zu gönnen. Dem Doppelzimmer für 16 EUR, das direkt an die total überheizte Küche grenzt, können wir nicht widerstehen. Und auch die Multifunktionsdusche im tadellosen Bad und das Highspeed-WIFI sind gewichtige Argumente. Unnötig zu erwähnen, dass es während unseres Aufenthaltes dort fast immer windstill ist. Murphy's Law! Aber so ist das hier eben: Einen Tag bläst es stürmisch und am nächsten vielleicht fast gar nicht. Und das Wetter wechselt ohnehin im Halb-Stunden-Takt.

Viel weiter südlich als Punta Arenas kann man auf dem südamerikanischen Festland nicht mehr fahren. Umso verwunderlicher auf den ersten Blick, dass einige Kilometer südlich von Punta Arenas der Mittelpunkt Chiles liegt. Des Rätsels Lösung ist, dass Chile einen stattlichen Teil der Antarktis bis runter an den Südpol beansprucht.

Neben einem netten Museum, einem nicht uninteressanten Friedhof und einigen Schiffswracks südlich der Stadt, hat Punta Arenas die höchste Rotlicht-Bar-Dichte zu bieten, die ich je in einer Stadt dieser Größe erlebt habe. Liegt es am Hafen oder an den vielen Gauchos des Umlandes?

Die neuste Lektion in Sachen Pfand: Wir kaufen uns extra mit „retornable" beschriftete Bierflaschen. Am nächsten Tag verweigert man uns jedoch die Rückzahlung des Pfandes (1 EUR pro Pulle!). Das „retornable" bedeutet angeblich in ganz Chile lediglich, dass man bei Rückgabe der Flasche für eine neue kein Pfand mehr zahlen muss. Und wieder erkenne ich, wie gut man es in Deutschland hat!

Tierra del Fuego

Per Fähre setzen wir nach Feuerland über, dessen Name Abenteuer pur für uns bedeutet! Und Kap Horn und die Magellanstraße, die wir gerade überquert haben, kennt selbst eine Landratte wie ich.
Der Name Feuerland kommt übrigens daher, dass die frühen

europäischen Seefahrer bei der Umrundung Rauchsäulen von den Feuern der Eingeborenen sahen. Getreu dem Motto, wo Rauch ist, da ist auch Feuer, hatte „Tierra del Fuego“ seinen markanten Namen weg.
Auch wenn es auf großmaßstabigen Weltkarten so aussieht, es gehört nicht zum südamerikanischen Festland und damit auch nicht zu Patagonien. Es ist vielmehr eine Insel.
Unser Start in Tierra del Fuego steht indes unter keinem guten Stern. Ein leckendes Federbein treibt mir die Sorgenfalten auf die Stirn. Das menschenleere Feuerland ist so ziemlich der letzte Ort, an dem ich so ein Problem haben möchte. Getreu dem Motto „Was man nicht ändern kann, sollte man ignorieren“ fahren wir weiter und versuchen, die Gedanken an dieses ungelöste Problem zu verdrängen.

Ähnlich wie auf der Atlantik-Seite Patagoniens regiert auch hier landschaftlich die Pampa. Mit anderen Worten: Flaches Grasland, so weit das Auge reicht. Stets mit reichlich Schafen garniert. Ein Plattfuß an Simons Krad steigert meine Stimmung nicht wirklich.

Und wie so oft heißt es, Gepäck am Wegesrand abrödeln, Rad ausbauen, in die Hände spucken und Montiereisen ansetzen.

Reifenwechsel von Hand sind echt kein Vergnügen. Da hier das Wetter in einem Affenzahn wechselt, kommen wir zudem in den Genuss, mitten im Reifenflicken, während Werkzeug und manch anderes überall ausgebreitet liegen, den Arsch gewaschen zu bekommen. Ich fluche laut und herzhaft. Was für eine Scheiße!
Im Laufe des Tages wird aus Schauerwetter Dauerregen. Als wir in Rio Grande, der größten Stadt Feuerlands einfahren, sind wir nass, durchgefroren und schlecht gelaunt. Zu allem Übel haben die beiden einzigen Campingmöglichkeiten geschlossen! Was für ein Drecks-Tag. Natürlich findet man in einer Stadt nicht gerade an jeder Ecke einen Flecken zum wild Zelten und ins Hotel wollen wir aus Kostengründen nicht. Nach einer verdrießlichen Nacht machen wir uns am nächsten Tag auf die Suche nach dem örtlichen Hondahändler. Der kann uns zwar nicht helfen, stellt aber einen Mitarbeiter ab, der uns an diesem Tag beim örtlichen „Ersatzteil/Werkstatt Pingpong" unterstützt, das uns wie üblich kreuz und quer durch die Stadt jagt. Am Ende landen wir bei Moto-Cross-Champion Hugo. Nach anfänglichem Zögern willigt der Rentner ein, das Federbein instand zu setzen. Ich bin skeptisch. Das ist wahrlich keine 08/15-Aufgabe. Was ich in den nächsten Stunden dann zu sehen bekomme, ist allerdings Perfektionismus pur. Und wie so oft wird aus der anfangs aussichtslos erscheinenden Misere eine menschlich tolle Begegnung. Hugo und seine Frau, die beide anfangs sehr reserviert waren, tauen zunehmend auf und am Ende sitzen wir Mate-Tee-trinkend bei den beiden in der guten Stube. Zu guter Letzt werden wir sogar noch für den nächsten Tag zum Essen eingeladen und ich darf selber in Hugos heiligen Hallen an den Motorrädern schrauben. Offensichtlich ein rares Privileg.

Das Ende der Welt

Nach einem Jahr, sechs Monaten und 22 Tagen bzw. 93.628 km kommen wir bei bestem Wetter in Ushuaia, der südlichsten Stadt der Welt an. Nur noch 3.900 km bis zum Südpol. Für uns ist hier jedoch der südlichste Punkt unserer Reise erreicht. Nicht ohne Grund nennen die Argentinier dies „Fin del Mundo" - das Ende der Welt. Von hier aus kann man nur noch per Schiff weiter in die Antarktis reisen.

Abends genießen wir die klasse Aussicht, trinken ein wohlverdientes Bier und sind glücklich, es hierhin gemeinsam geschafft zu haben. Apropos Bier: Tierra del Fuego ist meine argentinische Lieblingsprovinz. Hier muss man nämlich kein Pfand bezahlen! Es sind auch solch kleine Dinge, die mich fröhlich machen können!

Von manchen Orten hat man ja schon eine Vorstellung, bevor man dort ankommt. Mein Bild von Ushuaia war eher trostlos, grau und kalt. Ich dachte immer, da fahren alle nur hin, um sagen zu können, dass sie in der südlichsten Stadt der Welt gewesen sind. Weit gefehlt! Ushuaia liegt wunderschön! In fast jede Richtung sieht man schneebedeckte Berge und dazu noch der Blick über die Bucht. Klasse!

Vier Tage lang genießen wir die Szenerie und sammeln Kräfte. Dann heißt es zum ersten Mal seit sehr langer Zeit für uns: Auf nach Norden! Gut einen Monat bevor die Fernreisenden-Massen hier unten aufschlagen, machen wir uns auf den Weg. Wettermäßig war unser früher Trip hier runter nicht ohne. Aber nach allem, was wir gehört haben, sind wir froh, dass wir den großen Rummel zu Weihnachten hier unten verpassen.

Eisiger Regen begleitet uns auf unserer Rückreise durch Feuerland. Abends sind wir froh, eine der kleinen Schutzhütten zu entdecken, die es hier allerorts in der Pampa gibt.

Ihr Zustand ist zwar oft echt fies, aber wenn der Wind so richtig heftig bläst, ist man froh, Schutz suchen zu können. In dieser hier hat sich ein Deutscher namens Hans Stücke verewigt, der seit 1962 unglaubliche 545.000 km mit dem Fahrrad gefahren ist. Das ist echt eine Hausnummer! Die allerwenigsten Motorradfahrer kommen in ihrem Leben auf so eine Kilometerleistung und der Mann war mit dem Fahrrad unterwegs! Alle Achtung!

Der Stiefeldieb

Mittlerweile ist es Ende November und wir passieren zigmal pro Tag andere Fernreisende auf zwei und vier Rädern. Normalerweise stoppen wir, wenn wir anderen Krad-Globetrottern begegnen und unterhalten uns mit ihnen. Angesichts der großen Anzahl ist das nun weder praktikabel, noch verspürt man den Wunsch dazu.
Eines Abends übernachten wir auf einem Campingplatz inmitten einer großen Ödnis. Simon geht schon vor mir schlafen. Als ich

nachfolge, fällt mir auf, dass nur noch einer ihrer Stiefel vorm Zelt zum Lüften steht. Nirgends kann ich den anderen finden. Auch mit vereinten Kräften bleibt die Suche erfolglos. Letztendlich muss auch noch der Campingplatz-Betreiber helfen. Mit Taschenlampen leuchten wir über eine Stunde lang das trockene Gras im weiten Umkreis ab. Erfolglos. El Cheffe tippt auf einen Fuchs, wir sind uns jedoch sicher: Sein junger Hund ist der Täter. Der Verlust des Stiefels wäre fatal, denn auf diesem Kontinent gibt es für Geld und gute Worte keine schweren Motorradstiefel in Frauengrößen zu kaufen. Die Damen sitzen ja immer nur hinten drauf und haben entsprechend etwas anderes Schuhwerk an. Am nächsten Morgen findet sich der Stiefel dann zum Glück doch noch zusammen mit einem Schafskopf und anderen Schätzen im Bunker unseres vierbeinigen Freundes, der sich offensichtlich voll bewusst ist, dass er da etwas Verbotenes getan hat.

Motorrad-Fernreise-Legenden

Auf einem Supermarktparkplatz lerne ich eine deutsche Auswanderin mit ihrer Teenager-Tochter kennen. Wir quatschen ein bisschen und wie so oft in solchen Situationen folgt eine Einladung zu ihnen nach Hause. Als sie mir ihren Namen nennt, staune ich nicht schlecht. „Bist du DIE Claudia Metz?“ Vor mir steht die vermutlich bekannteste deutsche Motorradreisende. Zusammen mit ihrem Mann Klaus Schubert ist sie 16 Jahre um die Welt gefahren. In unserer Generation dürfte es kaum einen Motorrad-Globetrotter geben, der damals nicht ihr Buch „Abgefahren“ gelesen hat oder durch ihren Diavortrag inspiriert wurde.

Die beiden entpuppen sich als charismatische Menschen und angenehme Gastgeber. Zusammen mit ihren zwei Kindern und handverlesenen Durchreisenden leben sie hier im argentinischen Teil Patagoniens an einem wunderschönen Fleckchen in den Bergen. Wenn wir bereit wären, uns einzubringen und mit anzupacken, könnten wir gerne länger bleiben. Ein verlockendes Angebot, das wir nur schweren Herzens ausschlagen. Aber schon jetzt sind wir knapp dran in Sachen neuseeländischem Winter, wo unsere Reise ja in Kürze weitergehen soll. Und wenn wir nicht ein ganzes Jahr bleiben wollen, wozu uns der Mut fehlt, dann müssen wir notgedrungen weiter.

Im Asche-Land sind alle Katzen grau

Hinter Bariloche schwenken wir gen Westen und damit Richtung Puyehue Vulkan. Der hat vor ein paar Wochen wieder schlimm Asche gespuckt, die noch immer in der Luft hängt und alles in einen diesigen Schleier hüllt. Die Aufräumarbeiten laufen seit Wochen auf Hochtouren um die finanziellen Schäden für die hier stark ausgeprägte Tourismus-Industrie zu begrenzen. Die ca. 20 cm hohe Ascheschicht wird mit den unterschiedlichsten Techniken von Grünflächen und Straßen entfernt und zu riesigen Bergen zusammengeschoben. Das Bild, das sich uns bietet, erinnert in mancherlei Hinsicht an Wintersport-Regionen. Vor allem auf wenig befahrenen kleinen Pisten liegt immer noch oder schon wieder eine dicke Lage pudriger Asche, die uns an den Bulldust in Mittelamerika erinnert.

Das Zeug wird von Fahrzeugen außergewöhnlich stark aufgewirbelt und hält sich extrem lange in der Luft, bis es sich wieder setzt. Außerdem verdeckt die mehrere Zentimeter hohe Schicht auf tückische Weise alle Schlaglöcher, ohne sie wirklich auszufüllen.
Campen ist unter diesen Bedingungen harte Kost aber gleichzeitig auch saugeil! Wir haben jedenfalls Spaß an dieser unwirklichen und sehr ungewöhnlichen Atmosphäre, auch wenn die Asche für die Ausrüstung Gift ist.

Die Amerikas-Handschuhe

Wir treffen Tobi, einen jungen Deutschen, der auf einem kleinen Motorrädchen mit unglaublich schmalem Budget unterwegs ist. Als er uns erzählt, dass ihm seine Handschuhe geklaut wurden, schenkt Simon ihm spontan die ihren. Allerdings sind dies ganz besondere. Unser Freund Ernesto bekam sie von einem mitleidigen Amerikaner im frostigen Alaska. Als wir ihn dann in Uruguay besuchten und er den Zustand von Simons dünnen Handschuhen sah, reichte er sie für die kalte Patagonien-Etappe an sie weiter. Und nun haben wir jemanden vor uns, der diese speziellen Handschuhe, die schon von Alaska bis Feuerland gereist sind, gut gebrauchen kann. Wir nehmen Tobi noch das Versprechen ab, die Tradition fortzuführen, bevor wir wieder unserer eigenen Wege gehen. Wer sie jetzt wohl gerade trägt?

Die Siete Lagos

Typisch argentinisch: Immer wieder sieht man am Straßenrand Berge von wassergefüllten PET-Flaschen. Das sind keine wilden Müllkippen, sondern Opfergaben an einem der unzähligen Schreine zu Ehren der Difunta Correa. Die ist einst in der Wüste verdurstet und ihr Baby hat weiter an ihrer Brust gesaugt und so überlebt, bis es Gauchos fanden. So die extrem populäre Legende.

Hier und da nehmen wir uns ein paar Tage Zeit für Entdeckungstouren. Aber im Großen und Ganzen überwiegt das Gefühl, dass wir vieles nicht erkunden können, weil unser Verschiffungstermin nach Ozeanien unnachgiebig näher rückt. Aber so ist das eigentlich fast immer auf Langzeitreisen. Trotz scheinbar üppigem Zeitrahmen verlässt man selten ein Land oder einen Kontinent ohne das intensive Gefühl, ganz viel noch nicht gesehen zu haben. Und so sicher wie das Amen in der Kirche, wird man irgendwann andere Reisende treffen, die verwundert fragen werden: „Ihr wart in dem Land und seid nicht da und da gewesen? Da habt ihr echt was verpasst!"

Pucon liegt im Herzen des chilenischen Seengebietes, genauer gesagt der „Siete Lagos". Pittoreske Seen und Flüsse, saftig grüne Wiesen und Wälder. Mehr als einmal glauben wir im heimischen Schwarzwald oder in den Alpen unterwegs zu sein. Einzig, dass man fast immer den einen oder anderen schneebedeckten Vulkan im Blick hat, erinnert uns daran, dass wir in Chile sind.

Im Seen-Gebiet gibt es ungewöhnlich viele Teerstraßen. An Möglichkeiten, diese großartige Region auf Pisten zu erkunden, mangelt es dennoch nicht. Das absolute Highlight ist der Parque Nacional Conguillio! Bei brutaler Hitze geht es durch eine Mondlandschaft aus erkalteter Lava! So übel die Temperaturen und so groß der

Wunsch, diesen Brutofen hinter uns zu lassen, wir kommen dennoch nicht voran. In dieser surrealen Landschaft muss man einfach alle paar Minuten staunend anhalten und den Fotoapparat zücken!

Auf einem Pass im Niemandsland zwischen Argentinien und Chile lacht uns ein wundervolles Plätzchen zum Campen an. Eine den ganzen Horizont vor uns einnehmende Gewitterfront hilft bei der Entscheidung, nicht mehr weiterzufahren. Einziger Wermuts-Tropfen: Heerscharen von bösen Bremsen haben es auf uns abgesehen. Da wird selbst die Mutter Teresa der Tiere zum erbarmungslosen Killer und verkündet im Minutentakt mit Genugtuung in der Stimme ihre Todes-Opfer-Bilanz. Zu guter Letzt werden wir dann mal wieder mit einem erstklassigen Sonnen-untergang belohnt. So macht das Krad-Vagabunden-Leben Spaß!

Der Rio Colorado bildet die Nord-Grenze des argentinischen Patagonien. Wir ziehen Resümee. Auch wir werden in Zukunft an den Lagerfeuern von Motorradtreffen zum Wohle des Unterhaltungswertes unserer Anekdoten unseren Kampf mit Wind und Wetter in Patagonien und Tierra del Fuego ein klein bisschen heldenhafter darstellen, als er in Wirklichkeit war. Ja, es gab ein paar ziemlich brenzlige Augenblicke, wenn der Wind so heftig blies, dass wir nicht mehr wirklich die Kontrolle über unsere Motorräder hatten. Aber die wenigen schlechten Momente verblassen gegenüber den Natur-Highlights, die dieses raue und wunderschöne Land en masse zu bieten hat. Feuerland muss man gesehen haben und Patagonien gehört für uns zu den faszinierendsten Regionen der Welt.

Backpackerfreie Zone Villa Kunterbunt

Heilig Abend feiern wir mit zwei Schweizer Motorradreisenden. Mangels jahreszeit-typischer Deko in diesem Land und angesichts hochsommerlicher Temperaturen will so gar keine festliche Stimmung aufkommen und so wird es einfach nur ein typischer bierseliger Abend im Kreise Gleichgesinnter.

Zwei Tage vor Silvester kommen wir in Valparaiso bei Martina und Enzo an. Die beiden betreiben seit vielen Jahren die Villa Kunterbunt - eine Herberge der besonderen Art: Backpackerfreie Zone! Hier trifft man nahezu ausschließlich auf Motorradfahrer. Mehrere hundert Motorrad-Verschiffungen von und nach Chile wickeln die beiden pro Jahr ab. Fast jeder, der den erstklassigen Service in Anspruch nimmt, übernachtet bei Ankunft und Abreise für einige Tage in der Villa Kunterbunt, so dass es dort praktisch immer wie auf einem Motorradreise-Treffen zu geht. Wir fühlen uns vom ersten Moment an wohl im Kreise alter und neuer Freunde. Kein Wunder, dass die Villa einer dieser „Treibsand-Orte“ ist, wo man einen um den anderen Tag sagt: „Morgen fahren wir aber wirklich weiter“ - nur um dann doch wieder einen Grund zu finden, noch länger zu bleiben.

Valparaiso ist für sein Silvester-Feuerwerk bekannt. Über eine Million Besucher zieht diese Attraktion zum Jahreswechsel in die Stadt – einige hundert davon scheinen Punks zu sein, was uns gut gefällt. Dennoch ziehen wir es vor, im Freundeskreis in der Villa zu feiern. Am Neujahrstag bummeln wir durchs Stadtzentrum, das aussieht wie am Abschluss-Tag auf einem Punkfestival. Überall liegen selbst nachmittags noch die Schnapsleichen herum. Der Geruch nach schalem Bier und Pisse vermischt sich an vielen Stellen mit ätzenden Reizgas-Schwaden, die durch die Straßenschluchten wabern und uns immer wieder die Tränen in die Augen treiben. Die Bullen müssen mächtig draufgehalten haben, wenn nach so vielen Stunden noch so viel vom dem Zeug in der Luft ist. Mist! Da haben wir wohl wirklich was verpasst!

Der Teufel ist eine Biene

Bei einer kleinen Ausfahrt am nächsten Tag sticht mich eine Biene oder Wespe während der Fahrt in die Schläfe. Schmerzhaft aber nicht weiter ungewöhnlich. So was passiert halt immer mal wieder, wenn man jeden Tag im Sattel sitzt.

Zehn Minuten später laufen wir in der Villa ein, ich ziehe den Helm ab und klage prompt über starken Schwindel. Schlaue Ratschläge zu einem gesünderen Leben sind die einzige Reaktion der anderen. Ich kann's ihnen nicht verdenken. Wenige Sekunden später liege ich ohnmächtig im Hof. Allergischer Schock! Die Aufregung ist groß! Enzo versucht, den Rettungswagen zu rufen. Südamerika pur: Bei der Notrufzentrale geht niemand ans Telefon. Einige Minuten später komme ich in stabiler Seitenlage auf dem Boden liegend zu mir und habe keinen blassen Schimmer, was passiert ist. Kalter Schweiß dringt mir aus allen Poren. Mein Herz rast. Alter Schwede, das hier ist nicht schön! Für die nächsten Stunden bin ich erst mal außer Gefecht und auch danach nur auf wackeligen Beinen unterwegs. Was bleibt, ist die Sorge, wie ich damit umgehen soll, dass ich offensichtlich auf meine alten Tage eine für einen Motorrad-Weltreisenden so lästige und auch gefährliche Allergie entwickelt habe. Wäre ich sofort nach dem Stich bei voller Fahrt in Ohnmacht gefallen, so hätte das lebensgefährliche Folgen gehabt – unabhängig davon, dass man auch am allergischen Schock selbst sterben kann, wie ich im Internet rausfinde.

Das Leid mit den Verschiffungen

Verschiffungen und Verfliegungen der Motorräder sind stets ein leidiges Thema: Unglaublich teuer gemessen an unserem normalen Lebens- und Reisestil und bürokratisch-organisatorisch stets ein Kraftakt. Aber auf einer Weltumrundung sind sie so manches Mal unumgänglich. Diesmal ist es besonders schlimm. Seit Wochen versuchen wir, die Sache per Mail mit den wenigen in Frage kommenden Anbietern zu klären. Hoffnungslos in diesem Land. Das einzige, was wir bisher sicher sagen können: Eine Verschiffung kommt diesmal nicht in Frage, da Fracht von Chile über Nordamerika, Asien und Australien geht. Und da es bei Verschiffungen eigentlich immer Probleme und teilweise heftige Verspätungen gibt, kann man sich ausrechnen, was alles bei fünf Häfen auf der Route schiefgehen kann. Zudem würde es selbst im Idealfall zu lange dauern, um vor dem Winter in Neuseeland zu sein. Ergo müssen wir in den sauren respektive teuren Apfel beißen und die Kräder verfliegen. Um die Sache voranzubringen, bleibt uns nichts anderes übrig, als in die Hauptstadt zu fahren und einigen Leuten höchstpersönlich Feuer unter dem Hintern zu machen.
Würden wir die Mañana-Mentalität der Südamerikaner nicht eh schon hassen, spätestens jetzt täten wir es. Dass unser Zielort zudem kein alltäglicher für südamerikanische Spediteure ist, macht die Sache nicht einfacher.
Während unser Reisebudget von den Hauptstadt-Hotelpreisen böse zur Ader gelassen wird, vergeht ein Tag um den anderen, ohne dass wir weiterkommen. Wie so oft in solchen Situationen entpuppt sich so manche vermeintliche Lösung als Sackgasse und wir spielen wieder einmal Pingpong indem wir von Pontius zu Pilatus geschickt werden. Nach vielen frustrierenden Tagen haben wir endlich einen Kandidaten, der ein seriöses Angebot unterbreitet und auch den Eindruck macht, als könne er leisten, was er verspricht.

Der fette Adler und das Glücksschwein

Da es bis zu unserem Verfliegungstermin noch einige Wochen sind, nutzen wir die Gelegenheit, um uns bei einem erstklassigen Oldschool-Tattoo-Studio einige größere Sachen stechen zu lassen.

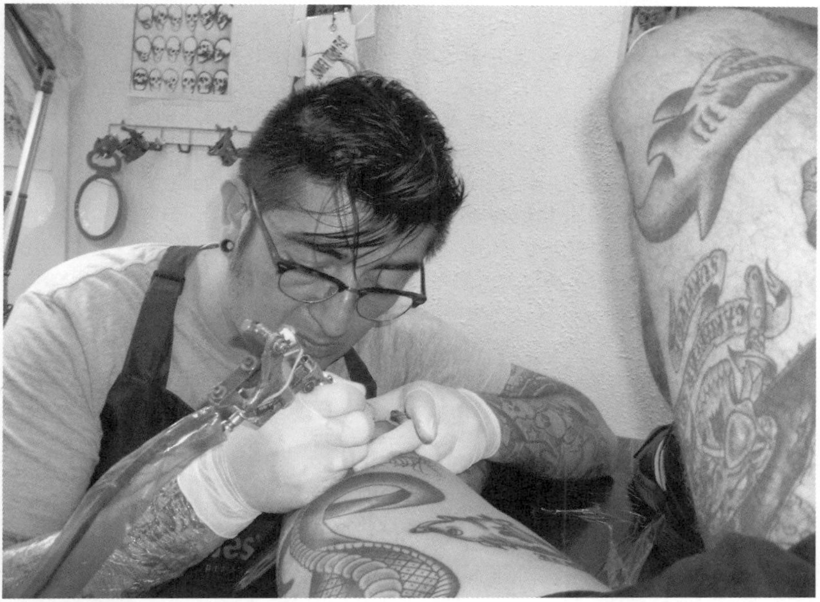

Simon gönnt sich eine Krake, ich mir eine Kobra und ein paar Killer-Bienen. Außerdem soll meine Plauze in Zukunft ein - im wahrsten Sinne des Wortes - fetter Adler zieren. Mein pfiffiger Gedanke bei der Motivwahl: Sollte mein Bäuchlein weiter wachsen, so bekäme ich Flügelspannweite gratis dazu. Nach der ersten Sitzung bin ich allerdings nicht mehr wirklich von der Genialität meiner Idee überzeugt. Das war die schlimmste Tattoo-Tortur, die ich je ertragen musste Wer hätte gedacht, dass ausgerechnet der Bauch so höllisch schmerzempfindlich ist? Aber wer A sagt, muss auch B sagen und so kommen wir in den nächsten Wochen noch einige Male wieder. Das letzte Mal nach einem zweiwöchigen Urlaub meines Tätowierers. Nach all unseren Erfahrungen mit Südamerikanern habe ich große Zweifel an seiner Zuverlässigkeit und damit an der Verbindlichkeit des Rückkehrtermins, bei dem nichts schief gehen darf, da wir kurz danach abfliegen werden. Wenn der Adler heute nicht fertig wird, dann wird er es niemals werden. Am Ende geht dann natürlich alles gut und wir gönnen uns sogar noch ein Partner-Tattoo: Ein Glücksschwein mit einem „Suerte“ Schriftzug – dem traditionellen Abschiedsgruß für Reisende in Südamerika.

Schlangen-Besuch, Frosch-Ragout und Hagel-Sturm

Zwischendurch unternehmen wir mehrtägige Touren in Chile und Argentinien. Die beiden Länder sind geographisch so ineinander verschachtelt, dass man ständig von einem zum anderen wechselt. Am Ende unserer Südamerika-Etappe kommen wir auf 28 Stempel im Reisepass alleine von diesen beiden Ländern. Vielleicht wird nun verständlich, warum wir uns in Peru zusätzliche Zweitpässe geholt haben. Die leeren Seiten schmelzen in Südamerika nämlich dahin, wie Butter in der Sonne.
Unser Tipp: Holt euch den extra dicken Reisepass mit 48 Seiten. Den gibt es für einen moderaten Aufpreis.

Das Vagabunden-Leben ist dieser Tage entspannt. Natürlich gibt es wie immer alles Mögliche an den Motorrädern und der Ausrüstung zu reparieren. Die To-Do-Liste erscheint uns manchmal wie ein Monster. Ähnlich wie der mythologischen Hydra wachsen dem Untier namens To-Do-Liste für jeden abgeschlagenen Kopf zwei neue. Aber ansonsten lassen wir uns viel treiben und genießen die Einsamkeit und das viele wild Zelten.
Eines Abends haben wir vorm Zelt unerwarteten Besuch. Die erste Schlange seit vielen Monaten. Dass unser Innenzelt wegen defekter Reißverschlüsse nicht mehr zugeht, macht uns schlagartig reichlich nervös und befeuert unsere Phantasie in unangenehmer Art und Weise. Außer der Schlange gibt es hier noch Hunderte von Fröschen, die uns unermüdlich ein üppiges Konzert quaken. Es sind so viele, dass man nur mit äußerster Vorsicht nachts durchs Gras laufen kann. Beim morgendlichen Zeltabbau kommt dann auch noch prompt einer unterm Zelt hervor. Einen weiteren, der es sich wohl in den Falten des Innenzeltes gemütlich gemacht hatte, müssen wir beim Zusammenpacken übersehen haben. Als wir abends das Zelt wieder

aufbauen wollen, kommt es uns beiden fast hoch. Ein Frosch, der beim straff Zusammenrollen des Zeltes zermatscht und dann den ganzen Tag in der prallen Sonne bei über 40 Grad in der Gepäckrolle aufgewärmt wurde, ist echt keine appetitliche Sache!
An einem anderen Abend erwischt uns ein Unwetter auf dem falschen Fuß. Innerhalb von wenigen Sekunden wandelt sich die Windstille zum stärksten Wind, den wir je im Freien erlebt haben! In Unterwäsche stürzen wir aus dem Zelt und haben im wahrsten Sinne des Wortes alle Hände voll zu tun, um unser Heim zu retten in diesem infernalischen Hagelsturm. Die Eiskörner prasseln auf uns nieder, unser Zelt verbiegt sich im Wind in ungekanntem und äußerst beängstigendem Maße und wir haben kaum Hoffnung, dass es diese Prüfung überleben wird. Stoisch halten wir fest, während uns das eiskalte Wasser am Körper herabrinnt. Genauso unvermittelt, wie das Unwetter ausgebrochen ist, hört es nach zehn Minuten wieder auf. Zehn Minuten, die sich wie eine Ewigkeit anfühlten. Da stehen wir, wie zwei begossene Pudel und trauen uns kaum, Schadensbilanz zu ziehen. So ziemlich alles ist schlammig und nass. Beim Ausbruch des Unwetters waren beide Eingänge offen, so dass es auch im Innenzelt unschön aussieht. Einiges ist vom Wind auf Nimmer-Wiedersehen davongeweht worden. Aber unser Zelt ist weder eingerissen, noch sind die Stangen gebrochen. Währenddessen hätten wir nicht geglaubt, nur mit einem blauen Auge davonzukommen. Wir lachen uns erleichtert und auch ein wenig hysterisch an! Glück gehabt!

Der hundertausendste Weltreise-Kilometer

Ganz nebenbei und beinahe unbemerkt ist dann auch noch ein Meilenstein unserer Weltumrundung fällig. Ich reiße im Fahren meine linke Faust empor und stoße einen Jubelschrei aus! Simon versteht das Signal, zieht auf gleiche Höhe mit mir und wir werfen uns Kusshände zu! Grund für unsere überschwängliche Euphorie ist unser hundertausendster Weltreise-Kilometer! Wer hätte zu Beginn unserer Reise gedacht, dass wir es so weit schaffen? Wir waren uns jedenfalls alles andere als sicher!

La Posta del Viajero en Moto II

An den Wochenenden sind wir oft auf Motorradtreffen, wobei das des MC Sin Fronteras (= ohne Grenzen) ganz besondere Erwähnung verdient. Henry, der Präsident des Clubs, hat uns eingeladen, schon einige Tage früher beim Clubhaus „La Posta del Viajero en Moto“ vorbeizukommen. Die Namensgleichheit mit Pollos Treffpunkt in Azul ist kein Zufall. Nach dessen Vorbild soll auch hier eine Anlaufstelle für Motorradreisende entstehen, die schon im Bau einen super Eindruck macht. In Kombination mit der außerordentlichen Gastfreundschaft von Henry, seiner Frau Angelica und all den anderen, ist das ein ganz heißer Tipp für jeden, der nicht nur durch ein Land hindurchfahren, sondern wirklich in Kontakt kommen will.

Putz-Marathon für Neuseeland

Neben Australien hat Neuseeland meines Wissens die strengsten Bestimmungen weltweit, was die Sauberkeit des Fahrzeuges bei der Einfuhr angeht. Es wird penibel darauf geachtet, dass keine Pflanzen- und Erdreste am Motorrad kleben, sonst ist eine teure Desinfektion fällig oder gerüchteweise sogar Schlimmeres. Pech für mich, dass ich ein überzeugter Nicht-Putzer bin, der findet, dass ein Fernreise-Fahrzeug nach Abenteuer aussehen muss. Wer weiß, ob unsere treuen Kräder überhaupt noch funktionieren, wenn wir all den konservierenden und schützenden Dreck entfernen? Alte Kabel hin und her zu bewegen, um sie zu säubern, ist zum Beispiel ganz bestimmt keine gute Idee. Aber da hilft kein Lamentieren. Die neuseeländische Bio-Security sitzt am längeren Hebel und wir müssen wohl oder übel nach einer Vorreinigung per Hochdruckstrahler mit Putzlappen und Zahnbürste das Unmögliche versuchen: Dem Dreck in all den unzugänglichen Ecken zu Leibe zu rücken. Tagelang quälen wir uns mit der Sisyphus-Arbeit ab. Immer wieder kommen Motorrad-Globetrotter aus der Villa Kunterbunt vorbei, die emotional zwischen Staunen und „Bin ich froh, dass ich diese Scheiße nicht machen muss“ schwanken. Manch dummer Spruch ist fällig, den ich lustig fände, wenn ich derjenige wäre, der ihn macht. So quittieren wir die Kommentare mit unartikuliertem Grummeln.
Besonderer Dank gilt Bernd, der dadurch punktet, dass er immer um

fünf mit kaltem Bier auftaucht. So haben unsere tristen Tage ein Ziel. In den folgenden Jahren unserer Reise wird das zum Running Gag für uns. Wann immer wir Lust auf ein Bier haben, wird das uhrzeitunabhängig mit dem Spruch „Ich glaub, es ist gleich fünf Uhr. Da kommt ja auch bald der Bernd“ eingeleitet.

Ursprünglich wollten wir lediglich all die rostigen Stellen abschmirgeln und neu lackieren, aber nach einigen Tagen wird klar: Mattschwarz ist die Wunderwaffe. Wo Zahnbürste und spitze Gegenstände Dreck und Bitumen partout nicht in den Griff kriegen, wird kurzerhand einfach überlackiert. Aber selbst mit dieser Methode sind die Motorräder nach drei Tagen harter Arbeit noch immer in keinem Zustand, um einer peniblen Kontrolle eines schlechtgelaunten Inspekteurs standzuhalten. Bleibt also nur zu hoffen, dass wir einen gutgelaunten erwischen.
Außer den Motorrädern müssen wir auch noch all unsere Klamotten, unsere Ausrüstung und unser Camping-Equipment reinigen. Ich hab vergessen, wie oft wir Martinas Waschmaschine befüllt haben. Um nur eins von vielen To-Dos herauszupicken: Wir haben weit über 100

Klettverschlüsse an der Kleidung und unserer Ausrüstung, Kaum zu glauben, aber wahr. Wir haben sie gezählt. Und jeder einzelne muss mit der Pinzette von Gräsern und Co. befreit werden! Neuseeland muss der Kracher werden, damit all diese Schinderei gerechtfertigt ist.

Auch organisatorisch gibt es noch vieles für den Sprung nach Ozeanien zu tun. Unter anderem müssen wir einen stattlichen Batzen Bargeld zusammenbekommen. Wie bei Verschiffungen und Verfliegungen weltweit üblich, besteht unser Agent auf Barzahlung. So sind wir gezwungen, in zig Durchgängen mit diversen Kreditkarten Pesos im Gegenwert von über 3.000 EUR zu ziehen und dann den viele Zentimeter dicken Stapel Banknoten in zwei Wechselbuden unter den Augen eines Dutzend Zuschauern in Dollar zu tauschen. Ich hab mich schon mal wohler gefühlt, als auf diesem Heimweg, zumal es in der Hafenstadt Valparaiso nicht an zwielichtigem Gesindel mangelt.

Adiós América del Sur!

Die Abgabe unserer Motorräder am Fracht-Flughafen läuft für südamerikanische Verhältnisse überraschend reibungslos. Dank Flugfracht werden die Kräder nur auf Paletten verzurrt, nachdem wir die Batterien ausgebaut und hoch und heilig versprochen haben, dass die Tanks leer sind. Da habe ich in Sachen Dangerous Goods Declaration/Handling schon ganz anderes erlebt! Nach rund zwei Stunden ist alles ordentlich befestigt und mit Folie umwickelt. Schockfrosten (!), wiegen, messen und fertig. Fertig? Während wir auf unseren Agenten warten, schlendere ich in die Lagerhalle und studiere die Aufkleber auf unseren Motorrädern. Zielflughafen ist MIA. Das bedeutet Miami (USA) und nicht Auckland (=AKL)! Mir schwillt der Hals. Das Versehen ist den Jungs sichtlich peinlich und wird schnellstens korrigiert. Glück gehabt! Das war knapp!

Dank stundenlangem Zwischenaufenthalt in Buenos Aires und Überfliegen der Datumsgrenze werden wir zwei Kalendertage nach unserem Abflug in Auckland ankommen.
Adiós América del Sur!

Touch Down in New Zealand

Angekommen am anderen Ende der Welt, in Neuseeland. Das Land der großen weißen Wolke, wie es in der Sprache der neuseeländischen Ureinwohner, der Maori, heißt. Die große „weiße" Wolke, die das Land beim Anflug vor unseren Blicken verdeckt, ist allerdings endlos und schwarz. Es schifft in Strömen, als wir in Auckland aufsetzen. Keine Überraschung. Der Sommer ist hier total verregnet gewesen und wir hören von befreundeten Reisenden seit Wochen nur Negatives in Sachen Wetter. Na, vielleicht haben wir ja Glück und erwischen nun einen goldenen Herbst? Um ehrlich zu sein, wir glauben nicht dran.
Bei der Immigration hellen sich unsere Mienen dann aber schnell auf. Unser 3-Monats-Visum bekommen wir ohne Rückfragen und Nachweis eines Weiterflugtickets und die Maori-Beamtin gibt sich unaufgefordert Mühe, eine Lücke auf einer Seite meines Reisepasses zu finden, wo sie platzsparend ihren Stempel hinsetzten kann.
Da lacht das Globetrotter-Herz! Neuseeland gefällt mir!

Selbst der erste Kontakt mit der Bio-Security verläuft entspannt. Nur unser Zelt wird akribisch unter die Lupe genommen. Und dann sind wir auch schon drin, im Land der Kiwis! Dieser Spitzname der Neuseeländer kommt übrigens nicht von der auch in Deutschland bekannten Frucht, sondern vom Nationalvogel, der zusammen mit dem sogenannten silbernen Farn die neuseeländische Dollarmünze ziert. Ich persönlich finde ja, dass unser Bundesadler mehr Würde hat, als so ein kleiner pummeliger, flugunfähiger

Vogel. Sicherheitshalber nehme ich mir aber vor, diese Theorie nicht unter Alkoholeinfluss mit irgendwelchen Kiwis zu besprechen.
Beim Flugfracht-Büro dann der Kulturschock. Wir bekommen ein Merkblatt ausgehändigt, auf dem die Auslöse- und Import-Prozedur für die Motorräder perfekt beschrieben ist und alle Stationen auf einem Lageplan eingezeichnet sind. In Südamerika wäre etwas so Effizientes undenkbar gewesen. Apropos Kulturschock: Den hatte ich schon beim ersten Toilettengang am Flughafen. Nervös suchten meine Augen nach dem nicht vorhandenen Behälter fürs benutzte Klopapier. Dann fiel es mir wieder ein: In Industrienationen wirft man es ja einfach ins Klo! Vermutlich wird das nicht das Letzte sein, bei dem wir uns nun wieder umstellen müssen. Aber so was finden wir eher spannend als lästig.
Die Bio-Security-Kontrolle der Motorräder ist eine Farce. Die Dame am Schalter fragt uns lediglich, ob wir die Fahrzeuge denn auch fein gesäubert hätten, was ich bejahe. Wir sind hin- und hergerissen zwischen Erleichterung und dem Drang, ihr empört zuzurufen: „Schau dir gefälligst das Ergebnis der tagelangen Putzerei an!“

Der Linksverkehr, der uns quer durch Asien weitgehend begleiten wird, erfordert am Anfang ein klein bisschen Konzentration. Das wird sich aber bald legen, wie ich von so manchem Besuch in England weiß.

Wir kommen bei Sabine unter, die wir über ein neuseeländisches Motorradforum kennengelernt haben. Sie selbst ist übers Wochenende auf einer Motorradtour, aber der Schlüssel liegt neben der Tür ziemlich unversteckt herum. „Macht es euch bequem. Ich komm dann zwei Tage später zurück.“. In Kanada hatten wir mehrfach Ähnliches erlebt und doch ist für uns Deutsche eine so unbedarfte Haltung immer noch bestaunenswert.
Bei Sonnenschein und milden Temperaturen erkunden wir Auckland zu Fuß. Alles ist neu für uns. Es gibt furchtbar viel zu entdecken und zu kommentieren. Nicht nur kulinarisch ist das Land ein Multikulti-Schmelztiegel. Manches ist exotisch, vieles europäisch vertraut.
Wir packen ein Care-Paket mit sehnlichst erwartetem Inhalt und rührenden Geschenken von Freunden aus und holen Landkarten und Reiseführer ab, die ein befreundetes Motorradreise-Pärchen für uns

beim örtlichen BMW-Händler hinterlegt hat. Unser Zelt bekommt neue Reißverschlüsse bei einem Spezialbetrieb eingenäht, weil die alten selbst mit Nachdrücken der Schlitten und irgendwann dann sogar nach dem mühsamen Austausch eben dieser, nicht mehr richtig schlossen.

Eigentlich müssten wir noch neuseeländischen „TÜV“ (WoF) für die Motorräder machen und sie anschließend registrieren lassen (VTNZ). Solche Regularien für Touristen-Fahrzeuge sind international die ganz große Ausnahme. Üblicherweise ist es mit dem temporären Import und in manchen Fällen auch noch einer nationalen Kfz-Haftpflichtversicherung getan. Die ist hier jedoch keine Pflicht und auch viele Einheimische fahren ohne herum.
Irgendwie hat Südamerika uns dann doch verändert. Wir entscheiden uns für die illegale Variante ohne TÜV und Registrierung und fahren einfach drauf los. Es regnet wieder. Egal! Endlich wieder „on the road“! Yeah!

No Camping

Die Nordinsel ist ein Fest für Kurvenfreunde! Sanfte Hügel, enge Kurven und speziell für jemanden, der geradeaus dem trockenen Sommer Südamerikas kommt, ist sie unglaublich grün!
Nur in Sachen wild Zelten ist es hier nicht wirklich schön. Lückenlos Zäune und „Camping verboten“-Schilder an jeder schönen Ecke. Die Heerscharen von Wohnmobilen und Camper-Bussen sollen Schuld sein – so klären uns Einheimische auf. Man sieht sie zum einen massenhaft, zum anderen

mangelt es wohl vielen an Bush-Camping-Etikette, so dass sich Kommunen wie Privat-Grundbesitzer gegen die von ihnen verursachten Umweltverschmutzungen wehren.

Heimisch unter Rockern

Standesgemäßer Start: Beim Morrinsville MC sind wir zur „Into the Sun Rally“ eingeladen. Rally hat übrigens nichts mit Geländesport zu tun. Im englischsprachigen Raum bezeichnet das Wort jede Form von Veranstaltung mit motorisierten Fahrzeugen.

Mal abgesehen von einem ungewöhnlich hohen Eintrittspreis, der aber wohl in Neuseeland üblich ist und uns als Fernreisenden zudem netterweise erlassen wird, ist das ein Motorradtreffen, wie wir es aus der Heimat kennen. Motorräder, Zelte, ein Lagerfeuer, ein kleines Festzelt, ein LKW-Anhänger, auf dem dann abends die Show abgeht und eine fahrbare Pommesbude. Die Unterschiede zu Südamerika springen förmlich ins Auge: Große Motorräder und 99% der Anwesenden sind tätowiert. Unsere ausländischen Kennzeichen erregen Interesse und wir lernen viele Leute kennen. Aber all das läuft europäisch zurückhaltend ab und ist weit entfernt von dem Rockstar-Hype, der auf südamerikanischen Treffen um uns gemacht wurde. Ein bisschen trauern wir dem nach, aber so ist es deutlich weniger anstrengend für uns. Außerdem können wir uns auf Englisch mühelos unterhalten. Was für eine Wohltat, endlich wieder fließend die Landessprache zu sprechen. Simons Spanisch reichte für einfache Gespräche. Meine hundert oder zweihundert Worte waren nur gut genug, um gerade so durchzukommen. Von echten Gesprächen mit Tiefgang konnte da keine Rede sein und Englisch spricht in Lateinamerika nur sehr selten jemand. Dadurch hatten wir in den letzten 15 Monaten trotz aller Gastfreundschaft zuweilen ein Gefühl der Isolation. Das ist hier schlagartig wie weggewischt.

Entkleidungskünstlerinnen oder Porno auf Armeslänge

Festes Element auf Motorradclub-Treffen auf der ganzen Welt: Stripperinnen. Im Gegensatz zu den teilweise recht prüden Darbietungen in Südamerika zeigen diese drei nicht mehr ganz jungen Damen mehr nacktes, in die Jahre gekommenes Fleisch, als zarte Seelen verdauen können. Die Show ist zudem „full in your face" - stellenweise eher Porno als Erotik, auf Armeslänge am Bühnenrand und inmitten des Publikums. Krass!

Bei der Pokalverleihung stöhnen wir beide kollektiv laut auf. Es gibt eine Ehrung für das dreckigste Bike! Das wäre unser Preis gewesen, hätte die neuseeländische Bio-Security uns nicht dazu gezwungen, unsere Motorräder so widernatürlich sauber zu putzen! Aaaaaarrrgggg!!!

Im Laufe des Wochenendes wird manch alkoholisches Erfrischungsgetränk im Geiste der internationalen Völkerverständigung getrunken und manch neue Freundschaft geschlossen. Des Öfteren bekommen wir zu hören „Wenn ihr durch XXX kommt, dann müsst ihr uns unbedingt besuchen kommen."

Apropos Einladungen: Schon im Vorfeld hatten wir über die üblichen Kanäle und vor allem über das nationale Motorradforum „Kiwi-Biker" rund 20 Einladungen erhalten. Das ist absoluter Rekord. Wir wissen gar nicht, wie wir das schaffen sollen. Die Chancen, Einblicke ins Leben Einheimischer zu bekommen, sind also richtig gut! Und das ist es ja, was uns neben der Natur und dem Motorradfahren am meisten an fremden Ländern interessiert. Aber auch für erstklassige Motorradstrecken und Natur-Sehenswürdigkeiten haben wir schon mehr Empfehlungen von befreundeten Motorradreisenden, Forum-Buddys und Einheimischen, als wir abfahren können.

Verzweifelt brüten wir über der Karte, wie man all diese Verlockungen und Einladungen auf die Reihe bekommen könnte. Unmöglich! Schon bevor wir richtig losgefahren sind, ist klar, dass all dies nicht mal ansatzweise in den zweieinhalb Monaten zu schaffen, ist, die wir für Neuseeland haben.

Die Jagd nach WIFI

Internetzugang ist kein Problem. Zumindest wenn man in Deutschland lebt, ein Zuhause und vielleicht auch noch einen Job mit Internetanschluss hat. Mit Smartphones und Konsorten sowieso nicht. So ist das - wenn man in Deutschland lebt. Auf Reisen sieht die Welt ganz anders aus. Natürlich entwickelt sich das Thema überall auf der Welt in rasantem Tempo. Aber selbst in Nordamerika waren öffentliche Netze oft grauenvoll langsam. In jedem Land einen neuen Vertrag für Telefon und Internet abzuschließen, ist viel Arbeit und zuweilen mangels Wohnsitz fast unmöglich. Außerdem kostet so was teilweise happig viel. Da werden uns einmal mehr die Vorzüge der EU klar: Wettbewerb senkt Preise. In Neuseeland und Australien gibt es eben den nur in sehr geringem Maße, was zur Folge hat, dass die Telekommunikationskosten hier auf einem Stand sind, wie bei uns vor vielen Jahren. Langer Rede kurzer Sinn: Low Budget Reisende wie wir sind auf Gratis-Internetzugang angewiesen. In Nordamerika gab's den oft auf Campingplätzen, bei McDonalds oder in öffentlichen Bibliotheken. In Argentinien waren es die Tankstellen einer bestimmten Kette, wo wir Stunden und Tage mit all den für die weitere Reise nötigen Recherchen und E-Mails verbracht haben. Da öffentliche Netze oftmals extrem schlecht sind, ist die Arbeit am Laptop regelmäßig eine nervige Geduldsfrage. Oft genug haben „eben mal schnell“-Aktionen dann Stunden gedauert.

In Neuseeland sitze ich mal wieder in einer öffentlichen Bibliothek und schaue dem Internet zu, wie es Buchstabe um Buchstabe unseres neusten Homepage-Kapitels hochzuladen scheint. Derweilen fährt Simon in die nächste Stadt, um sich den botanischen Garten anzuschauen. So zumindest der Plan. Auf halber Strecke bleibt sie liegen! Die üblichen Sofortmaßnahmen scheitern. Nach 30 Minuten gibt sie auf und trampt in die Stadt zurück. Trampen klingt wenig verlockend

in so einem Moment, oder? Aber außerhalb Europas ist der ADAC keine Option mehr. Wer auf Fernreisen geht, muss lernen, alleine klarzukommen. In den wenigsten Ländern gibt es überhaupt einen Automobilclub. Oft genug existieren nicht mal Abschleppwagen.
Jeder kennt es: Motorräder sind Zicken! Kaum sind wir wieder bei Simons Krad angekommen, da macht es einen auf „Ich springe nicht an? Quatsch bei mir ist alles in Ordnung!“ Mangels eindeutigem Befund wechsle ich die Kerzen und tausche die Batterien. Ein typischer Vorteil, wenn man mit zwei baugleichen Motorrädern unterwegs ist.

Nichts für Landratten mit nervösem Magen: Die Cook-Strait

Die Cook-Strait, wie die Meerenge zwischen den beiden neuseeländischen Inseln heißt, ist für ihre extrem raue See bekannt. Angeblich wird der Fährbetrieb erst eingestellt, wenn die Wellen höher als acht Meter sind. Nun schwanke ich zwar hin und wieder wie ein Seemann auf Landgang, aber leider kann ich nicht den robusten Magen eines solchen mein Eigen nennen. Ergo sehe ich der Überfahrt alles andere als froh entgegen. Neben den Sorgen um mein eigenes Wohl, mache ich mir Gedanken um die Motorräder. Ich bin schon oft genug bei unruhiger See von Frankreich nach England übergesetzt und habe mehr als einmal umgekippte, beschädigte Motorräder gesehen. Aber diesmal sind alle Sorgen unbegründet. Wir haben einen perfekten Tag erwischt. Die Sonne scheint und die See ist spiegelglatt. Hoffentlich wird die Rückfahrt ähnlich verlaufen.

Die Südinsel

Die Südinsel begrüßt uns mit Bilderbuchwetter. Bei strahlendem Sonnenschein fahren wir auf dem Queen Charlotte Drive Richtung Westen. Eine endlose Abfolge von super engen Kurven bietet Fahrspaß pur. Rechts von uns immer im Blick: Die verwinkelten Buchten und Inseln des Malborough Sounds, den wir uns für die Rückfahrt aufheben.
Wir zelten wild mit tollem Ausblick auf die Tasmanische See (das Meer zwischen Neuseeland und Australien). Am nächsten Tag erfahren wir, dass in diesem Distrikt das „Freedom Camping“,

zumindest mit dem Zelt, pauschal verboten ist. Immer mehr gewinnen wir den Eindruck, dass das in Neuseeland in den letzten Jahren zum Normalfall geworden ist. Verstöße werden mit rund 125 EUR Strafe pro Person geahndet! Wir verstehen die Hintergründe, sind aber dennoch alles andere als begeistert davon! Das gefällt uns überhaupt nicht an diesem Land!

Motorradurlaub statt Fernreise-Abenteuer

Die Westküste der Südinsel gilt als sehr regenreich. Da wir zudem nicht gerade zur besten Jahreszeit hier unterwegs sind, sind wir mit dem durchwachsenen Wetter dieser Tage zufrieden. Mal abgesehen von einem etwas stimmungstrübenden Mangel an Sonnenschein nimmt sich die Neuseeland-Etappe bisher eher wie eine Urlaubsreise, denn wie ein Fernreise-Abenteuer aus. Das Land ist wunderschön, aber gleichzeitig auch irgendwie unexotisch. Europäische Kultur und Infrastruktur und auch landschaftlich wie eine kompakte Version unseres Heimat-Kontinents. Allerorts laden Natur-Sehenswürdigkeiten zum Verweilen ein, was das Gefühl, auf einer ganz normalen Urlaubsfahrt zu sein, verstärkt. Wer's entspannt mag, der wird in diesem Land glücklich. Wer das große Abenteuer und die Exotik sucht, für den gibt es spannendere und auch preiswertere Länder.

Liegen geblieben

RUMMS! Bei voller Fahrt geht mein Motorrad aus. Da Simons Maschine ja neulich Probleme hatte und wir deswegen die Batterien getauscht hatten, ist eben diese sofort mein Hauptverdächtiger. Ein erneuter Tausch bringt schnell Klarheit. Mein Schätzchen springt ohne Probleme an und tuckert brav vor sich hin. Der erste Schritt ist getan, der Fehler erkannt. Nun muss ich nur noch an der menschenleeren Westküste eine neue Motorradbatterie auftreiben. Nennenswerte Ansiedlungen gibt es hier keine. Die größte Stadt an der gesamten Küste, durch die wir vor ca. 300 km gekommen sind, hat 15.000 Einwohner, wenn ich mich recht entsinne. Außerhalb des Wer-blinzelt-hat-es-verpasst-Örtchens Franz-Josef, durch das wir eben gefahren sind, hatte ich eine Kfz-Werkstatt gesehen. Die einzige weit und breit, so dass die Wahl leicht fällt. Nicht nur wegen des stilvollen Oldtimer-Wracks mit passender Zapfsäule davor habe ich ein gutes Gefühl!

Clive, der Besitzer und Chefmechaniker in Personalunion ist, sieht die Sache locker. Nach einigem Rumtelefonieren hat er auf der anderen Seite Neuseelands eine passende Batterie aufgetrieben, die am nächsten Morgen eintreffen soll. Auch das wäre in Südamerika undenkbar gewesen – angefangen von der unzögerlichen Art, mit der Clive das Problem angegangen ist, bis hin zur unglaublich zeitnahen Lösung.

Ich fahre mit dem alten Batterie wieder zurück zu Simon, die stundenlang am Straßenrand auf mich gewartet hat. Wie ich's mir dachte: Das Miststück von Stromspender tut so, als wäre es nie saftlos gewesen. Ich bin dennoch froh, da ich so drum herum komme, auf den 15 km entfernten DOC-Campground vorzufahren und dort jemanden zu bequatschen, mich mit der (guten) ausgebauten Batterie zu Simon zurückzufahren, damit wir dann das zweite Motorrad auf diese Weise dorthin bekommen.

Gletscher en masse

Reichlich imposante Gletscher säumen unsere Weiterfahrt. Abends landen wir mal wieder auf einem DOC-Campground. Das sind Zeltplätze der Naturschutzbehörde, die es in unterschiedlichen Komfortstufen und Preisklassen (bis hin zu umsonst) gibt. Verglichen mit den nicht gerade billigen Privat-Plätzen, sind sie meist die bessere Wahl für Reisende mit schmalem Geldbeutel. Der am Gillespies Beach ist unser bisheriger Favorit. Hammermäßige Aussicht auf ein schneebedecktes Bergmassiv mit dem Mount Cook, dem höchsten Berg Neuseelands, in der Mitte. Reichlich Gletscher inklusive. Dieses Panorama ist auf Welt-Klasse-Niveau und könnte genauso gut Kanada, Alaska oder den Anden entstammen.

Als Sahnehäubchen: Der Platz ist gratis und hat sogar einen Unterstand, was bei DOC-Camps keine Selbstverständlichkeit ist.

Zwischendurch besuchen wir immer wieder Motorradreisende, die alle reichlich relaxte und unkomplizierte Gastgeber sind. Nicht selten würden sie uns am liebsten an Freunde und Verwandte entlang unserer Route weiterreichen. So lieb die Geste gemeint ist, wir winken regelmäßig ab. Neben all den Einladungen, die wir schon vorab hatten, kommen immer neue „on the road" dazu. Wir könnten jede Nacht privat zu Gast sein und würden doch nicht alle

Einladungen annehmen können. Als Kompromiss beschließen wir, im Schnitt mindestens jede zweite Nacht für uns zu bleiben und zu zelten.

200 Regentage im Jahr

Bei immer katastrophalerem Wetter geht es weiter Richtung Milford Sound, der bei keiner Neuseeland-Reise fehlen darf. Wir sind allerdings auf dem besten Weg, die große Ausnahme zu werden. Es schifft wie aus Eimern und ohne Unterlass. Käme die Arche Noah auf dem Lake Te Anau in Sicht, ich wäre kein bisschen überrascht! Solchen Wassermassen ist auf Dauer die beste Kleidung nicht gewachsen. Unsere ist zudem nach zwei Jahren wahrlich nicht mehr in bestem Zustand. Wir sind triefend nass, es ist arschkalt, die Sicht miserabel und die Stimmung im Keller. Eigentlich wollten wir am Nordende des Sees auf einem der vielen DOC-Plätze zelten. Aber der hat keinerlei Unterstand, wo wir uns vor dem prasselnden Regen in Sicherheit bringen könnten. Wir erwägen ernsthaft, das Highlight Milford Sound sausen zu lassen. Mit knapper Not überwiegt unser Kampfgeist und wir quälen uns noch 20 km weiter zum privaten Gunn's Camp. 15 EUR würde uns das Zelten kosten, für 25 EUR gäbe es eine Cabin (=kleine Hütte) mit eigenem Kohleofen. Wir schauen uns an und sind uns einig: Die nehmen wir, auch wenn wir uns eigentlich vorgenommen hatten, genau das zum Wohle unseres Reise-Budgets nie zu machen! Trotz permanent bollerndem Ofen schaffen wir es nicht, unsere Sachen bis zum nächsten Tag zu trocknen. Dennoch ist das hier einer der Momente, die wir vermutlich ewig in Erinnerung behalten werden. Die Mischung aus beschissenem Tag und rustikalem Happy End ist einfach unschlagbar! Alleine für das hauseigene skurrile Museum lohnt sich der Abstecher zu Gunn's Camp. Für Gäste ist es frei, die anderen zahlen einen Dollar, den dieses Kleinod unbestritten wert ist! Gut dass wir hier Station gemacht haben! Der Besitzer berichtet uns, dass die Schneefallgrenze auf unter 800 Meter gesunken ist. Der Eingang zum Homer Tunnel, durch den man auf dem Weg zum Milford Sound kommt, liegt auf knapp über 900! Wenn die Nebel- und Wolken-Wand mal kurz aufreißt, sieht man in alle Richtungen schroffe mit frischem Schnee bedeckte Hänge. Brrrr!

Kurz nach Sonnenaufgang schwingen wir uns bei wenigen Grad plus auf die Motorräder. Die einstündige Fahrt zum Milford Sound, der nebenbei bemerkt auf über 200 Regen-Tage pro Jahr kommt, ist trotz der strammen Temperaturen spitze! Nebelschwaden lösen sich langsam auf und überall blitzt frisch gefallener Schnee.

The fastest Indian of the world

Ein Besuch bei „E. Hayes & Sons" in Invercargill ist Pflicht für jeden Motorradfan! Auf den ersten Blick ist es ein Hardware-Shop (~ Heimwerker-Markt) wie manch anderer. Okay, der hier ist wirklich groß, sehr gut sortiert und rühmt sich zu Recht seiner 100-Meter-Werkzeug-Wand! Das Außergewöhnliche ist jedoch die Kombination aus normalem Geschäftsbetrieb und Motorradmuseum! Neben ein paar Auto-Oldtimern gibt es schätzungsweise drei Dutzend Motorradsahnestücke zu sehen! Und ich meine wirklich Sahnestücke! Hier stehen Raritäten: Uralte Schätzchen, seltene Motorräder mit Automotoren, Legenden aus dem Rennsport und wilde Umbauten. DER Grund, warum dieser Laden so berühmt ist, ist ein ganz bestimmtes Motorrad: „The fastest Indian of the world" von Burt Munro. Der gleichnamige Film schildert in bewegender

Form den dramatischen Geschwindigkeitsweltrekord auf dem Salzsee von Bonneville und das Leben von Burt Munro. Sehenswert!

Eine schöne Stelle jagt die nächste auf unserer weiteren Fahrt entlang der Süd- und Ostküste. Hunderte von Camping-Bussen mit überwiegend deutschen Touristen an Bord nehmen dem Ganzen jedoch viel vom Flair, am anderen Ende der Welt zu sein. Wir sehnen uns nach Einsamkeit und Neuseeländern, die nicht von Touristenmassen genervt sind. Die finden sich am ehesten im Landesinnern, wo manche bergige Dirtroad für Miet-Camping-Busse gesperrt ist.

Leider sind solche Strecken oft Sackgassen und im einsetzenden Winter sind die besten Routen zudem schon unpassierbar geworden. Frustriert starren wir so manches Mal auf verheißungsvolle Strecken auf unserer Landkarte, die uns zu dieser Jahreszeit verwehrt bleiben.

Das Swinger-Pärchen mit elf Kindern

Central Otago ist Obst-Anbau-Gebiet! Uns hat aber ein anderer Grund hierher geführt. Wir sind bei Keith und Kathy eingeladen. Dabei hatten wir schon im Vorfeld gut zu lachen. Keiths E-Mails und Forum-Beiträge haben am Ende immer das gleiche Bibelzitat: „Greater love has no man than this, that a man lay down his life for his friends". Fatalerweise hatte ich statt „life" „wife" gelesen und Simon verstört verkündet, dass wir da wohl eine Einladung von einem Swinger-Pärchen bekommen hätten. Mein Ver-Leser hat sich dann aber doch noch aufgeklärt und Keith und Kathy haben den richtigen Humor, um über das kleine Missverständnis herzlich lachen zu können.
Keith heißt mit Spitznamen nicht ohne Grund Shrek. Wer ihn sieht, erkennt sofort die Ähnlichkeit zum Comic-Helden. Der Mann ist eine echte Kante. Die Art von Typ, die auf Euro-Sport um die Wette LKW ziehen, sehr große Steine hochheben und andere für Normalsterbliche unmögliche Dinge tun. Dabei ist Keith ein total lieber Kerl – wenn man ihn erst mal kennt und solange man ihn nicht dolle reizt. Die zierliche Kathy passt vom sonnigen Gemüt her gut zu ihm. Was uns erst mal die Sprache verschlagen hat: Die beiden haben elf Kinder. Unsere höfliche Frage, ob wir ihnen denn nicht zur Last fallen, wird daher von den beiden auch prompt mit einem schallenden Lachen quittiert. Zwei Mäuler mehr stopfen? Wen kümmert's?

Mit dem Rettungs-Hubschrauber in die Notaufnahme

Zu viert brechen wir zu einem Motorradtreffen auf. Über einsame Schotterpisten, die wir als Ortsfremde nie gefunden hätten, geht es zwischen malerischen Wiesen und Bächen hindurch. Leider wird die Tour von einem bösen Unfall überschattet. Ein Jungbulle springt Kathy von einer Böschung herunter förmlich um. Da die Strecke staubig und die Rückspiegel fast blind sind, dauert es ein Weilchen bis mir als Vorletztem das Fehlen unserer Schlussfrau auffällt. Einige Minuten später habe ich sie erreicht und es ist sofort klar, dass die Frau Höllen-Schmerzen leidet. Da Kathy normalerweise zäh und hart im Nehmen ist, besteht kein Zweifel an der Ernsthaftigkeit der

Verletzungen. Pech im Pech: Ein Funkloch verhindert die Alarmierung des Notarztes. So muss Shrek erst weit zurückfahren, bis er Hilfe rufen kann. An einen stundenlangen Transport über Rappelpisten im Krankenwagen ist nicht zu denken. Die Lösung scheint für alle Einheimischen offensichtlich: Da muss der Rettungshubschrauber her. Wir staunen, wie selbstverständlich die Entscheidung fällt und wie fix der „Chopper" aus dem rund hundert Kilometer entfernten Dunedin kommt. Trotz aller Professionalität und Effizienz dauert es dann aber bestimmt zwei Stunden vom Unfall bis zum Abflug.

Trauriges Endergebnis und Siegerehrung: Kathy hat vier gebrochene Rippen, ein gebrochenes Schulterblatt, eine kollabierte Lunge und reichlich Prellungen. Autsch!

Nach einigem Hin- und Her-Überlegen setzen wir zu dritt unseren Weg fort. Derzeit können wir eh nichts helfen. Das Motorrad wird vom herbeigerufenen Sohnemann abtransportiert und in Dunedin wird jemand aus der Familie zur Stelle sein.

Shrek liefert uns nur kurz auf der Rally ab, hängt seine Hängematte

zwischen zwei Bäumen auf und düst dann ins mehrere Fahrstunden entfernte Krankenhaus.
Unser Empfang durch den Gastgeber-MC ist spitze. Als wir erzählen, was für eine weite Anfahrt wir hinter uns haben, bekommen wir erst mal einen ordentlichen Schnaps zur Stärkung und müssen nur ein Drittel des regulären Eintritts-Preises bezahlen, ohne dass wir um einen Rabatt gebeten hätten. Feine Geste! Das Motorradtreffen selbst ist nicht allzu bemerkenswert. Das Übliche halt. Einzige Ausnahme: Diesmal gilt während des einstündigen Auftritts der „Dirty Dancer", die in Neuseeland anscheinend fester Bestandteil von jeder Rally sind und damit vermutlich zu einem erheblichen Teil die ungewöhnlich hohen Eintrittspreise begründen, Blitzlicht- und damit de facto Foto-Verbot. Das hab ich in über 20 Jahren Rally-Erfahrung noch nie erlebt. Ob das Blitzen die Damen aus dem Konzept bringt? Dass sie beim „Tanzen" oft den Takt verfehlen, scheint keinen der begeisterten Zuschauer zu stören. Die wahren Werte sind in den Augen des Publikums auch hier ganz andere.

Old Dunstan Road

Am nächsten Tag steht ein Off-Road-Highlight an: Die Old Dunstan Road, die ganz in der Nähe der Rally beginnt. Rund hundert Kilometer, zum überwiegenden Teil Erd-Piste durch eine herrliche Landschaft: Meistens Grasland, das mit Felsen durchsetzt ist. Vor allem die Nordhälfte ist vom Feinsten! Dass dies ein sogenannter Dry-Weather-Track, also eine Piste für trockenes Wetter ist, ist nicht von der Hand zu weisen. Hier und da bekommt man einen Eindruck, wie diese Strecke bei Regen sein könnte. Der Matsch hält sich heute allerdings stark in Grenzen, da es gestern nicht geregnet hat und auch die beiden Wasserdurchfahrten sind für neuseeländische Verhältnisse Pipifax. Rund ein Dutzend Mal heißt es auf der Strecke: Gatter auf, durchfahren, Gatter zu und weiter geht's bis zum nächsten Zaun. Dazwischen läuft das Vieh frei herum – natürlich auch auf der Piste. Wie eigentlich fast überall auf der Welt. Das deutsche Modell, bei dem Kühe, Schafe und anderer Vierbeiner auf der Fahrbahn eine Rarität sind, hat weltweit Seltenheitswert. Heute fahren wir jedenfalls an jedem Rindvieh mit noch mehr Vorsicht als sonst vorbei. Das schlimme Erlebnis von gestern haben wir noch nicht verdaut.

Christchurch - von Erdbeben gezeichnet

Wir sind bei Warren und Lex eingeladen, die in der Nähe von Christchurch wohnen. Am ersten Tag geht's zum Katastrophen-Sightseeing. Christchurch wurde im September 2010 von einem starken Erdbeben erschüttert. Die Zerstörungen waren erheblich. Wie durch ein Wunder kam niemand dabei um. Die Schäden waren bei Weitem noch nicht behoben, als im Februar 2011 ein zweites Beben die Stadt verwüstete. Diesmal waren deutlich über 100 Todesopfer zu beklagen. Seitdem hat es weit über 10.000 weniger schwere Nachbeben gegeben. Viele Menschen haben die Stadt dauerhaft verlassen. Es ist unklar, wie es weitergehen wird. Downtown ist zur Geisterstadt geworden. Große Teile sind als einsturzgefährdet eingestuft und abgesperrt. An Hauseingängen kleben amtliche Anweisungen, die das Betreten untersagen. Beinahe die Hälfte aller Grundstücke ist Brachland ohne Bauten. Gespenstisch! Früher stand hier Gebäude an Gebäude. Nun ist es im wahrsten Sinne des Wortes still geworden. Kaum Einheimische sind zu sehen. Beeindruckend und beklemmend.

Seit Kalifornien geht unsere Reise mal mehr mal weniger durch erdbeben- und vulkanausbruchgefährdetes Gebiet. Wir haben uns mittlerweile an die latente Bedrohung gewöhnt – ähnlich wie die Einwohner all der ständig gefährdeten Städte wie San Francisco etc. Aber hier in Christchurch sehen wir nun zum ersten Mal mit eigenen Augen das Ausmaß der Zerstörung. Es bedarf keiner großen Phantasie, um sich die panischen Szenen während der Erdbeben vorzustellen, und ungewollt rennt man plötzlich in diesen Vorstellungen selber um sein Leben. Wir haben eine Gänsehaut.

Streetracing

Am nächsten Tag geht es zum Moutain Thunder in Methven. Streetracing in diversen Klassen, wie es in Neuseeland in den letzten Jahren immer beliebter geworden ist. Am interessantesten finden wir die Klassik-Bike-Races und die sogenannte Eimerklasse (125er), in der Neil mitfährt. Wir wollen erst gar nicht glauben, dass sein Krad keine Bremsen hat und er nur durch Runterschalten verzögert. Aber es ist wahr! Sachen gibt's!

Nur wenige Minuten östlich von Christchurch liegt die Bank's Peninsula. Die Halbinsel ist ein Paradies zum Motorradfahren. Reichlich Schotter-Pisten und eine spitzen Asphalt-Panorama-Straße. Da die Halbinsel sehr hügelig ist, geht es ständig rauf und runter und eine tolle Aussicht auf die vielen Buchten jagt die nächste.
Neil („der Mann ohne Bremsen" vom Methven-Street Thunder), ist einer der Initiatoren des Rennens und hatte uns schon vor Monaten eingeladen, ihn zu besuchen. Er wohnt mit seiner Frau Maggie und Nesthäkchen Joe in einem gemütlichen Häuschen, das wir sofort geschenkt nähmen. Mir würde auch schon der Schuppen reichen, in dem gut ein Dutzend Zweirad-Schätze stehen. Abends bollert der Ofen in der guten Stube und es ist so gemütlich, dass wir gar nicht mehr weiterfahren wollen. Dass die ganze Familie barfuß ist, hat wenig mit der heimeligen Wohnzimmer-Temperatur zu tun. Das ist typisch Kiwi! Die Neuseeländer rennen mit Begeisterung bei jedem Wetter und an den unmöglichsten Orten barfuß herum. Man sieht sie überall ohne Schuhwerk. Selbst barfüßige Motorradfahrer haben wir schon erspäht.

Abgerissene Ohren

Ein Neuseeland Trip wäre nicht komplett, wenn man nicht wenigstens einmal beim Nationalsport Rugby zugeschaut hätte.
Fragt man einen Rugby-Spieler, was er von American Football hält, so wird man in der Regel ein abfälliges „Mädchen-Sport" zur Antwort bekommen. Beim Männer-Spiel Rugby trägt man keine Polster, Panzer und Helme, sondern bestenfalls ein Stirnband, denn eine der häufigsten Verletzungen sind angeblich ein- oder abgerissene Ohren. Ich hab genau hingeschaut, konnte aber nirgendwo Ohren herumfliegen sehen und hab auch keine einohrigen Spieler entdecken können. Aber es ging definitiv ordentlich zur Sache. Ein sehr sympathischer Sport, der auch für regelunkundige Zuschauer wie uns hohen Unterhaltungswert hat.

Rückkehr-Sorgen sind verboten

In Nelson pennen wir bei einem Motorradfahrer standesgemäß in der mit Teppichboden ausgelegten Garage – Seite an Seite mit unseren treuen Krädern. Geil! So ungefähr stellen wir uns unsere zukünftige Wohnsituation vor, wenn wir jemals wieder sesshaft werden. Einzig ein Kühlschrank voller Bier fehlt hier noch. Dass wir überhaupt einen Gedanken an unsere noch weit in der Zukunft liegende Rückkehr verschwenden, ist übrigens die große Ausnahme und wenn es denn mal geschieht, dann stets aus Anlässen, wie dem gerade beschriebenen. Ganz bewusst versuchen wir, ansonsten das Thema komplett auszublenden, da es zum einen noch weit weg ist und zum anderen die Sorgen um eine alles andere als gesicherte Zukunft den Genuss der Gegenwart erheblich trüben würden.

Natürlich ist das Leben „on the road" nicht mehr ganz so aufregend für uns, wie in den ersten Wochen. Aber es hat trotz aller Routine, die sich selbst bei einem derartigen Lebensstil einstellt, noch sehr viel von seiner Faszination behalten. Denn eins haben wir definitiv auf dieser Reise gelernt: Bewusster zu leben! Und dazu gehört auch, uns klar zu machen, wie gut es uns geht. Und genau das tut es! Trotz schwarzer Momente, in denen wir mal wieder kurz vorm Verzweifeln sind, ist uns sehr bewusst, dass wir ein tolles Leben führen, für das wir dankbar sind und das wir nicht durch schwermütige Gedanken an eine weit in der Zukunft liegende Rückkehr trüben wollen.

Rückenschmerzen – die Geißel der Krad-Vagabunden

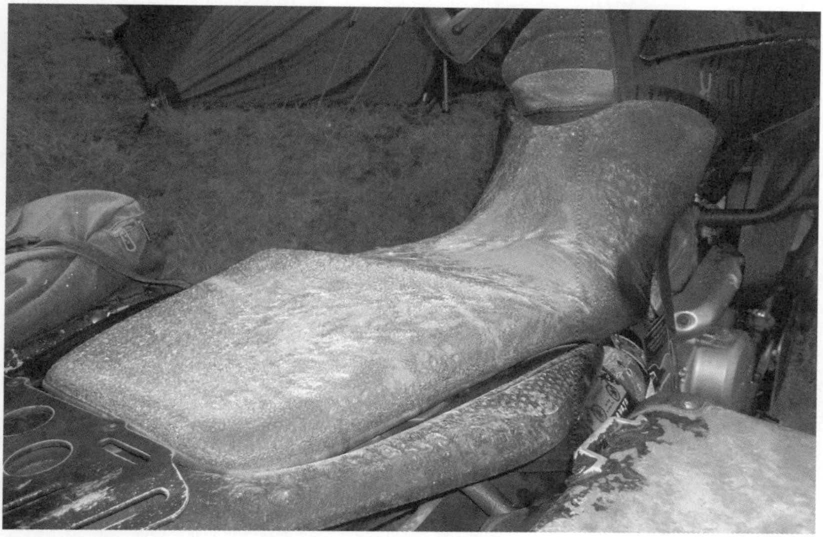

Eis auf Motorrad und Zelt wird des Morgens zum gewohnten Anblick. Die Kälte macht uns indirekt ziemlich zu schaffen. Um kurz nach sechs geht nämlich abends die Sonne unter und dann wird es fix knackig kalt. Da es in der Regel keine Möglichkeit gibt, ein Feuer zu machen, ist somit schon sehr früh das Zelt angesagt. Morgens geht die Sonne aber erst gegen sieben wieder auf, so dass wir circa zwölf Stunden pro Tag liegend im Zelt verbringen. Das geht mit der Zeit mächtig aufs Kreuz. Allmorgendlich wecken uns nicht die zwitschernden Vögel, sondern die Rückenschmerzen, die mit der Zeit immer schlimmer und hartnäckiger werden. Thermosalbe, Nierengurte und mein kleines, tragbares Reizstromgerät sind im Dauereinsatz. Die Stimmung leidet. Wer selbst schon mal Rückenprobleme hatte, weiß, wie schwer die selbst unter optimalen Bedingungen (= zu Hause) wegzubekommen sind. Unser Krad-Vagabunden-Leben mit all seinen Widrigkeiten und Herausforderungen macht die Sache noch viel schwieriger.
Bei jedem ohnehin verhassten platten Reifen, tritt mir nun der Angstschweiß auf die Stirn. Ein Hexenschuss am Wegesrand in der Mitte von Nirgendwo wäre der Super-GAU.

New Zealand at it's best: Die Malborough Sounds

Auf dem Hinweg hatten wir sie aus taktischen Gründen noch ignoriert, aber jetzt sind sie fällig – die Malborough Sounds! Unsere Erwartungen werden nicht enttäuscht. Das hier ist so ziemlich das Beste, was Neuseeland in Sachen Motorradfahren zu bieten hat. Endlose Kurven und saugeile Aussichten am laufenden Meter auf die unzähligen malerischen Buchten und Inselchen! Leider haben wir den Zeitaufwand total unterschätzt. Für diese ultra kurvigen Strecken und die vielen Foto-Stopps braucht man VIEL mehr Zeit, als wir eingeplant haben. Wie's der Teufel will, haben wir ausgerechnet hier null Spielraum, da wir die Fähre auf die Nordinsel für den nächsten Mittag gebucht haben. Technische Probleme zwingen uns dann auch noch zu einem leicht verfrühten Abbruch dieser göttlichen Tagestour und am nächsten Morgen hält sich dichter Nebel hartnäckig, so dass uns manch toller Ausblick vorenthalten bleibt. Dieser Tage ist irgendwie der Wurm drin! Dennoch sind die Malborough Sounds ein Höhepunkt des Neuseelands für uns! Unser Tipp: Mindestens zwei Tage fürs reine Motorradfahren einplanen. Mindestens! Einige Dutzend DOC-Camps in toller Lage und eine Vielzahl von Wandermöglichkeiten sind Argumente, gar noch länger in dieser Region zu bleiben.

Wieder geht es mit der Bluebridge Fähre über die, für ihre raue See berüchtigte, Cook Strait, die sich einmal mehr spiegelglatt präsentiert. Auch diesmal fühle ich mich nicht, als hätte ich ein Abenteuer verpasst. So sehr ich Herausforderungen auf zwei Rädern liebe, auf See, kann ich auf jede Form von Aufregung in Gestalt von hohen Wellen verzichten.

Neuseeländische Motorradreise-Prominenz

Es ist dunkel, als wir in Wellington anlegen und auch merklich wärmer, so wie sich das für die Nordinsel gehört. Richtig ins Schwitzen kommen wir aber erst beim Wendemanöver auf der ultra steilen Straße, die zum Haus unserer Gastgeber führt. Wir sind erleichtert, als wir unsere Motorräder vor der Garage von Jo und Gareth abstellen.
Vor gut einem halben Jahr saßen wir in Azul (Argentinien) in Pollos berühmtem Asyl für Motorrad-Globetrotter und studierten die Andenken und Wandsprüche, die unzählige Krad-Reisende im Laufe von 20 Jahren dort hinterlassen hatten. Die mit Edding verewigte Behauptung eines neuseeländischen Pärchens, sie hätten alle Kontinente inklusive der Antarktis mit dem Motorrad bereist, ließ mich nicht mehr los. Ich schrieb ihnen, um mehr darüber zu erfahren und nun schließt sich der Kreis. Wir sitzen Jo und Gareth in diesem Moment gegenüber. Im Laufe des Abends wird so manche Anekdote ausgetauscht und immer wieder auf Landkarten und neue Stellen auf der Globus-Kugel gedeutet. Die beiden verbinden ihre Leidenschaft fürs Motorradreisen immer wieder mit sozialen und umweltpolitischen Anliegen. So kam das Antarktis-Projekt zustande und so ist auch ihre nächste Motorradreise motiviert. Sie stehen in Verhandlungen mit der nord(!)-koreanischen Regierung, das Land mit dem Motorrad in ihrer Funktion als UNICEF-Botschafter und Überbringer eines echt fetten Schecks neuseeländischer Spender zu bereisen. Welcher Krad-Globetrotter kann sich schon mit diesem Fähnchen schmücken?

Die Travel Doctors

Bei mir bedürfen einige Impfungen der Auffrischung und so ist ein Besuch bei den Travel Doctors angesagt. Diese Organisation unterhält auf Reise-Medizin spezialisierte Praxen in vielen Städten von Neuseeland, Australien, Asien und Südafrika, was besonders praktisch ist, wenn man Mehrfachimpfungen braucht. So kann man einfach weiterreisen und sich den nächsten Schuss in einer anderen Stadt abholen. Im obligatorischen Grundpaket für rund 60 Euro, auf das die einzelnen Impfungen nochmal extra oben drauf kommen, ist eine umfangreiche und wirklich kompetente Beratung für alle Länder, die wir im nächsten Jahr bereisen werden, mit enthalten. Ich muss sagen, die Ärztin hat bei uns ordentlich was fürs Geld geleistet und wusste, wovon sie redet. Nicht ohne Grund werden die i.d.R. sehr umfangreichen persönlichen Reise-Erfahrungen der Ärzte auf der jeweiligen Internetseite der Travel-Doctor-Niederlassungen als Qualifikation gelistet.

Uniformen, wohin man auch schaut. In jedem Städtchen, durch das wir kommen, streben Soldaten, Veteranen und Zivilisten zu öffentlichen Feierlichkeiten anlässlich des Anzac-Days. Es wird nicht nur an den horrenden Blutzoll erinnert, den die neuseeländischen und australischen Truppen in einer Schlacht gegen die Türken im ersten Weltkrieg zahlen mussten, sondern auch all der in jüngeren Kriegen und Friedensmissionen gefallenen Neuseeländer gedacht. Beeindruckend, dass diese Feierlichkeiten, die überall im Land stattfinden, nicht von einer kleinen Schar ewig Gestriger zelebriert werden, sondern von großen Teilen der Bevölkerung. Frustrierende Erinnerungen an meine Soldaten-Zeit in den 90er Jahren kommen hoch, als wir am Totensonntag Ehrenwache vor einem Mahnmal für Gefallene stehen mussten und Demonstranten Hass, Verachtung und „Mörder, Mörder“-Sprechchöre für die angemessene Reaktion hielten.

Touristischer Pflicht-Foto-Stopp: Der längste Ortsname der Welt: 85 Buchstaben! Bis dato dachte ich immer, es sei der Name einer Ortschaft. Aber es ist lediglich ein historischer Ort, an dem ein Maori-Häuptling lange um seinen im Krieg gefallenen Bruder getrauert hat. Das tut dem Rekord natürlich keinen Abbruch. Superlativ ist Superlativ und wir sind angemessen beeindruckt von diesem Buchstaben-Monster.

Andere Wege gehen

Mehrere befreundete Motorrad-Globetrotter hatten uns wärmstens empfohlen, in Katikati unbedingt Michael zu besuchen. In den 80ern und 90ern ist er zehn Jahre lang mit einer XV750 um die Welt gefahren. Jedes Jahr hat er für zwei, drei Monate in der Kiwi-Saison in Neuseeland (die der Früchte, nicht die der Vögel) bis zum Umfallen geschuftet, um den Rest des Jahres dann Low Budget seine Krad-Reise fortzusetzen. Ich bin begeistert! Endlich mal einer, der nicht mit einer der typischen mehr oder minder optimierten Reise-Enduros, unterwegs ist, sondern einfach sein eigenes Ding unbeirrt durchgezogen hat. Entgegen aller Unkenrufe hat er damit in meinen Augen Heldenhaftes vollbracht. Alleine die Gesamtkilometer-Leistung beeindruckt ja schon mächtig: 420.000 km! Nach technischen Problemen gefragt, muss Michael lange überlegen. Dieser Motor, dessen Nachfolger ich selbst mal für über 70.000 km gefahren bin, ist einfach nicht tot zu kriegen! Und dass man mit der richtigen Einstellung auch mit einem Soft-Chopper härteste Touren fahren kann, davon zeugen viele halb verblichene Fotos in seinen Alben: Sahara-Tiefsand-Pisten oder Bhutan und Russland im Winter,

um nur einige Bespiele zu nennen, bei denen wir vor Bewunderung den Mund offen stehen lassen.
Typisch Neuseeland? Michael und seine Frau Tracy haben fünf Kinder, was wir mittlerweile überhaupt nicht mehr bemerkenswert finden. Das ist schon das fünfte Mal, dass wir bei neuseeländischen Motorradfahrern zu Gast sind, die fünf oder mehr Kinder haben.

Die Koromandel-Halbinsel ist eine der beliebtesten Gegenden Neuseelands zum Krad-Fahren. Die meisten begeistern sich für die Hunderte von Kurven auf geteerten Straßen. Aber auch die Schotterpisten sind nett. Vor allem die Nord-Spitze gefällt uns gut. Großteils geht es leitplankenlos direkt am Meer entlang. Aber nicht nur was das Motorradfahren und die tollen Aussichten angeht, ist Koromandel schön. Auch in Sachen Fauna und Flora ist es eine Augenweide. Überall sieht man Märchenwald-Bäume, bei denen man förmlich erwartet, plötzlich ein paar Gnome oder andere Fabelwesen zu erspähen. Was es definitiv ohne Mühen mehrfach zu erspähen gibt: Delphine!

Zwei Jahre „on the road“

Heute fängt unser drittes Jahr „on the road“ an! Zur Feier des Tages gönnen wir uns ein Festmal mit geräucherten Muscheln, Fisch und einigen Leckerchen mehr. Dazu gibt es unsere neuseeländische Lieblings-Weißwein-Sorte Pinot Gris und reichlich pseudo-deutsches Bier. Wir schwelgen in Erinnerungen und spielen gedanklich mit Routen-Optionen für die Zukunft. Uns geht's gut!

Die 90 Mile Beach ist berühmt dafür, dass man hier ewig weit legal am Strand entlang fahren darf. Wir sind überrascht: Im Gegensatz zur weniger bekannten Bayleys Beach, die wir kurz zuvor fast für uns alleine hatten, ist hier richtig viel Verkehr. Im Minutentakt biegen hier die Autos auf die für uns ungewöhnliche, aber nichtsdestotrotz amtliche Sand-Straße ab.

Wir sind uns im Rückblick einig: Das letzte Stück bis zum (beinahe) nördlichsten Punkt von Neuseeland hätten wir uns schenken können. Cape Reigna ist zwar zweifelsohne ganz nett, aber das trifft auf so ziemlich jedes kleine Fleckchen von Neuseeland zu. Und das Häkchen auf der Statistik-Liste ist auch nicht wirklich ein Anreiz.

Wie sagt man im Englischen so treffend: Been there, done that, tick it off.

Vorzeitiges Aus

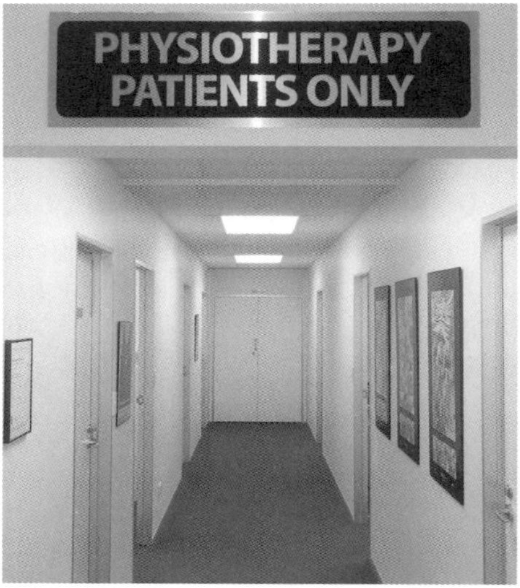

Unsere Rückschmerzen werden immer schlimmer. Bei mir ist es mittlerweile so übel, dass ich praktisch nicht mehr ohne Schmerzen sitzen kann. Frustrierend! Wir beschließen, ins Krankenhaus zu gehen. Der Doc, den ich dank hoher Zuzahlung bei unserer Auslands-Langzeitkrankenversicherung praktisch aus eigener Tasche blechen muss, ist das Geld nicht wert. Seine hastige und lieblose Untersuchung bringt mich überhaupt nicht weiter. Die Physiotherapeutin, die ich dann auch noch selbst bezahlen muss, weil so was in unserer Versicherung ausgeschlossen ist, ist dafür hilfreich. Eine Wunderheilung kann sie allerdings auch nicht vollbringen. Sie legt uns nachdrücklich weitere Sitzungen ans Herz, was sich so gar nicht mit unserem Nomaden-Lebensstil und unserem Reisebudget verträgt. Ich bin deprimiert. Neben der körperlichen Pein schlagen Sorgen aufs Gemüt, wie das mit dem Rücken weitergehen soll und ob sich daraus ein fatales Problem für die Reise entwickeln könnte. Schweren Herzens entschließen wir uns, alle weiteren Motorradreisepläne für Neuseeland zu streichen, uns somit eine Woche früher als geplant nach Auckland zu begeben und dort die Behandlung fortzusetzen. Die Entscheidung tut weh, zumal wir fürs Wochenende noch auf eines der populärsten Motorradtreffen des Landes fahren und dort viele unserer neuseeländischen Freunde treffen wollten.

Der Froschmann in Auckland

Zum Glück können wir in Auckland bei unserem Freund Frogman wohnen, dessen Spitzname sich in unzähligen Sammelstücken in seiner Wohnung widerspiegelt – eine fette Überdosis für Nicht-Frosch-Fans! Frogman, der mit bürgerlichem Namen Rik heißt, ist im Laufe der Jahre einer der besten Freunde geworden, die wir auf Reisen gewonnen haben. Neben gemeinsamen Leidenschaften fürs Motorradfahren und Tattoos, sind es auch ein ähnlicher Lebensweg und seine sehr unkomplizierte Art, die ihn so sympathisch machen. Ehrensache für Rik, während unseres zehntägigen Aufenthaltes zu seiner Freundin zu ziehen und uns sein Bett zu überlassen, das nicht unerheblichen Anteil an der Besserung unserer Rückenleiden hat. Der örtliche Physiotherapeut kann natürlich auch keine Wunder vollbringen, aber dafür hat er sehr pragmatische Ideen, die unserer speziellen Lebenssituation Rechnung zollen.
Wenig hilfreich: Für die australische Bio-Security heißt es erneut, die Mopeds akribisch zu reinigen. Wir hassen das dermaßen, dass uns die Tätigkeiten förmlich körperlich weh tut! Das steife Hocken und Knien vorm Krad ist zudem Gift für die geschundenen Rücken. Mit viel Geduld und täglichen Übungen geht es dennoch langsam aber sicher bergauf.

Trotz Rückenpein und verhasstem Putz-Programm vergehen die zehn Tage bei Frogman wie im Fluge. Abends zeigt uns Rik die Facetten seiner Stadt. Unser Favorit: Das Roller Derby. Was für eine Gaudi! Ein Haufen zutätowierter Mädels schubst sich brutal von der Rollschuh-Bahn! So könnte man es provokant formulieren. Uns hat das Spektakel sehr gut gefallen. Entertainment vom Feinsten, bei dem es weit heftiger zur Sache geht, als wir erwartet hatten. Entgegen dem ersten oberflächlichen Eindruck ist es aber auch ein Sport, bei dem es viel auf Taktik ankommt. Zuzuschauen ist gleichermaßen unterhaltsam wie spannend. Roller Derby wird weltweit immer populärer und es gibt mittlerweile auch einige Mannschaften in Deutschland. Man muss also keineswegs bis ans andere Ende der Welt fahren, um sich diesen Spaß zu gönnen!

Die Organisation der Verschiffung unserer Motorräder nach Australien inklusive Kistenbau frisst zwar wieder einmal einige Tage, aber im Vergleich zu Südamerika läuft hier alles einfach und strukturiert ab.

Und dann heißt es auch schon Abschied nehmen von dem Land der langen weißen Wolke, in dem wir uns sehr wohl gefühlt haben. Landschaftlich und in Sachen Gastfreundschaft war Neuseeland top. Nach 15 Monaten Lateinamerika empfanden wir den Kontrast als wohltuend und die vertraute Kultur als entspannend. Aber so langsam verlangt es uns wieder nach mehr Exotik und Abenteuer. Wir sind schon sehr gespannt, in wieweit Australien dies bieten wird.

Im Land der Surf-Verrückten

Als am frühen Abend die Türen unseres Fliegers in Brisbane aufgehen, schlägt uns ungewohnt warme Luft entgegen. Auch hier in Australien müssen wir wieder unser Zelt beim Zoll auspacken. Ansonsten läuft die Einreise dank der schon im Vorfeld online beantragten Visa ziemlich easy. Wir plagen uns auf dem Weg zum Zug mit all unseren Gepäckstücken ab. Was sonst die Motorräder mühelos tragen, lässt uns gehörig ins Schwitzen kommen. Als Philipp und Sonja uns dann hundert Kilometer weiter südlich am Bahnhof in Kirra in Empfang nehmen, ist die Wiedersehensfreude groß! Wir haben unsere alten Kölner Freunde, die vor rund einem Jahr nach Australien ausgewandert sind, seit unserer Abreise vor zwei Jahren nicht mehr gesehen. Es gibt viel zu erzählen und trotz der schockierend hohen Bierpreise wird an diesem Abend viel getrunken und gelacht.

Hier an der Goldcoast gibt es übrigens ein alles beherrschendes Thema: Surfen! Jedes Firmen-Schild hat „Surf" im Namen integriert und wer nicht täglich wenigstens für ein, zwei Stunden auf dem Brett steht, scheint hier ein echter Exot zu sein. Simons erste Schritte auf dem schmalen Board finden leider bei regnerischem Wetter statt. Das haben wir fast die ganze Zeit, seit wir hier sind. Für all die Wellenreiter ist es absolut kein Grund, nicht ihrer an Sucht grenzenden Leidenschaft zu frönen. Leider zwingt mich der Regen direkt nach Simons Trockenübungen, die Kamera in Sicherheit zu bringen. Zu gerne hätte ich ihre durch viel Euphorie und unkonventionelle Techniken geprägten Wellenritte fotografisch dokumentiert.

Nach zwei Wochen Warten treffen unsere Motorräder endlich ein. Die Auslösung kostet Nerven und Geld. Australien erstickt in Bürokratie, die auch vor den Häfen nicht Halt macht. Zudem sind Verschiffungen ja ohnehin immer deutlich komplizierter als Verfliegungen. Beim Bezahlen der Gebühren knirschen wir mit den Zähnen. In Australien müssen wir mehr berappen, als uns die eigentliche Verschiffung ab Neuseeland gekostet hat. Kein guter Start in dieses Land, vor dessen Preisen uns ohnehin schon graust. Um uns die dreistelligen Kosten für die Entsorgung der Holzkisten zu sparen, zerlegen wir sie mühsam per Hand und unter Einsatz meines Körpergewichts.

Mehrere Fahrten mit unserem Mietwagen zur weit entfernten Deponie sind nötig, bis alles weg ist und wir endlich mit unseren Motorrädern abdampfen dürfen. Zumindest die Sache mit der Transport-Kisten-Entsorgung wäre in Südamerika viel einfacher gewesen.

Der Start in Down Under wird dann auch prompt noch zum Fehlstart. Wegen der Dangerous Goods Bestimmungen müssen die Tanks der Motorräder für Verschiffungen und Verfliegungen in der Regel (fast) leer sein. Entgegen meiner optimistischen Schätzung reicht der Benzinrest nicht für die wenigen Kilometer bis zur ersten Tankstelle, so dass ich ein ordentliches Stück auf der Schnellstraße schieben muss. Als hätte ich an diesem Tage nicht schon genug geschwitzt!

Hundert Motorradreisende auf einem Haufen

Nach rund einem Monat Zwangspause endlich wieder im Sattel – wir sind überwältigt von einer Mischung aus Erleichterung und Euphorie. Dass wir nur 30 km weit fahren dürfen an diesem Tag, ist da schon fast eine Enttäuschung. Weiter ist es nämlich nicht bis zu dem Treffen, das unter der Schirmherrschaft von Horizons Unlimited, einem der beiden großen internationalen Motorradreise-Foren, stattfindet. Drei Tage lang Foto- und Video-Vorträge von Motorrad-Globetrottern und diverse Workshops. Von morgens bis abends werden rund hundert Leute ihre Leidenschaft teilen und nicht nur bei den offiziellen Programmpunkten bloß ein einziges Thema haben: Motorradreisen! In so einer Atmosphäre fühlen wir uns so richtig wohl! Ehrensache, dass auch ich eine Präsentation zu einem unserer Lieblingsthemen beisteure: „Wie kommt man mit einheimischen Motorradfahrern in Kontakt“.

Nicht nur wegen des Themas meines Vortrages regnet es natürlich drei Tage lang Einladungen für uns. Wieder einmal viel mehr, als wir in nächster Zeit wahrnehmen können.
Besonders interessant waren übrigens die Vorträge zweier Pärchen, die in der Szene ziemlich prominent sind: Lisa und Simon Thomas halten mit neun Jahren Reisedauer, den meiner Meinung nach sehr strittigen offiziellen Rekord „längste Motorradreise als Team“. Ursprünglich wollten sie übrigens nur 18 Monate fahren. Sie sind wahrlich nicht die einzigen, die länger unterwegs sind, als geplant!
Promi-Pärchen Nr. 2: Peter & Kay Forwood. Die beiden sind Legende! In 13 Jahren haben sie mit ihrer Harley Electra Glide alle Länder der Erde bereist. 193 waren es! Und jeder, der sich mit dem Thema mal beschäftigt hat, weiß wie kompliziert die letzten 20 bis 25 Prozent davon aufgrund der (sicherheits-)politischen Situation bzw. der geographischen Lage (Inselstaaten) sind. Da komm ich mir mit meinen 55 plötzlich ziemlich mickerig vor. Der Form halber sei angemerkt, dass sich die Zahl der Länder mittlerweile mal wieder um 1 erhöht hat, als sich der Süd-Sudan unabhängig erklärt hat.
Neben dem Statistik-Rekord, den ich persönlich übrigens sehr sympathisch finde, war der Vortrag von Peter Forwood aber noch in einer anderen Hinsicht bemerkenswert. Er hat einmal mehr gezeigt, dass man mit praktisch jedem Motorrad auf Fernreisen gehen kann. Es muss keine touratech-aufgerüstete Enduro sein. Und dass man selbst mit so einem Dickschiff von Harley nicht auf Asphalt festgelegt ist, haben die beiden eindrucksvoll bewiesen. Nicht nur bei den Fotos, auf denen sich die E-Glide im Kongo tagelang durch tiefsten Schlamm kämpfen musste, stöhnte das Publikum kollektiv auf! Hut ab vor der Leistung von Peter und Kay!

Nach drei Tagen Motorradreise-Treffen sind wir des Dauer-Kommunizierens müde und auch unsere Leber schreit nach einer Pause! Bea und Helle, ein sehr sympathisches bayerisches Pärchen, das mit seinen Motorrädern über Asien den Weg hier runter gefunden hat, haben sich nämlich als extrem trinkfest erwiesen. Angesichts der deftigen Preise in Down Under hat das auch unserer Reisekasse nicht gutgetan. Aber hin und wieder muss man sich mal was gönnen und das hier war definitiv ein würdiger Anlass!

Die Schattenseiten des Krad-Vagabunden-Lebens

Zwei Tage später zeigt sich dann der Krad-Vagabunden-Alltag mal wieder von seiner Schattenseite. An einer Tankstelle verreckt Simons Krad. Nichts geht mehr. Die Fehlersuche liefert eine platte Batterie als Ursache. Nun stellt sich die Frage, ob die Batterie selbst das Übel ist, oder ob ein defekter Regler oder gar ein Problem mit der Lichtmaschine vorliegt. Heute können wir das nicht mehr klären, da in diesem Nest um 17.00 Uhr mit Einbruch der Dunkelheit die Bürgersteige hochgeklappt und die Türen (inklusive des Tores der einzigen Werkstatt im Ort) verschlossen werden. Ich mache mich missmutig auf die Suche nach einer Stelle, an der wir campen können. Die finde ich an einem Rastplatz einige Kilometer weiter, wo ich zwei Wohnwagen reisenden Rentnern die Situation erkläre und sie bitte, auf mein Gepäck aufzupassen. Die beiden lauschen fasziniert und sind sofort bereit, uns zu retten. Ein beherzt großer Schluck aus den Rotweingläsern unterstreicht ihren Tatendrang! Nun heißt es, zu Simon zurückzufahren, ihr Gepäck aufzurödeln, das zu unseren Rentner zu transportieren und dann in einer dritten Tour Simon abzuholen. Ihr Krad bleibt im Hof der Tankstelle stehen.

Am nächsten Morgen fahre ich dann zur Tankstelle zurück, wo ich mal wieder meine Batterie in Simons Motorrad einbaue. Zusammen mit den Problemen, die wir in Neuseeland hatten, werde ich am Ende dieser Aktion bestimmt zwei Dutzend Mal eine Batterie ein- und wieder ausgebaut haben. Andererseits bin ich einmal mehr froh, dass wir baugleiche Motorräder fahren und ich fix mal die Stromspender unserer beiden Kräder auswechseln kann.

Mit Simons Maschine knattere ich dann zur Monopol-Werkstatt des Ortes, wo der Mechaniker mir netterweise die alte Batterie und den Ladestrom von Simons Karre durchmisst. Das Kraftpaket ist amtlich tot, was sehr ärgerlich ist, da wir es erst vor zwei Monaten gekauft haben. Die gute Nachricht: Der Ladestrom ist in Ordnung. Ergo muss ich nur eine neue Batterie auftreiben, was in diesem Land mit seinen enormen Distanzen keine triviale Herausforderung werden dürfte. Eine zu bestellen, würde mindestens drei Tage dauern und so lange wollen wir in diesem verschlafenen Nest namens Gin Gin nicht bleiben, auch wenn es angeblich 2003 zum fremdenfreundlichsten Ort des Bundesstaates Queensland gewählt wurde. In der nächsten

Großstadt (knapp 20.000 Einwohner), die nur 50 km entfernt ist (für australische Verhältnisse ein Katzensprung), bin ich zu meiner großen Überraschung schon beim ersten Motorradhändler erfolgreich – allerdings nur dank übermenschlicher Geduld und großer Hartnäckigkeit. Der Verkäufer ist sehr freundlich, aber unglaublich inkompetent. Es dauert eine geschlagene Stunde, bis wir gemeinsam rausgefunden haben, dass er die Richtige auf Lager hat. Das hätte man in zwei Minuten erledigen können und wenn ich nicht von Natur aus extrem misstrauisch wäre, dann wäre ich auch noch mit einer falschen Batterie vom Hof gefahren und hätte mir eine Wiederholung des Alaska-Bremsbelags-Dramas eingehandelt.

Killer Kängurus und anderes tödliches Getier

So exotisch und lustig anzuschauen Kängurus ja für uns als Europäer sind, so stellen sie doch eine große Gefahr für Motorradfahrer dar. So ziemlich jeder, mit dem wir sprechen, warnt uns vor diesen Tieren, die dazu neigen, nicht von der Gefahr weg, sondern immer in ihre Blickrichtung zu fliehen. Oft genug ist das genau vors Vorderrad. Selbst wenn sie Hunderte von Metern parallel zum auf der Landstraße dahin gleitenden Motorrad hüpfen, springen sie oft genug irgendwann urplötzlich dem Fahrzeug in den Weg. Für Zweirad-Fahrer endet das dann in der Regel im Sturz. Im Laufe unseres Australien-Trips lernen wir mehr als einen kennen, dem es so erging. Besondere Vorsicht ist zudem wie fast überall wegen Wildtieren in der morgend- und abendlichen Dämmerung geboten.

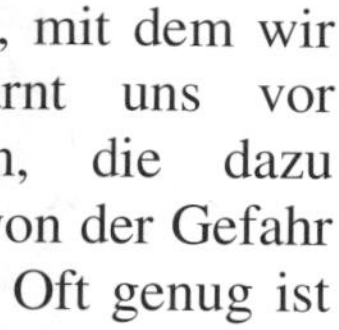

Australien hat ja bekanntlich mehr lebensgefährliche Tiere zu bieten, als jedes andere Land der Welt: giftige Spinnen, die vorzugsweise unter Klobrillen lauern, Süßwasser-Krokodile, die am liebsten unvorsichtige Camper in Flussnähe fressen und tödliche Quallen und weiße Haie, die das Schwimmen im Meer zum Russisch

Roulett Spiel machen. In diesem Land scheint Alles und Jedes giftig oder tödlich zu sein. Nun haben wir ja mittlerweile ein bisschen Reiseerfahrung und lassen uns bei Weitem nicht mehr so leicht verrückt machen. Dennoch lässt sich nicht leugnen, dass wir uns in diesem Land unsere Gedanken machen und unübliche Vorsichtsmaßnahmen ergreifen. Stiefel und Helme liegen bei uns jedenfalls nicht mehr offen im Vorzelt. Ich will keine Schlangen in meinen Boots haben und auch nicht, dass, wie schon öfter geschehen, eine Spinne während der Fahrt aus den Tiefen meines Helmes den Weg über mein Glatze ins Freie sucht.

Getreu dem Motto „Wer sich sachlich informiert, hat nur noch halb so viel Schiss", drücken wir stolze 15 Dollar pro Person für das größte Weißer-Hai-Museum der Welt ab. Ich liebe sie, diese Superlative, die man als Reisender fast täglich um die Ohren gehauen bekommt. Dieses Weißer-Hai-Museum konzentriert sich leider vorwiegend auf Berichte über dessen Gründer und unzählige von ihm gesammelte Meldungen über Hai-Opfer. Das ist dann ja mal ein Fehlschlag. Nun bin ich alles andere als beruhigt und hab definitiv nicht vor, in nächster Zeit baden zu gehen!

In Gracemere schauen wir bei der täglich stattfindenden Rinder-Versteigerung zu. Hätte Dieter Thomas Heck in Australien gelebt, so wäre er Vieh-Auktionator gewesen! Die unglaublich schnell sprechenden Männer lösen sich alle zwei Ferche ab, um wieder zu Atem zu kommen. Und so wandern sie und die Gruppe der Viehkäufer im 5-Minuten-Takt entlang der endlosen Reihen von Verschlägen. Sich diesen hochmodernen, computerchipbasierten

Ablauf anzusehen, ist ein interessantes Erlebnis, das zudem auch noch gratis ist. Empfehlenswert!

Das Land der grauen Nomaden

In wenigen Tagen sehen wir ein Schild bestimmt hundert mal, bevor wir durch leichte Senken fahren. Frei übersetzt: Diese Straße kann überschwemmt werden. Die Messlatten zeigen die Tiefe. Es ist furztrocken und brütend heiß! Wo soll hier eine Überschwemmung herkommen? Aber dann fällt uns wieder ein, dass wir ja genau davon so oft gelesen haben: Sintflutartige Regenfälle machen Australien in letzter Zeit noch mehr als sonst schon üblich zu schaffen. Wenn die Flüsse über die Ufer treten, geht hier nichts mehr. Im Vorjahr standen 70% von Queensland unter Wasser. Sowohl der prozentuale Anteil, als auch die absolute Fläche, die der von Frankreich und Deutschland zusammen entspricht, sind kaum vorstellbar. Wenn man als zeltender Motorradreisender in so eine Katastrophe kommt, gibt es kein Entrinnen aus diesem Meer von braunem Wasser.

Dieser Tage ist die größte Herausforderung für uns die Monotonie des australischen Buschs. Alle paar Kilometer warnen immer wieder andere, teilweise recht originelle Sprüche vor der Gefahr, am Steuer einzuschlafen und dann tödlich zu verunglücken. Der Aufforderungen, an einem der vielen Rastplätze Pause zu machen, falls man die Augen nicht mehr aufhalten kann, kommen wir allabendlich gerne nach. So können wir jeden Tag umsonst übernachten. Dabei ist die Infrastruktur dieser Plätze nach unseren Maßstäben de luxe. Toiletten, fließend Wasser, gratis Gas-Grills und überdachte Tische sind Standard. Manchmal gibt es sogar heiße Duschen, Strom und Licht für lau. Ein Paradies für Low Budget Reisenden wie uns und natürlich für all die australischen Grey Nomads. Das sind vier- oder mehrrädrig reisende Rentner, von denen es in Australien Tausende gibt. Geleitet von Spezialreiseführern, die detailliert all die Gratis-Stellen auflisten, treffen wir sie überall. Wie Heuschrecken fallen sie über Queensland her, um dem zu dieser Jahreszeit vergleichsweise kühlen Süden für einige Monate zu entfliehen.

Weltverbesserer

In Mackay besuchen wir Paul und Janet, die inmitten der hier allgegenwärtigen Zuckerrohr-Feldern leben. Die beiden hatten auf dem Treffen neulich Filme zu ihren Reisen durch Afrika und Nepal gezeigt und uns eingeladen, auf unserem Weg nach Norden vorbeizuschauen. Was uns an den beiden neben ihrem schrägen Humor gut gefällt: Sie tun Gutes auf ihren Reisen und zwar in einer durchdachten Art. Zum Beispiel ein Mikro-Darlehen an einen Afrikaner, den sie auf ihrer letzten Tour kennen gelernt haben. Mit den wenigen hundert Euro kann der Mann für sich und seine Familie eine Existenz aufbauen und sich selbst ernähren. Das ist effizient und nachhaltig. Weniger toll finden wir die Weltverbesserer, die ohne Sinn und Verstand ihr Geld in Entwicklungsländern unters Volk bringen. Oft genug haben wir beobachtet, wie derartige Gaben mangels Durchblick der Spender in die falschen Hände gelangen oder kontraproduktiv wirken. Mit dem Thema könnte man Bände füllen. Ein paar einfache Fragen geben eine erste Entscheidungshilfe:

- verändere ich durch mein Geschenk dauerhaft das Verhalten des Beschenkten (wird er zukünftig für Gefälligkeiten immer eine Gegenleistung haben wollen / wird er lieber betteln als arbeiten, weil er so mehr verdient / werden die Kinder lieber schnorren und sich von dem Geld Drogen kaufen, als die Schulbank zu drücken usw.)
- Ist der Spenden-Empfänger wirklich bedürftig (im Falle von Bullen, Zöllnern und manch gut verdienendem Geschäftsmann würde ich das verneinen) und verbleibt die (Sach-)Spende bei demjenigen, dem ich sie gebe (die Milch- und-Kekse-für-Klebstoff-Masche in Nepal ist eines von vielen Gegenbeispielen)

Wer Gutes tun will, kann dies unter anderem dadurch machen, dass er sich in ein örtliches Projekt einbringt. Das ist oft eine effiziente, durchdachte Sache und neben dem sozialen Aspekt auch noch eine spannende Erfahrung.

(Motorrad-)Reisen unter einem karitativen Banner sind sehr populär. Bei so manchem Projekt kommen allerdings Zweifel an der Motivation und auch am Wirkungsgrad auf. Die Spendenverwendung wird in der Regel nicht kontrolliert. Vereinzelt wird ein 50:50 Split zwischen eigenen Reisekosten und karitativer Verwendung zugegeben, in anderen Fällen kann man nur spekulieren. Außerdem finden sich ja auch viel eher Sponsoren, wenn man die Reise in den Dienst einer guten Sache stellt. Da mag der eine oder andere durchaus bei sein, der diesbezüglich knallhart auf diesen Bonus hofft. Ich möchte hier definitiv nicht pauschal verurteilen, sondern nur sensibilisieren. Schaut genau hin und macht euch Gedanken! Wer die Welt verbessern will, kann das mit großen Taten und mit kleinen Gesten machen. Das kann systematisch geplant oder ganz spontan von der Gunst des Momentes oder dem Drang des Herzens geleitet geschehen und muss auch nicht immer materieller Natur sein. Know-how-Transfer, Informationen geben oder Ideale vorleben (Umgang mit Kindern/Frauen, gegen Diskriminierung, Energiesparen, Naturschutz zur Steigerung der touristischen Einnahmen und manches mehr) kann Impulse geben, die etwas verändern.

Zu guter Letzt noch ein paar harte Worte. Wer Ungerechtigkeit oder Elend nicht ertragen kann, der sollte gewisse Länder besser komplett meiden. Denn die Armut und das Leid sind dort so groß, dass man es ständig im Blick hat und unmöglich all die Menschen oder Tiere retten kann und keine Chance hat, der Zerstörung der Natur Einhalt zu gebieten. Speziell für Frauen sind zudem manche Länder (vor allem stark religiös-konservative, um es vorsichtig zu umschreiben) harte Kost: Nicht jede kann ertragen, wie ein Mensch zweiter Wahl mit weniger Rechten und mehr Zwängen als ein Mann behandelt zu werden.
Die Balance zwischen Zivilcourage und Anpassung an lokale Sitten ist oft schwer. Wer seine Überzeugung allzu nachdrücklich und undiplomatisch kund tut, wird oft genug auf Unverständnis stoßen und kann schnell mächtig Ärger bekommen. Einfach die Klappe zu halten und gute Mine zum bösen Spiel zu machen, fühlt sich allerdings oft genug ebenfalls falsch an. Eine Zwickmühle, die zuweilen Fingerspitzengefühl erfordert und nicht selten frustrierend ist.

Monokultur-Monotonie

Monokulturen lösen nun immer mehr das Buschland ab. In Sachen landschaftlicher Langeweile bedeutet das aber auch keine Verbesserung. Da jetzt Erntezeit ist, sehen wir überall Bummel-Bähnchen mit unzähligen Mini-Gitter-Waggons voller gehexeltem Zuckerrohr durch die Felder ziehen. Ziel sind Fabriken mit hohen, weiß rauchenden Schornsteinen. Über dem ganze Land hängt ein durchdringender, süßlicher Geruch, der in seiner Penetranz an den von heimatlichen Brauereien erzeugten Hopfen-Duft erinnert, der in meiner Kindheit bei gewissen Wetterlagen über meiner Geburtsstadt lag. Dank verbesserter Filteranlagen ist das jedoch nur noch eine nostalgische Erinnerung.
Die Reiseleitung der Krad-Vagabunden hat eine ellenlange Liste mit außergewöhnlichen Pflanzen und Tieren aufgestellt, die es nur in Australien gibt und die wir erspähen wollen. Heute kann Simon einen echten Exoten abhaken: Im Eungelle NP sichten wir mehrfach den Platypus – ein echt ungewöhnliches Vieh, das wie eine Kreuzung aus einem Biber mit plattem Schwanz und einer Ente mit ebenso platten Riesen-Schnabel wirkt.

20 Ölwechsel

Mein Kühlsystem leckt und ich kann nirgends passende O-Ringe bekommen. Hoffnungslos! Aber zum Glück helfen sich Motorradreisende untereinander und so war es Ehrensache für Mitch in Townsville, dessen Einladung schon seit Wochen steht, sie für uns aufzutreiben. Selbst für einen Einheimischen mit Beziehungen keine triviale Aufgabe, aber dennoch hat er es geschafft. Klasse! Wir freuen uns nicht nur über das handfeste Ergebnis, sondern auch einmal mehr über die internationale Solidarität! Nachdem wir mit ihm diverse Shops für Öl abgeklappert haben, nutze ich noch die Vorteile seiner trockenen Garage, um den zehnten Ölwechsel dieser Reise zu machen. Bei zwei Motorrädern macht das in Summe übrigens stolze 20! Was zu Hause in Sachen Räumlichkeiten und Öl-/Filter-Besorgung ein Klacks ist, das ist in der Fremde immer wieder mühsam. Und Ölwechsel ist ja nur eines von vielen Themen und zudem noch ein vergleichsweise einfaches. Es müssen rund zwei Dutzend Reifen sein, die wir auf der Weltreise schon auftreiben mussten. Kettensätze, Bremsbeläge, Zündkerzen und manches mehr habe ich nicht gezählt. Und nur äußerst selten bekommt man irgend etwas davon so fix und unkompliziert wie zu Hause.

Die Wallaman Falls warten mal wieder mit einem dieser Superlativ auf. Diesmal ist es übersetzt der höchste, permanente Einzel-Tropfen-Wasserfall von Australien. Immerhin 268 Meter weit geht es im freien Fall für besagten einzelnen Tropfen runter. Wirklich eindrucksvoll ist er aber nicht.
In Tully lockt dann ein weiteres touristisches Schmankerl. Ein riesiger goldener Gummistiefel. Wir könnten mittlerweile wahrscheinlich einen dicken Bildband-Wälzer mit Fotos von ähnlich überdimensionierten skurrilen Wahrzeichen füllen, die in der Regel in vollkommen bedeutungslosen Käffern stehen.
Gummistiefel braucht man hier übrigens normalerweise recht oft, denn es soll der regenreichste Ort in Down Under sein. Wir sind nicht traurig, dass wir ganz unstandesgemäß bei strahlendem Sonnenschein hindurch fahren.

Krokodile

Wiederholt warnen uns Schilder an Flüssen vor Süßwasser-Krokodilen. Vor denen haben einige stark angetrunkenen Jungs offensichtlich keine Angst. Wir schauen uns das unterhaltsame Drama eine Weile an. Dabei habe ich durchaus Verständnis für den Drang des jugendlichen Fahrers, seinen Kumpels zu beweisen, dass nur Weicheier die Brücke benutzen und echt harte Kerle locker DURCH den Fluss fahren. Die Karre sitzt nun leider nicht nur seit geraumer Zeit fest, der Motor ist auch noch im wahrsten Sinne des Wortes abgesoffen. Bin ich froh, dass nicht ich es bin, der da inmitten des Flusses wie ein begossener Pudel steht.

WWOOFen

Im Minutentakt wischen wir uns den Schweiß aus dem Gesicht und zum hundertsten Mal halbherzig all die grünen Ameisen und Spinnen vom Körper. Die versuchen nämlich verzweifelt und ziemlich schmerzhaft die Zerstörung ihres Lebensraumes zu verhindern. Vergeblich! Unermüdlich zerren und reißen wir seit Stunden an den Unkraut-Lianen, die den Zaun des Känguru-Geheges zugewuchert haben. Das ist harte körperliche Arbeit, in Punkto Krabbeltiere nichts für Zartbesaitete und bezahlt werden wir für die Plackerei obendrein auch nicht.

Warum machen wir das dann überhaupt? Ein Frage, die ich mir mehr als einmal stelle. Die Antwort heißt WWOOFen!

WWOOF steht für „willig workers on organic farms“ und ist eine Organisation, die Bekloppte wie uns, die bereit sind, täglich vier bis sechs Stunden für nichts außer Kost und Logis zu schuften, mit einer Vielzahl von potenziellen Arbeitgebern bzw. Gastgebern zusammenbringt. Theoretisch sollten all die angebotenen Arbeiten ökologisch ausgerichtet sein. Praktisch sind die Grenzen fließend, um es mal vorsichtig auszudrücken.

Der Anbau diverser Gemüse und Obstsorten, Viehzucht und der Alibi-Garten, mit dem man formell so ziemlich alles WWOOFing-fähig machen kann, sind die gängigsten Tätigkeiten in Australien.

Bei der Auswahl seines Gast- bzw. Arbeitgebers sollte man sorgfältig sein. Mit etwas Glück kann man großartige Erfahrungen machen und viel lernen, mit etwas Pech wird man aber auch nur als unbezahlter Farm-Sklave ausgebeutet. Wir haben von anderen Reisenden nicht nur Gewinner-Geschichten zu hören bekommen. Obwohl ich am Anfang sehr skeptisch war, muss ich sagen: Wir haben mit David, unserem ersten Gastgeber, einen Glücksgriff getan. Der Mann besticht durch einen unermüdlichen trockenen Humor und veräppelt uns ständig nach Strich und Faden. Seine per E-Mail gemachte Ansage, wir bräuchten zur Arbeit auf seiner Fisch-Farm kein „crocodile gun“ und keinen „snake bite Kit“ mitbringen, hatten wir seinerzeit noch ernst genommen und uns prompt vor Angst in die Hosen gemacht. Wir hielten es für durchaus plausibel, dass Schlangen und vor allem Krokodile von den leckeren Baramundi-Fischen angezogen würden, die er züchtet. Dass sein Spruch Verarsche war und wir trotzdem letztendlich dreimal bei ihm Schlangen-Kontakt haben würden, wussten wir zu dem Zeitpunkt noch nicht.

Neben seiner witzigen Art, weiß David auch seine WWOOF-Sklaven bei Laune zu halten, in dem er sie mit vielen coolen Power Tools spielen lässt. Wer wollte nicht schon immer mal mit Laubgebläse für Wirbel sorgen oder mit einem Whipper Snipper (Freischneider) das Grünzeug stutzen? Hecken- und Kettensäge sowie ein Quad mit Anhänger zur Entsorgung all des biologischen Unrats gehören ebenfalls zum täglichen Handwerkszeug.

Als Pflanzen-Freund und Frau vom Fach ist Simon hier ganz in ihrem Element. Ihr Gesicht strahlt den lieben langen Tag lang überglücklich! Höchstens wenn sie versucht, all die Aufgaben der hier nötigen Sisyphus-Arbeit zu strukturieren und in hilfsarbeitertaugliche Bausteine für den Panny zu zerlegen, wirkt sie ein bisschen angespannt. Mir fällt dafür die angenehme Aufgabe zu, die Berge von Grünzeug, die Simon überall abschneidet, umsägt und ausdünnt, mit dem Quad wegzufahren. Das ist wirklich Arbeit, die ich auch ohne Bezahlung gerne mache. Um die Kompost-Müllhalde zu erreichen, muss man schön weit fahren und dann entlang des Fischteiches rückwärts mit dem Anhänger um die Kurve rangieren. Das hab ich verdammt lang nicht mehr gemacht, aber dank solider LKW-Ausbildung bei der Bundeswehr klappt es nach ein paar eckigen Anläufen wie in alten Zeiten. Hätte mein Quad ein Seitenfenster, ich würde überheblich lässig meinen linken Ellenbogen rausstrecken und die Truck-Stop-Mucke ein bisschen lauter stellen.
Aber selbst die Arbeit mit all den feinen Werkzeugen treibt uns hier den Schweiß aus allen Poren. Wir sind schließlich in den Tropen! Ganz zu schweigen von solch anstrengenden Aktionen wie dem eingangs beschriebenen Kampf gegen die Unkraut-Lianen!
Zwei andere WWOOFer stoßen beim Aufräumen auf eine stattliche

Schlange und versuchen sie mit Stöcken in die Wildnis zu bugsieren. Mit einem beherzten „Ihr macht dem armen Tier ja Angst" übernimmt Simon die Aktion. So kennt man sie, die Mutter Teresa der Tiere. Kaum dass David ihr versichert hat, dass es eine ungiftige Würgeschlange sei, was ich ihm bei seinem schrägen Humor nicht so ohne weiteres geglaubt hätte, packt Simon die Python beherzt hinterm Kopf und am Schwanz und transportiert sie liebevoll ins nächste Gebüsch.

Die Jungs sind zwischen Bewunderung und Kopf-Schütteln hin und her gerissen. Ich kann es ihnen nicht verdenken. Mir erschien die Stock-Methode auch viel vernünftiger. Aber wir sind ja auch nur Männer.

Apropos Schlangen: Ich bin dort mehrfach fast gestorben wegen Schlangen. Nicht durch tödliche Bisse, sondern am Herzinfarkt. Wenn ich nachts zum Pissen raus musste, bin ich zweimal im wahrsten Sinne des Wortes beinahe auf eine drauf getreten. Wenn du schlaftrunken zwanzig Zentimeter neben den Kopf einer Schlange tappst, die sich auf dich zu schlängelt, bist du im Moment der

Erkenntnis schlagartig RICHTIG wach. Die Geräusche, die ich dabei von mir gegeben habe, waren eines pubertierenden Mädchens würdig und zumindest in einem Fall bin ich gefühlt einen ganzen Meter hoch gehüpft in meinem Schreck. Dass es sich nach Einschätzung von David auch hier um eine Würgeschlange gehandelt hat, tröstet mich wenig. Die goldene Regel in Australien ist: Nur wenn sie am Boden lebt, ist sie giftig. Die die „klettern" können, sind Würgeschlangen und damit ungefährlich. So weit zur Theorie. Aber in dem Moment, in dem man dem Vieh in der Wiese begegnet, hat man keine Ahnung, ob sie auch klettern kann. „Meine" beobachte ich bei der zweiten Begegnung, nachdem der erste Schreck verklungen ist, genau. Und siehe da, sie windet sich wirklich an der glatten Wand unseres Klohauses hoch und sollte somit ungefährlich sein. Beim Scheißen ist fortan der Gedanke, dass über mir eine Carpet-Snake haust, keineswegs hilfreich. Von der sonst so wohltuenden Entspannung ist nichts mehr zu spüren. Sicherheitshalber gebe ich stattdessen nun beim Verrichten der Notdurft immer Gas!

Schlangen sind übrigens nicht die einzigen, wegen denen man bei nächtlichen Ausflügen zum Klo ganz genau schauen muss, wohin man tritt. Hunderte von handgroßen Fröschen stellen ein hüpfendes Tretminenfeld dar. Dazu kommen noch Tausende von daumennagelgroßen Mini-Fröschchen, denen man aufgrund der enormen Anzahl unmöglich aus dem Weg gehen kann. Mach einer dürften den qualvollen Tot unter meinen Stiefeln gefunden haben. So schlimm sich das nun vielleicht mit all den Schlangen, Fröschen und anderem Krabbelzeug anhört, uns hat es dort gefallen. Noch immer stehe ich allerdings der Idee, für Fremde ohne Bezahlung zu arbeiten, sehr skeptisch gegenüber. Aber in diesem Fall muss ich sagen, hat es viel Spaß gemacht. Das lag nicht zu Letzt am Motivations-Talent unseres Gastgebers, der außerdem großzügig und sehr umgänglich war.

Bei nur fünf Monaten, die wir für dieses unermesslich große Land Zeit haben, müssen wir mit unserer Zeit haushalten. Aber dass wir noch die eine oder andere Woche WWOOFing machen wollen, darüber sind wir uns nach dieser positiven ersten Erfahrung einig.

Simon träumt davon, Esel und Fledermäuse zu retten, mein Prioritäten gehen eher ins Kuriose: Mehrere Gay-Nudist-Farmen/ B&B, die sich als WWOOF-Gastgeber anbieten, wären eine echt schräge Herausforderung. Oder doch die einzige ökologische Nackt-Schnecken-Zucht in Australien?

Great Barrier Reef

Schnorcheln am weltberühmten Great Barrier Reef, das mit einer Gesamtlänge von 2.300 km übrigens das größte Korallen-Riff der Erde ist – das steht bei uns beiden auf der Muss-man-einmal-im-Leben-gemacht-haben-Liste! An Anbietern mangelt es im Nord-Osten-Australiens wahrlich nicht, wobei sich deren 1-Tages-Touren inhaltlich und auch preislich wenig unterscheiden. Mit dem Segelschiff „Falla“, das man scheinbar ausschließlich online buchen kann, kostet der Törn allerdings mit 50 EUR pro Person nur einen Bruchteil der üblichen Preise. Irgendwie dubios! Kurze Zeit später kennen wir den Hintergrund. Dass dieses Schiff schon zweimal gesunken ist, erklärt den spektakulär niedrigen Preis und erhöht den Abenteuer-Faktor ungemein. Der perfekte Deal für uns! Zwei Schnorchel-Gänge an unterschiedlichen Stellen gehören zum Standart-Programm. Unter Wasser wird dann das Great Barrier Reef seinem Ruf mehr als gerecht. Man wird regelrecht überwältigt von der farbenfrohen Vielfalt an Fischen, Korallen, Seesternen, Schild-kröten, Stachelrochen und manchem mehr. Die Tour mit der Falla ist echt der Kracher, wie uns auch ein Pärchen bestätigt, das tags zuvor den gleichen Trip mit einem der modernen, teuren Schnellbote gemacht hat. Der sei bei Weitem nicht so gut gewesen und aufgrund der viel höheren Passagierzahl wäre es an den Schnorchel-Spots verdammt voll gewesen. Kaffee und Tee am Morgen, ein einfaches Buffet am Mittag und reichlich Kräcker, Käse und Wein auf dem Heimweg runden unser geniales Paket ab! Und dann schildert uns der Kapitän noch in aller Dramatik die beiden Untergänge der Falla und warum das Boot jedes Mal wieder geborgen und von ihm eigenhändig instand gesetzt wurde. Rundum empfehlenswert!

Ein intensiver Geruch nach Abenteuer

Flussdurchfahrten sind nun wahrlich nichts Ungewöhnliches für uns, aber diesmal findet Simon zielsicher ein Unterwasser-Loch, in das ihr Vorderrad passt. Anstatt die stabile Seitenlage samt fluchender Simon im Bild festzuhalten, eile ich Trottel im Reflex meiner Liebsten zur Hilfe, um die Karre schnell wieder hoch zu bekommen, bevor der Koffer vollgelaufen ist. Knietief stehen wir dabei im Wasser, das sich leider für den Rest des Tages hartnäckig in den Stiefeln hält. Jeder Schritt wird nun mit einem lauten QUATSCH begleitet.

Am abendlichen Lagerfeuer versuchen wir dann mit begrenztem Erfolg unsere Strümpfe und Stiefel trocken zu bekommen. Ein intensiver Geruch nach Abenteuer (=nassen alten Socken) beherrscht die ansonsten romantische Szene.

Der Rebel Corner auf dem Friedhof

Cooktown wird unser nordöstlichster Punkt in Australien und uns wegen des coolen „Rebel Corners" seines Friedhof in Erinnerung bleiben. Ein bei Rockern, Punks und anderen Subkulturen gängiges „FTW" (fuck the world), das in Form einer Old-School-Bombe übrigens auch meine Haut dauerhaft ziert, kann man sich in Deutschland nun wirklich auf keinem Grabstein vorstellen. Da würde wohl nicht nur die katholische Kirche ein vehementes Veto einlegen. Nicht weniger cool ist das Foto eines bis zur Schläfe zutätowierten Rockers und die Insignien auf seinem Grabstein: Tattoo-Maschine und V2-Motor. Auf diesem ungewöhnlichen Friedhof gibt es noch manches mehr zu entdecken! Unbedingt anschauen!

Wer vierrädrig reist, spart Geld

Das Gebiet um Atherton wird von Obstplantagen und Gemüsefeldern dominiert. Wir versuchen vergeblich, Arbeit als Tagelöhner zu bekommen. Bei Stundensätzen von 15 EUR aufwärts hätten wir gerne ein paar Wochen im Akkord geknechtet. Aber unser Timing ist schlecht. Die Avocados sind gerade fertig geerntet und bis die nächste Gemüseart fällig ist, heißt es aufgrund des ungewöhnlich kalten Wetters warten.
Einmal mehr ärgern wir uns, dass wir auf dem Motorrad nicht in der Lage sind, nennenswerte Vorrats-Mengen mitzuführen. Vierrädrig Reisende könnten hier mal wieder extrem billig an Straßenständen und in Hof-Läden Gemüse en gros einkaufen. Lediglich für ein Kilo Avocados, das es hier für schlappe 1,20 EUR gibt, reicht unser Stauraum aus. Diese Unfähigkeit, größere Vorräte auf dem Motorrad mitzuführen ist nicht nur deshalb ein Handicap, weil man für kleinere Mengen höhere Stückpreise zahlt, sondern auch, weil man sich unter Umständen an teuren Orten eindecken muss, wenn einem die Vorräte ausgehen. Diese beiden Faktoren führen dazu, dass Motorradreisende deutlich mehr für Lebensmittel ausgeben, als Overlander mit üppigem Stauraum. Wie so oft haben die Fahrradfahrer auch hier das härteste Los. In Nord-Kanada, Alaska, Patagonien und im Outback Australiens sind sie oft tagelang unterwegs, bis sie überhaupt die Möglichkeit haben, etwas einzukaufen.

Was für Preise dann an solch einsamen Orten aufgerufen werden, kann sich jeder ausmalen.

Flughund-Waisenhaus

Im Bat's Hospital bekommt Simon glänzende Augen. Hier werden in der Hochsaison täglich 30 bis 50 winzige verwaiste Flughunde eingeliefert. Wenn sie ausgewachsen sind, haben sie dann beachtliche 30 cm Torso-Länge und eine Flügelspannweite von rund einem Meter. Gerne hätte Simon hier als WWOOFer gearbeitet, hat aber schon vor Wochen per E-Mail eine Absage bekommen, da keine Stelle frei war. Den Besuch in dieser tollen Einrichtung erlebt sie daher quasi mit einem lachenden und einem weinenden Auge.

Beim Frühstücks-Picknick im Mt. Hypipamee NP haben wir das Glück, aus nächster Nähe einen Cassowary beobachten zu können. Wir haben ihn schon auf unzähligen Warnschilder auf unserer Reise durch Australien gesehen, aber noch nie ein lebendes Exemplar zu Gesicht bekommen. Dabei ist größte Vorsicht geboten. Der circa einen Meter große Cassowary ist nämlich ein ungemütlicher Zeitgenosse, der schnell aggressiv reagiert und erheblichen Schaden mit seinen Klauen anrichten kann. Wir halten die Luft an, als der Laufvogel gemütlich an unserem Tisch vorbei spaziert.

In den Tablelands ist es merklich kühler. Meistens sind wir auf 800 bis 1.000 Meter unterwegs. Starker Nebel, der sich morgens lange hält, macht das Ganz noch ungemütlicher. Da kommen die Innot Hot Springs gerade richtig, um sich aufzuwärmen. Für mehr als die Füße reicht der warme Bach jedoch eigentlich nicht. Ein paar enthusiastische Australier buddeln sich mit Schaufeln Mulden in den Sand, um sich dann in die künstlichen Mini-Pools hineinzulegen. Das sieht weder würdevoll noch muckelig warm aus.

Lebende Kängurus sieht man in der Regel nur früh morgens oder in der Abenddämmerung. In Form von sogenanntem Roadkill sind die Hüpfer allerdings allgegenwärtig. In dieser Region ist es besonders schlimm. Im Minuten-Takt fahren wir an Kadavern vorbei und der Aasgeruch will uns streckenweise gar nicht mehr aus der Nase gehen. Auch das eine oder andere Wildschwein liegt verendet am Straßenrand. Der Australische Humor nimmt hier auf dem Land derbe Formen an.

Abgesoffen

Nächstes Wochenende steht ein Kamelrennen im Outback an. Einen erheblichen Teil der Strecke wollten wir eigentlich auf Dreckspisten fahren. Nicht enden wollender Nieselregen hält uns aber davon ab. Aus Staub wird bei Regen hier schnell klebriger Schlamm und die vielen Wasserdurchfahrten unpassierbar. So bleibt uns vorerst nichts anderes übrig, als den schier endlosen geteerten Fernstraßen zu folgen. Auch ein neuer Versuch, offroad weiterzureisen, scheitert am Wetter. Westlich von Charters Towers erwischt es uns übelst. Als wir kurz vor Einbruch der Dunkelheit auf dem Rastplatz in der Mitte von Nirgendwo ankommen, öffnet der Himmel seine Schleusen und es schüttet 36 Stunden lang in biblischen Dimensionen. Uns läuft der Regen in Strömen zum Kragen rein, als wir das Zelt aufbauen. Am Ende ist alles feucht und die Stimmung bescheiden. 16 Stunden harren wir so in unserem kleinen Heim aus und wissen vor lauter Rückenschmerzen nicht mehr auf der einen noch der anderen Seite zu liegen, bis endlich mal der Regen wenigstens vorübergehend ein bisschen weniger wird und wir die 20 Meter bis zum Klo flitzen können, ohne pitsche patsche nass zu werden. Mit Sorge sehen wir, wie sich die Wasserflächen rund um uns herum ausdehnen. Wie lange wird unser bestenfalls 50 bis 80 Zentimeter höher gelegener Standort sicher sein? Neu hinzukommende Reisende berichten, dass die Straße über die wir kamen nun wegen Überschwemmungen geschlossen und auf der Route, auf der wir eigentlich weiterfahren wollten, der Schlamm 30 cm tief ist.

Ich bin mir sicher, dass wir uns an diesen ansonsten in keinster Weise bemerkenswerten Ort weit aus intensiver und länger erinnern werden, als an manch schönen Moment unserer Reise. Zumindest ist das meine Erfahrung. Wenn alles nach Plan läuft, sind die Eindrücke meist weniger nachhaltig als die von solchen Orten, wo man zwangsweise fest saß oder wo man mit Malheuren zu kämpfen hatte.

Am dritten Tag weckt uns Stille. Kein Regen prasselt auf unser Zelt! Statt dessen lacht uns ein strahlend blauer Himmel an. Wir breiten all unsere mittlerweile kräftig müffelnden nassen Sachen aus und schauen zu, wie Dampfschwaden von ihnen aufsteigen. Keine zwei Stunden später ist alles trocken, die Motorräder aufgerödelt und wir wieder unterwegs.

Wilde Kamele

Hundert Kilometer vor Mount Isa wechselt die Landschaft. Wir sind im Outback angekommen – für uns DER Inbegriff Australiens. In der durch hohe Schornsteine dominierten und außergewöhnlich vermüllten Stadt stehen wir dann wieder vor der Entscheidung: Einspurige Teerstraße nach Boulia oder sollen wir die Erdpiste wagen? Der Blick in den von dichten Wolken verhangenen Himmel sollte uns eigentlich zur Vernunft mahnen, aber wir sind so heiß drauf, endlich das „echte Australien" unter die Räder zu nehmen, dass wir uns für die Dreckspiste entscheiden.
Unsere erste Nacht Bush-Camping im Outback! Wir sind in Hochstimmung! Morgens geht es dann bei Königswetter gen Süden. Die Sonne hat während der beiden letzten Tage mit über 30 Grad geschienen und alles wieder getrocknet. Alles? Je weiter wir vordringen, desto häufiger kommen wir durch noch immer matschige Abschnitte. Der Lehm ist so zäh, dass sich das Profil unserer Reifen sofort zusetzt und wir immer wieder ins Schlingern kommen und die Reifen durchdrehen. Umfahrungen durchs Gebüsch sind auch nicht ohne. Trotz Vorab-zu-Fuß-Erkundung fährt sich Simon dort fest und nur zu zweit kriegen wir ihr Krad wieder raus.

Rückblickend müssen wir sagen: Diese Off-Road-Strecke bei dem zweifelhaften Wetter anzugehen, war blauäugig von uns. Hätte es wieder angefangen, stark zu regnen, wären die rund 50 Creeks, die wir so trockenen Fußes durchfahren konnten, alle erneut angeschwollen und die Piste hätte sich in einen einzigen Morast verwandelt. Uns wäre nichts anderes übrig geblieben, als das Problem auszusitzen. Am Ende des Tages werden wir dann aber noch mit einem dieser Glücks-Schnappschüsse belohnt, wie sie selbst Fernreisenden nur alle paar Monate mal gelingen. Wilde Kamele mit dem Krad vor sich her zu treiben, ist wirklich nichts Alltägliches und ein breites Grinsen zieht sich bei mir von Ohr zu Ohr!

Die Kamele sind übrigens nur eine von vielen Tierarten, die nach Australien importiert wurden und deren Population dann total aus dem Ruder lief. Sie wurden in den 1840ern als Lasttiere zur Erschließung des Outbacks eingeführt. In den 1920ern wurden sie durch Eisenbahn und Auto überflüssig und in die Freiheit entlassen, wo sie sich seither trotz gezielter Abschüsse prächtig vermehrt haben. Ihre Zahl wird auf rund 600.000 geschätzt. Sie stellen mittlerweile eine ernste Gefahr für die fragile Flora des Outbacks dar.

Kamel-Rennen

Kamel-Rennen in Boulia! Das klang so verheißungsvoll, dass wir rund 1.500 km Umweg gefahren sind, um es uns anzuschauen. Als wir freitags an der Pferde-Rennbahn ankommen, kampieren schon rund hundert Grey Nomads auf dem sehr weitläufigen Gelände, das von den Regenfällen der letzten Tage gezeichnet ist. Wir wählen unseren Zeltplatz mit viel Bedacht. Er liegt zwar nur wenige Zentimeter höher, als der Rest des Geländes, aber wir hoffen, dass der marginale Höhenunterschied uns rettet, falls es wieder anfangen sollte, zu regnen. Die Anfahrt zu dieser Stelle durch gigantische Pfützen und tiefen Matsch ist ein kleines Abenteuer und bedarf intensiver Erkundung und generalstabsmäßiger Planung. Kaum haben wir unser Zelt aufgestellt, da öffnet der Himmel wieder seine Schleusen. Sonntag Morgen ist das Wasser so hoch gestiegen, dass das Ufer des Überschwemmungs-Sees unser Vorzelt erreicht. „Down Under“ bekommt hier eine ganz neue Bedeutung. Nun werden wir richtig nervös. Es gibt keine Alternativen. Wir sind am weit und breit höchsten Punkt und mit den Motorrädern kommen wir hier nun beim besten Willen nicht mehr raus. Wir können nur hoffen!

Erschwerend kommt hinzu, dass wir kein Beruhigungs-Bier dabei haben. Zum Glück haben unsere netten Rüstige-Rentner-Nachbarn, die wie fast alle hier mit Allradfahrzeug und geländegängigem Wohnwagen unterwegs sind, Mitleid. Allabendlich gibt es ein paar Bierchen für uns oder auch mal einen Portwein, wir dürfen bei ihnen den Laptop laden und ihren Trinkwasservorrat nutzen und werden sogar zu einem opulenten Abendessen eingeladen. So wird mal wieder aus einer vordergründigen Scheiß-Situation eine tolle menschliche Begegnung.
Ärgerlich ist, dass die 12 Kamel-Rennen, die Samstag und Sonntag stattfinden sollen, wegen Verschlammung der Rennstrecke abgesagt werden müssen. RICHTIG ärgerlich ist, dass der Veranstalter den stattlichen Wochenend-Eintrittspreis von 30 EUR pro Person nicht wieder rausrücken will. Wir haben hitzige Diskussionen, aber die Ausrichter des Rennens haben auf den Plakaten einen kleingedruckten Satz platziert, der das ganze Wetter-Risiko auf die Besucher abwälzt. Sauerei! Auf der positiven Seite muss man ihnen lassen, dass sie sich redlich bemühen, ein umfangreiches Alternativ-Programm auf die Beine zu stellen, das zuweilen allerdings mit Aktivitäten à la Gummistiefel-Weitwurf an Kindergeburtstags-Spiele erinnert.
In Australien heißen die Cowboys übrigens Stockmen. Beim Bullen-Rodeo geht's richtig zur Sache. Fette Preisgelder und die Männer-Ehre scheinen hervorragende Argumente zu sein, um sich auf so einen wild bockenden Jung-Bullen zu setzen. Das Verletzungspotential ist hoch und mehr als einmal stöhnt das Publikum kollektiv auf, wenn einer der Rodeo-Champions in spe sich mal wieder ordentlich weh tut. Zum Glück mildert der Schlamm den Aufprall und erhöht den Unterhaltungswert für zuschauende Maul-Helden wie uns.
Sehr unterhaltsam ist das sogenannten Camel-Tagging. Die Teilnehmer müssen ein Stück Panzerband an ein Kamel-Kalb kleben, zum Schiedsrichter zurücklaufen und dann in einem zweiten Anlauf das Panzerband-Stück wieder abreißen und es dem Schiri bringen. Hört sich einfach an, ist es aber nicht. Außerdem ist der Spaß auch noch richtig gefährlich. Die Jung-Kamele treten nämlich biestig aus. Ein Mädel, das ein solcher Volltreffer slapstickartig mit Schwung aufs Hinterteil schickte, sehen wir danach tagelang humpeln.

Sonntag klart es dann überraschend auf und unsere Anspannung in Sachen „Down Under“ lässt vorsichtig nach. Das war keine Minute zu früh!

Der Veranstalter setzt spontan für den Montag ein paar Trost-Rennen an – vorausgesetzt die Rennstrecke ist bis dahin halbwegs abgetrocknet. Da wir mit unseren Motorrädern eh nicht aus der Morast-Wüste entkommen können, harren wir aus und werden dann tatsächlich noch mit einigen unterhaltsamen Camel-Races belohnt.

Die gefürchteten Roadtrains

Die Fernstraße Richtung Osten ist nun auch wieder freigegeben. Wegen den bei starkem Regen überall auftretenden Überschwemmungen war sie am Wochenende mal wieder gesperrt. Die tiefste Wasserdurchfahrt ist nun nur noch 40 Zentimeter und dank schwacher Strömung kein wirkliches Problem.

Einmal mehr sind wir für die Tiefen-Marker dankbar, die an wirklich jeder Senke in Queensland stehen und an denen man praktisch die Wassertiefe ablesen kann, wenn es mal wieder zu Überschwemmungen kommt.

Was uns ein bisschen Sorge macht: Die Teer-Straße ist hier einspurig. Wenn uns nun ein sogenannter Roadtrain entgegenkommt, sind wir am Arsch. Hier gilt das international übliche Prinzip des Stärkeren. Dem Kleineren (also uns) bleibt nichts anderes übrig, als von der Straße runter zu fahren und den Koloss passieren zu lassen. Dummerweise ist aber der Seitenstreifen übler Morast, in dem tiefe Schlingerspuren von spannenden Momenten im Leben anderer unterlegener Verkehrsteilnehmer künden.

An einem Rastplatz kommen wir mit einem Fahrer eines solchen Ungetüms ins Gespräch. Seines hat nur drei Anhänger, ist gerade mal 35 Meter lang und kommt auf ein Gesamtgewicht von 110 Tonnen! Es gibt auch welche mit vier Anhängern, 50 Meter Länge und weit

mehr Tonnage. Der Fahrer gibt auf unsere interessierten Fragen bereitwillig und mit stolzgeschwellter Brust Auskunft. Pinkelpausen müssen von ihm quasi von langer Hand geplant werden. Die Bremsen benutzt man nur im Notfall. Um von 100 km/h zum Stehen zu kommen, schaltet der Fahrer geduldig durch alle 18 Gänge runter, um so die Motor-Bremse zu nutzen, die ganz nebenbei so laut ist, dass jeder das Ungetüm herannahen hört. Rund 1.500 Meter braucht er für das Manöver. Wenn man einen solchen Roadtrain, die im Landesinnern von Australien sehr häufig zu sehen sind, passiert, sollte man üppigen Abstand wahren. Die hinteren Anhänger schlingern nämlich erheblich!
Entgegen ihrem Ruf unter Fernreisenden haben wir die Roadtrain-Kapitäne bei all unseren Begegnungen als rücksichtsvoll empfunden – soweit das bei der Inflexibilität der Monster der Landstraße möglich ist.

Ersatzkanister sind Pflicht

Im Idealfall reichen unsere Tanks für 350 km, unter widrigen Umständen können es auch schon mal deutlich weniger sein. Solange man auf geteerten Fernstraßen unterwegs ist, ist das auch im sogenannten Hinterland und im Outback kein Problem. Mindestens alle 200 km kommt ein Roadhouse zum Tanken. Wer kleinere Straßen fährt, muss aber ganz andere Distanzen bewältigen können. Daher haben wir hier immer unsere Benzinkanister gefüllt, auch wenn wir dadurch lästige zehn Kilo extra an beiden Motorrädern mitführen müssen, die die Gefahr für Rüttelschäden und Brüche am Gepäcksystem natürlich deutlich erhöhen.

Motorrad-Wehwehchen

Mittlerweile sind wir im Bundesstaat New South Wales angekommen. Immer mehr oder weniger der Great Dividing Range nach Süden folgend geht es nun meistens durch Wald. Landschaftlich ein großer Unterschied zu dem, was wir in den letzten Wochen in Queensland zu sehen bekommen haben. Wir sind überwiegend auf kleinen Nebenstraßen unterwegs und genießen das relaxte Motorradreisen in vollen Zügen.

Einziger Wermuts-Tropfen: Mein Motorrad meldet täglich neue Wehwehchen – allen voran mysteriöse Leistungsverluste, die ohne erkennbares Muster auftreten. Tagelang versuche ich alles, was mir einfällt. Viel Aufwand ohne wirklichen Erfolg. Dass das Problem irgendwann zumindest fast verschwindet, kann purer Zufall sein oder in Zusammenhang mit meinen Maßnahmen liegen. Vorerst werde ich es nicht rausfinden und entscheide mich dazu, einfach weiterzureisen und abzuwarten, ob es schlimmer oder besser wird. Leider bekomme ich solche Sorgen stets nicht ganz aus dem Kopf und so ist der Genuss dieser ansonsten sehr entspannten Etappe ein wenig getrübt.

Reifen-Schnorrer

Ein Motorradhändler erlaubt mir, seinen Luftkompressor zur Reinigung unserer Filter zu benutzen. Eine gute Gelegenheit, seine Altreifen zu durchstöbern. Was in reichen Ländern bei Händlern und vor allem Tour-Veranstaltern auf die Alt-Reifen-Halde geworfen wird, hat oftmals noch genug Profil, um bei schmerzfreien Low-Budget-Reisenden wie uns für einige Tausend Kilometer gut zu sein. So habe ich meinem aktuellen Hinterreifen, den ich ebenfalls gebraucht aufgezogen habe, noch beachtliche 13.000 km abgerungen.
Leider punktiere ich beim Reifenwechsel den Schlauch! Hatte ich schon öfter von anderen gehört, ist mir aber bisher noch nie passiert. Da ich das Leck erst bemerke, als der Reifen schon wieder drauf ist, muss ich alles nochmal von vorne machen. Aaaarrrr! Ich hasse Reifenwechsel und zweimal hinter einanderweg brauch ich das schon gar nicht. Aber ich fürchte, ich bin es selber schuld. Da hilft kein Jammern, sondern nur in die Hände zu spucken und zur Tat zu schreiten.
Am nächsten Morgen gilt mein erster banger Blick dem Hinterreifen, der zum Glück prall gefüllt ist. In dem Moment ahne ich noch nicht, dass meine Freude verfrüht ist und ich diesen vermaledeiten Reifen im Laufe dieses Tages noch einige Male wechseln werde.

Platte Reifen am laufenden Band

Mitten in Sydney verliert mein frisch geflickter Hinterreifen schlagartig die Luft. Glück im Unglück: Ich eiere mit dem letzten Schwung auf das Gelände einer Tankstelle. Ein neues unerklärliches Loch ist die Ursache. Definitiv kein Zusammenhang zu dem vom Vortag. Zu allem Überfluss ist auch noch das Felgenband hinüber. Ich schwinge mich auf Simons Motorrad und fahre los, um schnell ein neues zu besorgen. So der Plan. Irgendwo erwische ich eine falsche Abfahrt und finde mich auf einer Schnellstraße wieder, von der ich ewig nicht mehr runterkomme. Sorgenvoll blicke ich auf das Navi in Simons Tankrucksack. Das ist sonst an mein Motorrad angeschlossen, wo es dauerhaft mit Strom versorgt wird. Nun läuft es auf Akku und ebendieser ist mittlerweile ziemlich altersschwach. Wenn das Teil nun seinen Geist aufgibt, finde ich Simon nie wieder, da ich mir keine Adresse aufgeschrieben und nur routinemäßig ihren Standort im GPS gespeichert habe. Nach einer gefühlten Ewigkeit komme ich mit einem neuen Felgenband bei Simon an und atme auf! Geschafft! Schnell noch den Reifen einbauen und dann los. Kaum ist das Werk vollbracht, höre ich es zischen. Aaaarrrr! Das gibt es doch nicht! Es dauert ewig, bis ich raus habe, dass nun auch noch der

Flicken vom Vortag undicht ist. Tückischerweise kommt das erst ab zwei Bar zum Tragen und nicht beim ausgebauten Schlauch, den man nicht so stark aufpumpt. So was hatte ich noch nie. Rund drei Stunden kostet uns die nervige Aktion insgesamt und es ist schon 17.00 Uhr als wir endlich weiterkommen. Pünktlich zum Berufsverkehr.
Da ich vergessen habe, das Navi von der für Überland-Fahrten sinnvollen Kürzeste-Strecke-Einstellung auf das für Großstädte opportune „kürzeste Zeit“ umzustellen, machen wir unfreiwillig eine Stop-and-go-Besichtigung der Innenstadt. Mitten durch Downtown führt uns das GPS-Gerät. Hoffentlich hält der Schlauch! Hier will ich keine Panne haben! Es dämmert schon, als wir bei unseren Gastgebern ankommen. Als ich vom Motorrad absteige, trifft mich der Schlag. Eine fette Holzschraube steckt quer in einem Reifenstollen. Heute ist aber wirklich der Wurm drin! Ein Wunder, dass sie nicht durchgegangen ist!

Sydney-Sightseeing de luxe

Goeff und Gus, die demnächst per Krad für ein Jahr durch Südamerika reisen wollen, sind begierig auf alles, was wir über die Region berichten können und sprudeln nur so über vor Fragen. Solch motivierte Zuhörer machen besonders Spaß!
Die beiden wohnen super zentral. In weniger als einer halben Stunde sind wir am nächsten Morgen per pedes in Downtown (australisch: Central Business District), das sich zu Fuß wesentlich angenehmer durchstreifen lässt, als gestern mit den Motorrädern. So viele chic gekleidete Menschen zu sehen, wirkt ganz befremdlich auf uns. Jeder hat ein Smartphone am Ohr und einen Coffee-to-go in der Hand. Eilig und mit Tunnelblick hetzen sie durch die Hochhausschluchten. Wie anders ist unser beider Welt dagegen doch geworden! Dass wir unsere Handys, die wir für Notfälle dabei haben, auf der ganzen Reise noch nicht einmal eingeschaltet haben, ist für uns kein Opfer, sondern Lebensqualität. Andere Reisende holen sich in jedem Land sofort eine örtliche SIM-Karte. Wir hingegen verspüren keinerlei Verlangen danach. Einmal im Monat telefonieren wir per Skype/ Laptop mit der Familie. Und mit Gastgebern kommunizieren wir per E-Mail. So gefällt uns das. Ständig erreichbar sein? Wofür? Für mich

sind Handy und Power Point das Sinnbild meines alten Lebens geworden und ich bin glücklich ohne sie.
Doch zurück zu unserem Sydney-Ausflug. Selten genug, dass wir in einer Großstadt sind. Da macht es richtig Spaß, zu Fuß die fremde Welt zu entdecken und alle Sehenswürdigkeiten abzuklappern. Als wir nach zehn Stunden Marsch wieder bei Geoff und Gus ankommen, qualmen uns die Socken. Aber schön war's, ausnahmsweise mal wie ganz normale Touristen eine Metropole zu erkunden.
Geoff nimmt sich den nächsten Tag frei und kutschiert uns mit einem von Freunden geliehenen Auto durch die Stadt. Sightseeing-Tour de luxe, zumal Geoff früher mal professioneller Guide in dieser Stadt war. Ein Sekt- und Sushi-Picknick ist der Höhepunkt dieses perfekten Tages, an dem wir so manchen tollen Ort in Sydney zu sehen bekommen, den wir auf eigene Faust nie gefunden hätten.

Blue Mountains

Wir haben August. In den Blue Mountains ist es zu dieser Jahreszeit ziemlich frisch. Schließlich ist hier ja gerade quasi Februar, um es auf deutsche Maßstäbe zu übertragen. Dennoch wollen wir wenigstens einen kurzen Abstecher dorthin machen. Bei strahlendem Sonnenschein und erträglichen Temperaturen im oberen 10er Bereich fahren wir durch Eukalyptus-Wälder, deren ätherische Ausdünstungen der Region den Namen gegeben haben. Vermutlich muss es allerdings ein bisschen wärmer sein, damit die Luft bläulich schimmert. Wir halten an ein paar netten Aussichtspunkten. Bei der Felsformation „Three Sisters“ kommt man sich wie in Japan vor. Die Nähe zu Sydney lockt offensichtlich haufenweise asiatische Touristen hierher, deren einzige Urlaubsfreude in Foto-Rekorden zu liegen scheint.
Eine schöne Überraschung: Ein Schweizer BMW-Fahrer hält und entpuppt sich als Roland, mit dem ich mir schon einige E-Mails geschrieben habe. Wie das oftmals so läuft: Versuche, uns zu verabreden, waren nicht von Erfolg gekrönt, aber per Zufall klappt es dann. Unser Gespräch findet ein abruptes Ende, als ich sehe, dass ich schon wieder einen Platten habe! Das darf doch nicht wahr sein! Zum sechsten Mal in kürzester Zeit hole ich nun einen Reifen von der Felge.

Kälte, Schnee, Hagel und Sturm

An Perry's Lookdown kann man umsonst campen. Das ist bemerkenswert, da in New South Wales wild Zelten vielerorts verboten ist. Das hat uns schon einige Male erhebliche Probleme bereitet. Kein Vergleich mit Queensland, das von uns fünf Sterne in Sachen Infrastruktur und Möglichkeiten fürs Gratis-Campen bekommt!
Am nächsten Morgen ist es knackig kalt. Die Dame in der Tankstelle schenkt mir einen mitleidvollen Blick und teilt mir mit, dass es heute oberhalb von 700 Meter schneien soll. Da wir gerade auf 1.100 Meter sind, erfüllt uns diese Hiobsbotschaft mit einer gewissen Nervosität.
Über engste Kurven geht es durch die Blue Mountains, die wir nicht nur wegen der Kälte nicht so recht genießen. Irgendwie kann uns diese Eukalyptus-Wald-Berglandschaft nicht begeistern. „Ganz nett" ist das höchste der Gefühle, was mir dazu einfällt. Aber dann kommt doch noch ein echter Kracher. Ganz unerwartet führt die einspurige Straße durch eine Höhle hindurch! Das erlebt man nicht alle Tage. Ein Tunnel ja, aber eine Höhle?
Motorradfahren macht heute keinen Spaß! Es bläst ein schneidender Wind. Der Himmel ist voller grau-schwarzer Wolken, die, wie wir ja nun wissen, voller Schnee sind. Sorgenvoll beobachte ich den Höhen-Anzeiger des GPS. Statt die magische 700er Grenze nach unten zu durchbrechen, geht es immer weiter rauf. 1.360 Meter wird die Höchstmarke des Tages. Ursprünglich wollten wir einen Schotterpass hier oben fahren. Aber mittlerweile wollen wir einfach nur noch raus aus den frostigen Bergen! Bis zum Abend sind wir dann tatsächlich auf knapp unter 700 Meter runter. Eisig kalt ist es aber selbst hier. Beim Zeltaufbauen, hagelt es aus schwarzen Wolken auf uns herab.
Am nächsten Tag kommen wir vom Regen in die Traufe: An der Küste ist es zwar milder, dafür aber extrem stürmisch. Wir sehen Blechdächer fliegen und Bäume krachen neben uns um. Unter solchen Umständen wird Motorradfahren zur Herausforderung. Zum Glück schwächt sich der Wind nachmittags etwas ab.
Wir campen mehrfach am Strand – inklusive putziger Känguru-Mama-mit-Baby-im-Beutel-Sichtungen. Eines anderen Morgens ist

ist es dann wieder soweit. Mir rutscht das Herz beim Anblick von Simons Vorderreifen in die Hose. NEIN! Ich will nicht! Nicht schon wieder ein platter Reifen! Soviel Pech kann man doch nicht haben! Das ist das siebte Mal in kürzester Zeit, dass ich das „Vergnügen" habe. Ich hab echt die Schnauze voll!

Das Land der Freak-Tiere

Auf dem Weg in den Wilson's Promontory NP sehen wir auf einer Lichtung unsere ersten (lebenden) Wombats! An dem von mir sonst so verhassten Adjektiv „süß" geht bei dieser Spezies kein Weg vorbei. Einheimische sehen das, wie so oft, anders. Wombats können einem Garten fix den Garaus machen und sind deshalb nicht allzu beliebt.

Wir übernachten auf dem Nationalpark-Campingplatz in Tidal River. Südlicher geht es auf dem australischen Festland nicht mehr. Der statistische Mini-Rekord verblast allerdings mal wieder angesichts des üppigen Tierlebens, das für uns definitiv die starke Seite Australiens ist. Landschaftlich und in Sachen Motorradfahren konnte dieses Land bei uns hingegen noch nicht wirklich punkten. Vom Outback mal abgesehen, war da nichts dabei, was wir nicht gleichwertig oder besser schon in einigen anderen Ländern gefahren und gesehen haben.

Aber in Sachen Fauna ist Australien echt der Hammer. So viele kuriose Tierarten, die es nirgendwo sonst auf der Welt gibt. Und für solche Tiersichtungen bedarf es nicht etwa großen Glücks. Sie ergeben sich überall! Selbst urbane Gebiete sind voller Tiere. Kein Tag, an dem wir nicht ein Häkchen auf unserer Freak-Liste-der-Tiersichtungen machen können. Nicht nur für Kinder und Fauna-Freunde ist Australien ein Paradies. Selbst Tier-Muffel wie ich kommen hier mächtig ins Schwärmen!

Doch zurück zu unserem Zeltplatz im Tidal River NP. Neben zig Wombat-Begegnungen sind es vor allem die vielen bunten Sittiche, die uns hier begeistern. Frech, wie sie sind, landen sie auf den Motorrädern und dem Zelt und versuchen, alles zu stibitzen, was nicht niet- und nagelfest ist. Vor ein paar Tagen flog ein Kingfisher beim Essen auf unseren Tisch und versuchte, ein stattliches Stück Käse zu entführen, das mit 300 Gramm rund zehnmal so schwer war, wie er selbst. Die Aktion war gleichermaßen toll-dreist und lachhaft hoffnungslos. Die Wombats sind übrigens nicht weniger penetrant. Wenn sie Essen im Zelt wittern, dann reißen sie mit ihren scharfen Krallen fix einen persönlichen Eingang ins dünnwandige Heim, um ans Ziel ihrer Witterung zu kommen. Im Gegensatz zu nordamerikanischen Bären scheinen sie aber kein Interesse an nach Abenteuer duftenden Motorradstiefeln und Ähnlichem zu haben. Einer macht es sich allerdings auf Simons Laptop gemütlich, das gerade am Motorrad zum Aufladen angeschlossen ist. Wir trauen unseren Augen nicht! Vermutlich weil das Gerät angenehm warm ist, lässt sich der Brummer von der empörten Simon nicht verscheuchen. Endergebnis und Siegerehrung dieser für mich sehr lustigen Szene: Einige sehr exklusive Krallen-Signaturen auf Simons Netbook. Lachend stimmen wir überein, dass die origineller als jeder Australien-Aufkleber sind.

Wieder mal ohne Saft

Mein Motorrad springt nicht an! Verflucht nochmal! Das einzige, was ich im letzten halben Jahr noch öfter als Reifenwechsel gemacht habe, ist Batterien an den beiden Motorrädern auszutauschen. Meine Frustrationsschwelle ist angesichts der seit Wochen nahezu täglich auf mich einprasselnden technischen Tiefschläge mittlerweile ziemlich niedrig. Die gute Nachricht: Schon vor dem Test mit Simons Batterie war ich mir ziemlich sicher, dass eben die das Problem ist. Offensichtlich habe ich es geschafft, zu lange Akkus und Netbooks an meinem Motorrad zu laden, so dass das Kraftpaket nun am Ende ist. Normalerweise habe ich bei dieser täglichen Prozedur ein gutes Maß – vorausgesetzt, die Batterie ist nicht angeschlagen. Gute Nachricht Nummer zwei: Nachdem ich vergeblich diverse Leute um ein Überbrückungskabel angeschnorrt habe, bekomme ich an der Info des Nationalpark-Campingplatzes ein Starthilfegerät, mit dem es nach einigen Anlauf-Schwierigkeiten gelingt, mein Schätzchen zu reanimieren!

Motorrad-Traumstraße Great Ocean Road

Die Great Ocean Road wird gemeinhin zu den besten (geteerten) Motorradstrecken der Welt gezählt. Wir gehen die Sache skeptisch an, sind aber schnell überzeugt. Im ersten Drittel der insgesamt rund 200 km langen Great Ocean Road geht es die ganze Zeit wunderschön am Meer entlang. Unverhofft haben wir, bei nach wie vor frischen Temperaturen, sogar mal ein bisschen Sonne, so dass wir die Motorrad-Straßen-Legende richtig genießen können. Der Mittelteil der Great Ocean Road führt landeinwärts. Wir biegen zum Cape Otway ab, das eigentlich den Umweg nicht wert ist. Auf halber Strecke haben wir aber eines der beeindruckendsten Tier-Erlebnisse Australiens. Die Eukalyptus-Bäume hängen voller Koalas. Bestimmt hundert Tiere sind hier auf engstem Raum zu erspähen. Eines sogar mit Baby! Mal abgesehen von einem Exemplar, das wir gestern Abend als Nachbar beim Zelten im Wald hatten und das uns mit seinen, für ein so kleines Tier unglaublich lauten Brunftschreien ziemlich irritiert hat, ist dies das erste Mal, dass wir die putzigen Gesellen zu Gesicht bekommen, vor denen auf unzähligen gelben

Schildern seit Queensland gewarnt wird. Dass wir noch nicht ein einziges Mal einen als Roadkill gesehen haben, mag als Indiz dafür gelten, wie schwer es ist, einen Koala zu sichten. Denn die allgegenwärtigen Kadaver an Australiens Straßen sind ansonsten ein trauriges Who-is-Who der einheimischen Tierwelt.
Nach einer Bush-Camping-Nacht startet Tag zwei auf der Traumstraße leider mit Nieselregen. Das Wetter verschlechtert sich zudem mit jeder Stunde und wir sind froh, die touristischen Highlights bei gerade noch erträglichem Regen anschauen zu können. Pünktlich zum Ende der Great Ocean Road geht es dann richtig zur Sache. Es schüttet wie aus Eimern und ohne Unterlass. In kürzester Zeit sind wir triefend nass. Bei Temperaturen um fünf Grad fühlt sich das dank Fahrtwind schnell sehr kalt an. Die letzten anderthalb Stunden zu unseren nächsten Gastgebern sind eine Tortur! Minuten werden wieder einmal zu Stunden und unser Durchhalte-Wille schwindet rapide. Wir frieren erbärmlich, die Sicht ist miserabel und die Straßen-Überflutungen nehmen so schnell an Tiefe und Zahl zu, dass wir bangen, ob wir überhaupt durchkommen werden! Als wir endlich unsere Freunde erreichen, ist nicht nur unsere Stimmung unter null. Ich hatte echt vergessen, wie weh steif gefrorene Finger tun können, wenn das Gefühl in sie zurückkehrt. Der Schmerz ist so heftig, dass ich nicht in der Lage bin, mit unserem Gastgeber Begrüßungs-Smalltalk zu halten. Der hat zum Glück selber genug zu tun, da seine Garage unter Wasser steht. Die Niederschlagsmenge dieses Tages ist selbst für das an Starkregen gewöhnte Australien ein Rekord. Wir sind aber erst mal einfach nur froh, ins Warme und Trockene zu kommen. Selten habe ich eine heiße Dusche so genossen! Herrlich!

Wir blamieren uns beim Schafscheren

Wir campen neben der Piste. Das kümmert hier in Süd- Australien niemanden. Das einzige Fahrzeug, das wir in zwei Stunden sehen, ist ein Farmer, der für ein kurzes Schwätzchen hält und uns für den nächsten Morgen einlädt, auf seiner Farm bei der Schafschur zuzusehen. Super! Da sind wir dabei!
Als wir zur verabredeten Zeit eintreffen, sind schon alle am Ranklotzen. Das ist ein schweißtreibender Job – nicht nur für die Scherer, sondern auch für die Helfer. Die Scherer werden übrigens

im Akkord bezahlt, brauchen rund zwei Minuten für ein Schaf und können so auf gut 450 EUR pro Tag kommen. Was sie dafür leisten müssen, ist jedoch nicht ohne. Das geht mächtig auf den Rücken. Simon leidet natürlich sofort mit den Schafen, die so manches Mal beim Scheren blutig gezwickt werden. Unglaublich, wie stoisch sie das hinnehmen und mit welcher Geduld sie sich in die unmöglichsten Stellungen drehen und fixieren lassen. Wir trauen uns kaum zu fragen, ob wir ein paar Fotos schießen dürfen, da wir das in solchen Situationen immer etwas unpassend finden. Aber die drei sind schnell aufgetaut und nur zu gerne bereit dazu. Der Preis für unsere Knipserei ist fair: Auch wir müssen ran. Nach kurzem Zögern greife ich mir beherzt ein dickes Schaf im Pferch und versuche, es rauszuziehen und in die zuvor beobachtete sitzende Stellung zu bekommen. Die versammelte Mannschaft lacht sich angesichts meiner unbeholfenen Versuche schlapp. Auch das eigentliche Scheren geht nicht gar so leicht von der Hand, wie beim Fachmann. Ich fluche, die anderen johlen!

Nach einigen eher wenig eleganten Scher-Streifen übergebe ich an Simon, die dann prompt die Lachsalven nochmal anschwellen lässt, weil sie aus Mitleid mit den armen Schafen, die ihrer Meinung nach bei den winterlichen Temperaturen sonst frieren würden, einen ordentlichen Pelz stehen lässt. Was für ein Spaß für alle Beteiligten. Ein großartiges Erlebnis in einer überraschend ungezwungenen Atmosphäre. Klasse!

Back to the Outback

Ein zweiter Anlauf zum WWOOFen findet ein schnelles Ende. Aus all den spektakulären Sachen, die wir eigentlich machen wollten, ist aus dem einen oder anderen Grund nichts geworden, so dass wir nun auf einer Blumen- und Schaf-Farm anheuern. Nach einem Tag Unkrautjäten bei wechselhaftem Wetter bin ich bedient. Im

Gegensatz zu Simon empfinde ich das als keine Tätigkeit, die ich ohne Bezahlung machen will. Außerdem hab ich genug von dem nass-kalten Wetter in Südaustralien.

In den Flinder's Ranges sind wir endlich wieder im Outback! Wir genießen die Wetterbesserung und die angenehmeren Temperaturen. So machen das Motorradfahren und das Zelten wieder Spaß! An der Ost- und Südküste waren wir definitiv zur falschen Jahreszeit, aber fürs Outback ist unser Timing perfekt: Es ist Frühling. Unzählige Wildblumen-Arten blühen gerade und geben der Wüste ungewohnte Farbtupfer. Immer wieder sehen wir Emu-Herden. Siedlungen werden seltener und immer kleiner.

Unsere technische Pechsträhne ist leider nach wie vor ungebrochen. Ein gerissener Kupplungs-Zug gehört da eher zu den Lappalien.

Eine braune Schlange sonnt sich auf der Straße und richtet sich fotogen auf, als ich langsam auf sie zu rolle. Das perfekte Tier-Motorrad-Foto ist in Sicht – so mein naiver Gedanke. Von hinten höre ich Simons fast schon hysterischen Warnruf. Das sei eine Taipan – hoch aggressiv und zudem die giftigste Landschlange der Welt! Oder doch nur eine Common Brown Snake und damit die zweitgiftigste Schlange der Welt? Abends versucht Simon in gewohnter Akribie diese Frage mit Hilfe Ihres Tier- und Pflanzen-Bestimmungsbuches zu klären und erörtert im Zelt laut das Für und Wieder. Ich nicke nur stumm zu ihrem Vortrag und bin heilfroh, dass diese Geschichte glimpflich ausgegangen ist!

Der Oodnadatta Track

In Marree beginnt der Oodnadatta Track – eine interessante Offroad-Alternative zum langweiligen Stewart Highway, der das Outback von Nord nach Süd durchschneidet. Attraktionen en masse sind ein weiteres Argument, diese Route zu wählen.
In der weitläufigen Geisterstadt Farina stromern wir fast zwei Stunden herum – die erste auf Entdeckungstour, die zweite auf der Suche nach einem verlorenen Objektivdeckel.

Rosa Schilder markieren den „Dog Fence“, der mit 5.531 km die längste von Menschenhand errichtete Barriere der Welt ist und die Dingos aus dem Norden von den Weidegründen im Süden Australiens fernhalten soll. Sein teilweise desolater Zustand lässt uns jedoch an seiner Wirksamkeit zweifeln.

Mit dem Heck senkrecht in die Erde gerammte Flugzeuge und einige andere skurrile Skulpturen stehen weit verteilt in Alberrie Creek am Pistenrand. Schräge Sache! Das wäre das perfekte Setting für eine australische Version des „Burning Man Festivals“.

Wir genießen die Nächte hier draußen im Outback! Wild campen, wo immer wir wollen – fernab von anderen Menschen. Allabendlich werden wir mit tollen Sonnenuntergängen belohnt. Später funkeln dann die Sterne über uns! Krad-Vagabunden-Romantik pur!

So sehr ich Wüsten auch liebe, sie haben zuweilen ein kleines Handicap. Privatsphäre zur Verrichtung der morgendlichen Notdurft ist manchmal schwer zu finden. Da muss man schon mal mit eher symbolischem Sichtschutz Vorlieb nehmen, was bei genauerer Betrachtung eigentlich nur ungewohnt und nicht wirklich unangenehm ist.

Vor uns funkelt die Salzkruste des Lake Eyre South im Sonnenlicht. Australien ist ein Land der Extreme: Extreme Niederschläge und extreme Dürre. Die letzten drei Jahre hat es vor allem in Queensland so viel geregnet, dass der See ausnahmsweise fast ganz voll Wasser ist. Das geschieht nur sehr selten und ist von so her eine interessante Sache. Uns hätte er ganz trocken besser gefallen. Scheint aber wohl unser Los zu sein. Mit dem höchsten Salzsee der Erde, dem Salar de Uyuni in Bolivien, hatten wir damals ja sogar mitten in der Trockenzeit kein Glück. Aber auch so ist der Lake Eyre sehenswert und obendrein werden wir noch von einer australischen Familie, die hier in der Einöde campt, auf einen Kaffee eingeladen. Solche kleinen, netten Erlebnisse machen uns immer gute Laune!

Eine Stunde noch bis William Creek. Die Piste ist mittlerweile anstrengender geworden und mein Krad leidet wieder unter Leistungs-Schwund. Das Problem hatte ich vor einigen Wochen gehofft, behoben zu haben. Nun ist es zurück und zu allem Überfluss auch noch im Outback. Weniger Infrastruktur geht kaum noch! Ich fluche für ein paar Minuten vor mich hin, entscheide mich dann aber lieber die Spucke zu sparen. Es ist nämlich brütend heiß.

William Creek ist kaum mehr als eine Tankstelle und schockiert mit einem Outback-Benzin-Preis-Rekord: Rund 60% mehr als in besiedelten Gebieten. Da tanken wir lieber unsere Kanister-Reserve, mit der uns immerhin noch ein Puffer von 40 km bis zur nächsten richtigen Stadt bleiben müsste. Auf dem Parkplatz sehen wir ein Miet-Geländefahrzeug, das eine BMW GS Adventure auf einem Anhänger im Schlepp hat. Einer von der Truppe spricht uns an und es stellt sich heraus, dass es sich um ein deutsches Filmteam handelt, das mit einem bekannten Motorradreise-Profi eine Reportage über den Oodnadatta Track dreht. Zigmal seien sie die mehrere hundert Kilometer lange Piste nun schon auf und ab gefahren – immer auf der Jagd nach dem perfekten Licht, um die Maschine abzuladen und wieder eine weitere Filmsequenz zu inszenieren. Das fertige Produkt wird dann dem unbedarften Zuschauer den Eindruck eines echten Motorradabenteuers vermitteln. Long Way Round lässt grüßen.
Gerne wären wir dem Oodnadatta Trail noch weiter gefolgt, aber uns lockt die unterirdische Stadt Coober Pedy, in deren Richtung wir kurz hinter William Creek abbiegen. Die erste Hälfte dieses Dirt-Tracks ist anstrengend: Viel rappeliges Wellblech und immer wieder Sandpassagen. Stürze sind für uns Sand-Fahr-Flaschen unvermeidlich.

Ein einsamer verbeulter Motorrad Koffer am Pisten-Rand zeugt davon, dass ein anderer weniger sanft zu Boden gegangen ist. Wir wundern uns: Die Kiste, die aufgrund ihrer markanten Form offensichtlich an eine BMW gehört, ist zwar ordentlich verbeult, aber keineswegs unbrauchbar. Da haben wir schon lädiertere Exemplare an den Motorrädern zünftiger Fernreisender gesehen. Warum sie also aufgeben? Zudem findet sich im unverschlossenen Koffer neben einigen Bruchstücken vom Krad auch noch das Bordwerkzeug! Vom Trinkwasser mal abgesehen ist das das letzte, das ich auf einer Fernreise im Allgemeinen und im Outback im Speziellen wegschmeißen würde! Vielleicht ist der Koffer ja von einem Anhänger gefallen – da merkt man den Verlust nicht so leicht. Zu gerne wüssten wir des Rätsels Lösung, werden sie aber wohl nie erfahren.

Ein anstrengender Tag geht zu Ende – nicht nur für uns, sondern auch für unsere Motorräder. Zu den vielen kleinen Wehwehchen der letzten Tage sind nun noch zwei leckende Federbeine und ein undichter Bremsflüssigkeits-Behälter gekommen. Ein paar losgerüttelte Schräubchen, die ich fix aus unserem Vorrat ersetze, zählen eigentlich gar nicht. Nach 130.000 km, unter teilweise stark material-verschleißenden Bedingungen, sind die Kräder von den Strapazen gezeichnet. Aber irgendwie ging's bisher immer weiter. Wir glauben dran, dass uns unsere beiden treuen Motorräder bis nach Hause tragen werden. Mantra-artig wiederholen wir die Parole immer wieder! Wir werden es schaffen!

Weißer Mann im Loch

Coober Pedy heißt eigentlich „kupa piti" und bedeutet in der Sprache der Aborigines „weißer Mann im Loch". Wenn man die Millionen von Maulwurfshügeln sieht, die die Landschaft in einigen zehn Kilometern Umkreis prägen, versteht man sofort, woher der Name kommt. Überall warnen Schilder vor nicht wieder zugeschütteten tiefen Schächten. Was die Schürfer aus aller Herren Länder hier suchen? Opale! Immer wieder sehen wir die abenteuerlichsten, selbst gebauten Spezialfahrzeuge. Anfangs wurden aufgegebene Minen aus reinem Pragmatismus als kühle Wohnräume genutzt. Bei Außentemperaturen von 50 Grad im Sommer keine schlechte Idee.

Mittlerweile werden nicht nur unterirdische Wohnhäuser (sogenannte Dugouts) gezielt so angelegt. Rund 24 Grad Raumtemperatur machen auch den Besuch von Dugout Geschäften und Kirchen angenehmer. Es besteht ein üppiges Angebot an Underground-Hotels und es gibt sogar einen unterirdischen Campingplatz einige Kilometer außerhalb. Dem kehren wir jedoch nach wenigen Minuten leichten Herzens den Rücken. Er kostet doppelt so viel, wie ein normaler in der Stadt. Das Ganze hat den Charme eines Bunkers und vor allem: Der Besitzer ist so unverschämt und feindselig, dass man meinen könnte, ihm wäre die Frau mit einem Motorradfahrer durchgebrannt.
Wir schlagen unser Zelt im Hof des Opal Inn auf und gönnen uns eiskaltes Bier, auf das wir uns seit Tagen freuen. In Coober Pedy wird es zu unserem Entsetzen jedoch mit Gold aufgewogen. Umgerechnet 14 EUR pro Sixpack müssen wir im örtlichen Liquor-Shop auf die Theke legen. Zu dem Zeitpunkt ahnen wir noch nicht, dass wir uns nach diesen Preisen noch zurücksehnen werden. Bis zu sechs Euro rufen einsame Roadhouses für eine kleine Dose im Outback auf.

Zum Standard-Touristen-Programm in Coober Pedy gehört der Besuch einer Mine. Es gibt reichlich Auswahl und die Preise liegen bei rund 20 EUR. Josephine's Gallery, deren Name sich zugegebenermaßen nicht danach anhört, bietet interessante Führungen in der hauseigenen Schau-Mine für vier Euro an. Man sieht zwar kein Minengerät, aber die Erklärungen sind sehr umfassend und geduldig. Uns hat's gut gefallen und zweimal am Tag gibt es noch ein Schmankerl für Tierfreunde obendrauf. Dann bekommen die Joeys (verwaiste Känguru-Babys), die hier aufgezogen werden, die Flasche.

Trinker-Grabsteine und Anti-Säufer-Regeln

Am nächsten Morgen machen wir noch einen letzten Abstecher zum Friedhof. Ähnlich dem skurrilen Todesacker in Cooktown, gibt es auch hier das eine oder andere extravagante Grab. Unser Favorit hat ein Bierfass als Grabstein und ist mit eingelassenen Weinflaschen verziert.

Apropos Weinflaschen: Bevor wir uns auf den Weg machen, müssen wir noch schnell unsere Vorräte auffüllen, denn von nun an wird es für eine Weile nichts Erschwingliches mehr zu kaufen geben. Im Liquor-Shop bekomme ich dann jedoch fast einen Schrei-Anfall. Der Angestellte weist mich höflich aber bestimmt auf die kommunale Regel hin, dass die 4-Liter-Wein-Kartons, die wir aufgrund des überragenden Preis-Leistungs-Verhältnisses ausschließlich kaufen, erst ab 15.00 Uhr abgegeben werden dürfen. So will man wohl all die auf der Straße herumlungernden schwarzen Alkis vom frühen Saufen abhalten, da sie wahrscheinlich nicht in der Lage sind, sich am Vorabend was auf Vorrat zu kaufen. Und andere Gebinde-Größen können die sich nicht leisten – genau wie wir. Doppelt so teure 2-Liter-Kartons gäbe es auch jetzt schon. Flaschen sind noch unerschwinglicher. Da ich keine vier Stunden abwarten will, schleiche ich mit gesenktem Kopf aus dem Laden. Ein Mann kommt hinter mir her. Er hat die Szene verfolgt und hält mir einen Geldschein hin, den ich natürlich erst mal höflich zurückweise. Aber er bleibt hartnäckig. Er habe heute Geburtstag und es sei ihm ein Bedürfnis einen auszugeben. So was ist typisch australisch! Mit Ausnahme des einen schwarzen Schafes auf dem Underground-Camping haben wir Down Under ausnahmslos nur von eben dieser sehr freundlichen und gastlichen Seite kennengelernt. Die Inschrift auf dem Bierfass-Grabstein heute Morgen passt übrigens ganz zu dieser Szene: „Have a drink on me!“ Ob das gerade der Dank des Toten war, weil wir sein Grab so toll fanden? Beim Bush-Camping zünden wir abends eine Geburtstagskerze zu Ehren unseres edlen Spenders an und prosten ihm in Gedanken zu. „Thanks mate. You made our day!“

Bis zum Horizont geradeaus

Nun sind wir auf dem Stewart Highway unterwegs– der großen asphaltierten Fernstraße, die das Outback von Süd nach Nord durchschneidet. Obwohl die Teerstraße wenig reizvoll schnurgeradeaus führt, wird uns nicht langweilig. Trotz, nach deutschen Maßstäben, hochsommerlich heißen Temperaturen, ist es hier ja erst Frühling. Überall leuchten daher bunte Wildblumen. Eines von vielen farbenfrohen Beispielen ist die Feuererbse, die Nationalblume Australiens. Grellgelbe Wüsten-Melonen, die wir in rauen Mengen am Straßenrand erspähen, sehen aus, als hätte ein LKW eine Ladung Orangen verloren!
Immer wieder sonnen sich Reptilien auf der glühend heißen Straße. Ein Wunder dass wir nicht mehr von ihnen als Roadkill sehen, denn der Verkehr ist weit dichter als gedacht. Alle fünf oder zehn Minuten kommt uns ein Fahrzeug entgegen. Das Outback auf dem Stewart Highway zu durchqueren, ist also doch keine so verwegene Tat, wie manch Internet-Blogger glauben machen möchte. Zugegeben, eine Panne wäre kein Spaß und zumindest finanziell ein Fiasko, aber sterben wird hier keiner, wenn er brav bei seinem Fahrzeug bleibt. Die größte Gefahr ist, aufgrund der Monotonie beim Fahren einzuschlafen. Unzählige rostige Wracks sind stumme Mahnung. Die erheblichen Deformationen und die teilweise beachtliche Distanz zur Straße, zeugen von schweren Unfällen.

Ayers Rock und die Olgas

Ayers Rock, der in der Sprache der Ureinwohner Uluru heißt, dürfte für die meisten Australien-Touristen das Wahrzeichen des Landes schlechthin sein. Entsprechend groß ist der Besucheransturm. Am Kassenhäuschen des Nationalparks drücken wir einen Batzen Kohle für das 3-Tage-Ticket ab und steuern unser erstes Ziel an: Die Olgas, die korrekt Kata Tjuta heißen. Die wollen wir uns schnell anschauen, dann noch Uluru machen und spätestens um 17.00 Uhr wieder abhauen. So der Plan. Bald realisieren wir, dass das keinen Sinn macht. Zu viel gibt es hier zu sehen. So nehmen wir uns Zeit für kleine Wanderungen bei den Olgas und verschieben Ayers Rock auf den Folgetag. Da man im Nationalpark nicht wild campen darf und der offizielle Zeltplatz mit 14 EUR pro Person nicht in Frage kommt, fahren wir ein paar Kilometer raus auf dem Lasseter Highway. Eine Stelle zum wild Zelten zu finden, ist hier kein Problem. Über eine der vielen Sandpisten geht es auf eine kleine Anhöhe, von wo aus man gut über die hügelige Landschaft bis zum Ayers Rock und den Olgas schauen kann. Als die Sonnen untergeht, glüht der Horizont auf 120° Grad Breite. Kein Abendrot, sondern der Widerschein eines gigantischen Buschfeuers, das wir schon in der Nacht zuvor besorgt beobachtet haben. Wenn der Wind dreht, ist es im wahrsten Sinne des Wortes in Windeseile bei uns. Wir machen uns Sorgen, ob uns die Feuerwalze im Schlaf überraschen kann oder ob ein sechster Sinn uns warnen wird.

Am nächsten Morgen genießen wir heil und unverbrannt bei Sonnenaufgang die Vorzüge unseres Logen-Hügels. Uluru sieht im ersten Licht des Tages phantastisch aus! Auch die Kata Tjuta sind in der

Ferne gut zu sehen. Und das Beste: Keine lauten Touristen-Massen um uns herum! An den Sunrise Viewing Points im Nationalpark klicken jetzt gerade bestimmt Hunderte von Kameras um die Wette! Wir nutzen die kühleren Morgenstunden, um uns Ayers Rock aus der Nähe anzusehen. Man kann den gigantischen Felsen auf einem zehn Kilometer langen Wanderweg umrunden, oder drum herum fahren. Schnell wird jedoch klar, dass Uluru viel interessanter ist, als wir vermutet hatten. Was aus der Ferne wie ein gigantischer Kuhfladen aussieht, stellt sich aus der Nähe äußerst abwechslungsreich dar. Wir stoppen praktisch im Minutentakt, um immer wieder neue Perspektiven und Oberflächenstrukturen in uns aufzunehmen.

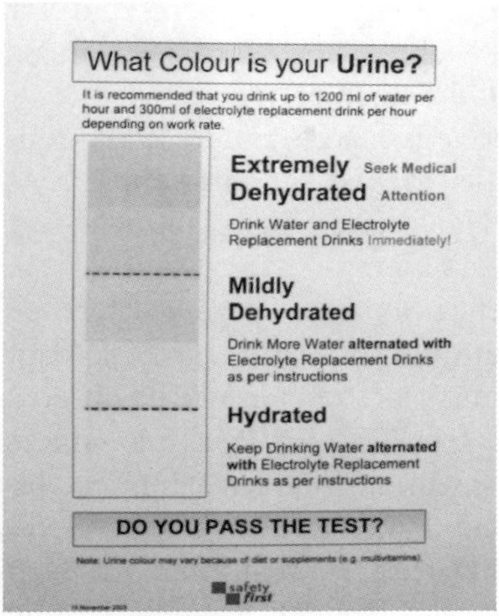

Was uns gut gefällt: Überall im Nationalpark gibt es gratis Trinkwasser! Bei den extremen Tagestemperaturen, ist Dehydrierung hier eine ernste Gefahr! Überall hängen Ermahnungen, mindestens einen Liter pro Stunde zu trinken und auf den Toiletten gibt es interessante Tafeln, mit deren Hilfe man anhand der Farbe seines Urins den Grad der Dehydrierung feststellen kann. Cool! Über dunkelgelb kommen wir aber dieser Tage nie hinaus.

Apropos Trinkwasser: Das ist eine logistische Herausforderung im Outback. Angesichts des deutlich erhöhten Bedarfs ist es an sich schon schwer, genug Wasser auf kritischen Etappen mitzuführen. Dazu kommt noch das Beschaffungsproblem. Im Outback gibt es im Gegensatz zu den Küstenregionen Australiens nicht gerade an jeder Ecke einen öffentlichen Wasserhahn. Außerdem behauptet so manches Roadhouse, das Brunnen-, respektive Leitungswasser sei ungenießbar. In einzelnen Fällen stimmt das sogar, oft ist es jedoch nur eine Masche, um die Reisenden zum Kauf extrem teuren Trinkwassers in Flaschen zu verleiten. Wer das macht, wird in einigen Wochen Outback ein Vermögen los. Wir halten uns daher stets ans angeblich ungenießbare Leitungswasser – allerdings nicht ohne zuweilen eine gewisse nervöse Vorahnung im Gedärm zu verspüren.

Alice Springs – im glühend heißen Zentrum

Die letzten hundert Kilometer bis zum Stewart Highway sind eine Zitterpartie. Zuletzt fährt mein Motorrad nur noch 50km/h bei Vollgas. Verflucht! Das hier ist echt kein Ort, um ein solches Problem zu haben! Außer der überteuerten Tankstelle an der Kreuzung, gibt es hier weit und breit einfach nur NICHTS. Wie immer läuft mein Krad nach dem Tanken wieder besser und wir nehmen reichlich angespannt die letzten 200 km nach Alice Springs in Angriff. Als wir dort bei Paul und Tammy ankommen, sind wir erleichtert. Geschafft! Alles Weitere sehen wir nach dem ersten kalten Bier. Oder nach dem zweiten? Oder doch erst morgen?
Paul hat übrigens schon mal an der legendären Finke Rally teilgenommen. Was für uns Helden-Status hat, ist für ihn kein großes Ding. Die Rally-Piste ist quasi seine Haus- und Übungs-Strecke, die er schon öfter gefahren ist, als er zählen kann.
Als er uns am nächsten Tag für ein nettes Sonnenuntergang-Bierchen auf einen Hügel westlich der Stadt mitnimmt, werden seine Offroad-Fähigkeiten deutlich. Der steile, tief ausgewaschene und in unseren Augen fast unmöglich zu meisternde Track, ist für Paul mit seinem ollen Vierrad-PKW, der aussieht, als würde er jeden Moment das Zeitliche segnen, kein Problem. Wir staunen und halten uns verkrampft am Türgriff fest. Belohnt werden wir mit einer Hammer Aussicht auf Alice Springs, die West Mac Donnell Ranges und mit eiskaltem Bier! Wow! Diesen Ort hätten wir nie alleine gefunden, geschweige denn den Aufstieg hier hoch gewagt. Einmal mehr sind wir froh über die tollen Erfahrungen, die wir auf dieser Tour machen, indem wir immer wieder gezielt den Kontakt zu einheimischen Motorradfahrern suchen. Diese Begegnungen sind das beste an unserer ganzen Weltreise!

Mit Einheimischen in Kontakt kommen

Auch wenn es angesichts der Fülle von Anekdoten, die ich hier zu dem Thema zum Besten gebe, nicht so wirken mag, ich beschränke mich auf einen Bruchteil unserer Begegnungen und Gastgeber. Dass ich dennoch des Öfteren von unseren Erlebnissen mit Einheimischen berichte, hat den Grund, dass wir dadurch immer wieder Möglichkeiten haben, Land und Leute in einer Weise kennenzulernen, wie es uns sonst als Durchreisenden absolut unmöglich wäre. Ob's nun Sightseeing Geheimtipps von "Locals", wie hier in Alice Springs oder neulich in Sydney sind, oder das ganz normale Leben von Menschen, die ähnliche Interessen haben wie wir. Es ist für uns total spannend. Dabei hätte ich mich früher gar nicht als allzu kontaktfreudig eingestuft. Aber auf Fernreisen fliegen einem die Möglichkeiten regelrecht zu - sei es online oder auf der Straße, wo wir aufgrund unserer Kennzeichen und unserer Motorräder immer wieder angequatscht werden. Wie zuvor schon erwähnt, helfen Gemeinsamkeiten dabei ungemein. Sie brechen das Eis und bauen Brücken. Nicht ohne Grund sind wir überwiegend bei Motorradfahrern zu Gast. Nicht dass wir darauf fixiert wären, aber es ist häufig der Anknüpfungspunkt, durch den man ins Gespräch kommt. Dass wir als Paar reisen, ist zudem hilfreich. Als verwegen aussehender Mann wären meine Chancen, in Kontakt zu kommen oder gar eingeladen zu werden, bestimmt deutlich geringer. Aber dadurch, dass eine Frau dabei ist, wirken wir anscheinend vertrauenswürdiger und weniger bedrohlich. Andere Reisende berichten Ähnliches. Am schwersten haben es Gruppen von mehr als zwei, vor allem wenn es ausschließlich Männer sind. Die Chancen mit drei, vier Jungs eingeladen zu werden, gehen stark gegen null.

Besoffene Ureinwohner

Wir wurden von mehreren Motorradreisenden in Australien vor Alice Springs gewarnt, wo angeblich praktisch der Ausnahmezustand herrsche. Hunderte betrunkener Aborigines lägen in der Stadt herum. Vielleicht war das vor einigen Jahren noch so. Heute sieht die Realität jedenfalls anders aus. Keine Penner, keine Alk-Exzesse auf offener Straße. Das mag zum Teil an den sehr restriktiven Alkohol-Abgabe-Regeln im Outback und im Northern Territory liegen, unter denen wir ja schon in Coober Pedy leiden mussten. Und auch hier bin ich gut angepisst von den schikanösen Vorschriften. Alkohol-Läden öffnen erst um 14.00 Uhr und vor jedem steht den ganzen Tag ein Polizist. Wein in Kartons und Portwein generell dürfen nur

zwischen 18.00 und 21.00 Uhr von zwei bestimmten Liquor-Stores verkauft werden. Dort geht es dann zu besagten Uhrzeiten zu, wie damals in der DDR, wenn ein knappes Gut ausnahmsweise zum Verkauf stand. Obendrein sind die Preise ein Vielfaches der im restlichen Land üblichen und man muss sich zu alle dem auch noch ausweisen. Die Daten werden im Computer erfasst, da jeder nur einen 2-Liter-Kanister pro Tag kaufen darf und so zudem diejenigen, die als Bewährungsauflage Alkoholabstinenz haben, identifiziert werden können.
Auch wenn das von offizieller Seite bestimmt dementiert würde, diese Regeln sind nur deshalb in Kraft, um das Problem des Massen-Alkoholismus unter Aborigines einzudämmen. Uns drängt sich der Eindruck auf, dass hier ausschließlich an den Symptomen herumgedoktert wird, anstatt das Übel an der Wurzel anzugehen. Neben unseren theoretischen Vorbehalten gegen diese Methoden, sind wir aus rein pragmatischen Gründen von den restriktiven Alkohol-Abgabe-Regeln total genervt. Die künstlich hohen Preise treffen auch unser knappes Reisebudget und es ist alles andere als lustig, wenn man nach einigen durstigen Tagen mal irgendwo durchkommt, wo man sich einen Rotwein für ein romantisches Bush Camping am nächsten Tag mitnehmen möchte und einem das verwehrt wird, weil die Abgabesperre für Weinkanister noch für zig Stunden gilt.

Auf der Flucht vorm Buschfeuer

Am nächsten Tag rücke ich in Pauls geräumiger Garage meiner im Benzintank integrierten Pumpe zu Leibe, da ich hier die Ursache für den notorischen Leistungsverlust vermute. Aber alles ist sauber und optisch intakt. Als ich jedoch entdecke, dass ein Entlüftungsschlauch verstopft ist, gestatte ich mir verhaltene Vorfreude! Das könnte es gewesen sein. Würde genau zum Fehlerbild passen! Ein paar Stunden später ist die Enttäuschung groß: Fehlschlag! Der Entlüftungsschlauch war nicht das Problem. Der Leistungsverlust ist zurück.

Trotz nach wie vor ungelöstem Problem mit meiner Maschine wagen wir einen Tagesausflug in die West Mac Donnell Ranges. Wir fahren bis zur Glen Helen Gorge durch, von wo aus wir uns dann rückwärts durch die Sehenswürdigkeiten arbeiten wollen. Der kleine See in der Gorge (=Schlucht) ist eine regelrechte Oase im sonst so trockenen Outback. Beim nahen Mt. Sonder Lookout ist die Sicht auf das übliche Bergpanorama durch schwarze Rauchschwaden verdeckt.

Vor uns wütet ein ordentliches Buschfeuer. Wir hatten schon auf dem Hinweg mehrere große Rauchwolken am Himmel gesehen. Von unserem Logenplatz beobachten wir nun das spannende Spektakel aus sicherer Entfernung. Plötzlich dreht jedoch der Wind und frischt gleichzeitig erheblich auf. Die Flammen schießen in die Höhe und eine Feuerwand arbeitet sich in Windeseile auf uns zu. Alleine in den wenigen Sekunden, die wir brauchen, um Jacken, Helme und Handschuhe anzuziehen, überbrückt die Feuersbrunst die letzten hundert Meter zu uns. In dichten Rauch gehüllt geben wir Fersengeld. Puh! Das war knapp!
Auf dem Weg zurück nach Alice Springs raucht es nun überall heftig. Alle Abzweige zu den Sehenswürdigkeiten, die wir uns eigentlich anschauen wollten, sind wegen des Feuers gesperrt. Anderntags lesen wir, dass 20 Camper von der Ormiston Gorge, die wir bei unserem Ausflug eigentlich hatten besuchen wollen, evakuiert werden

mussten. Selbst der Lasseter Highway, den wir vor wenigen Tagen von Ayers Rock kommend gefahren sind, musste geschlossen werden, weil auch dort ein Buschfeuer wütet. Da waren unsere Sorgen beim Bush Camping in der Nähe von Ayers Rock gar nicht mal so unbegründet. Bei entsprechendem Wind kann so ein Buschfeuer in ein paar Stunden enorme Distanzen zurücklegen. Da fällt es leicht, sich vorzustellen, dass manch einer beim wild Zelten schon im Schlaf überrascht wurde! Wir haben sogar von Fällen gehört, in denen Fahrzeuge mit Vollgas von der Feuerwalze überholt wurden.

Zu Besuch bei Helmut Kohl

Zurück in Alice Springs. Paul hat uns zu (Helmut) Kohl eingeladen! Verwirrt? Wir auch! Des Rätsels Lösung: Kohl ist der Name seines Schäferhundes und der ist tatsächlich nach unserem großen Staatsmann, dem wir die Europäische Union verdanken, benannt.
Paul und Kohl arbeiten im Knast von Alice Springs und dorthin machen wir uns nun auf. Drei spannende Stunden lang erklärt und demonstriert uns Paul seinen Berufsalltag als Hundeführer im Gefängnis! Super interessant! Unter anderem lernen wir, wie Drogenhunde abgerichtet und eingesetzt werden. Das Highlight ist jedoch Kohl, der als sogenannter „general purpose dog“ fungiert. Das beinhaltet auch den Schutz seines Herrchens. Ein Kollege von der Hundestaffel opfert sich als Dummy für eine Action-Vorführung. Wir sind beeindruckt und hoffen inständig, dass unsere Arme niemals zwischen die unnachgiebig zuschlagenden Zähne des Sabber schleudernden Kohls kommen werden.

In der Ufo-Hauptstadt

Wir verlassen Alice Springs in Richtung Norden und nehmen mal wieder den Stewart Highway unter die Räder. Unser Ziel ist das an der Nordküste gelegene Darwin, von wo aus wir unsere Motorräder nach Ost-Timor verschiffen wollen.

Whycliffe Well ist die selbsternannte UFO-Hauptstadt Australiens. Genaugenommen ist die Hauptstadt nur ein Roadhouse mit

Campingplatz, aber unbestritten ein origineller Ort! Während wir einen mit 2,50 EUR überraschend günstigen Kaffee (bottomless cup = so viel man will) trinken, studieren wir die unzähligen Berichte über UFO-Sichtungen in der Region und bewundern den Geschäftssinn des Gastwirts, der fast alles, was man sich denken kann, mit Aliens bedrucken lässt, um so die Touristen zu schröpfen. Trotz allem Nepp ein sympathischer Ort.
Abends liegen wir noch lange wach und denken über Außerirdische nach. Eigentlich glauben wir nicht an so was. Eigentlich...

Devil's Marbles (Karlu Karlu) - die überdimensionalen „Murmeln des Teufels" liegen zu Hunderten in der Einöde herum. Trotz brutaler Hitze macht die Entdeckungstour per pedes großen Spaß! Ein gar nicht scheuer Dingo leistet uns Gesellschaft. Er macht sich jedoch aus dem Staub, als immer mehr Touristen eintrudeln. Eigentlich wollten wir hier kampieren, aber uns ist zu viel los und so fahren wir zu den „Kieselsteinen des Teufels" weiter. Die Devil's Pebbles (Kunjarra) sind weniger spektakulär und vor allem muss man dafür einige Kilometer Sandpiste fahren, wodurch wir den Ort abends für uns alleine haben.

Verkohltes Land

Ständig sehen wir Rauchwolken. Buschfeuer in allen Richtungen! Central Australia ist nur noch wenige Tage von der längsten regenlosen Periode, seit es Wetteraufzeichnungen gibt, entfernt und entsprechend leicht zündelt es überall. Was für ein Kontrast zum überschwemmungsgeplagten Queensland.
Grundsätzlich sind Buschfeuer in diesem Land etwas Normales und die Vegetation hat sich in vielfältiger Form an dieses Phänomen angepasst. Weder den Eukalyptus-Bäumen noch den Termitenhügeln, die hier gemeinsam die Landschaft dominieren, machen die Feuer etwas aus. Stundenlang fahren wir durch verkohltes rauchendes Land.

Badetag!

Im Norden des Bundesstaates Northern Territory wimmelt es nur so von wundervollen Bademöglichkeiten, von denen wir ausgiebig Gebrauch machen. Die Mataranka Thermal Pools erscheinen uns nicht nur wegen der idyllischen Palmen wie eine Oase in der Wüste! Auch wenn es sich um warme Quellen handelt, so ist das Wasser dennoch eine willkommene Abkühlung. Zu dem idyllischen Ort zieht es nicht nur menschliche Besucher, sondern auch viele Tiere. Ein Känguru mit Joey im Beutel traut sich bis auf wenige Meter an uns ran. Hunderte oder vielleicht sogar Tausende von Flughunden hängen in den Wipfeln der Palmen und drehen gelegentlich eine Runde durch die Lüfte. Wohl dem, der die Schlange am Baum nicht erkennt - die meisten der badenden Touristen wären garantiert schreiend aus dem Wasser geflüchtet, wenn sie sie entdeckt hätten.

Die Mataranka Thermal Pools würde ich zu den schönsten heißen Quellen zählen, die ich je besucht habe, aber die nahen Bitter Springs setzten nochmal eins drauf: Absolute Weltklasse! Die Temperatur ist perfekt und die Anlage weitgehend naturbelassen, was den Reiz erheblich steigert. Man kann sich träge im kristallklaren Wasser treiben lassen, das für einige hundert Meter gemächlich seinen überwiegend schattigen Weg durchs üppige Grün sucht. Dieses Paradies dann wieder gegen die gnadenlose Hitze auf dem Motorrad zu tauschen, kostet Überwindung. Die Temperaturen sind so hoch, dass selbst der Fahrtwind keine Linderung bringt.

Badetag Nummer 2! Unsere Lieblingsstelle im Douglas Daly Park heißt „the Arches“. Der kühle Fluss bahnt sich hier fotogen seinen Weg durch Felsen und hat einige schöne Bögen ausgewaschen. Blaue und rote Libellen fliegen herum, Hunderte kleiner, kecker Eidechsen rascheln durchs Laub und im Wasser erspähen wir Zebra-Fischchen. Im kühlen Schatten, am rauschenden Bach genießen wir unser Frühstücks-Picknick. Eine halbe Stunde später stapfen wir kneipp-kurmäßig bei den nahen Douglas Hot Springs durchs Wasser. Überall sprudeln heiße Quellen aus dem Boden, die sich mit dem kühlen Bach vereinen. Natürliche Pools laden zum Plantschen ein und bieten von erfrischend kühl bis unerträglich heiß alles, was das Herz begehrt.

Der spektakulärste Bush-Camping Spot Australiens

Der Litchfield NP, der nach Meinung vieler zum Besten zählt, was Australien in Sachen Nationalparks zu bieten hat, hat ohne Zweifel seine Reize. Genussmindernd schlägt sich die große Anzahl von Touristen nieder, die den Park wegen seiner Nähe zu Darwin bequem erreichen können. Dass praktisch ständig und überall Busse oder Mietautos im Stand vor sich hintuckern, die Luft verpesten und die Stille stören, geht mir mächtig auf den Wecker. Die Ignoranz der Australier und der asiatischen Touristen steht diesbezüglich der der Nordamerikaner in Nichts nach. Eine Vielzahl von gut besuchten Bademöglichkeiten lädt zum Abkühlen ein. Wir winken angesichts der vielen Leute entnervt ab und verlassen den Nationalpark gen Norden auf einer rappeligen Wellblech-Piste, die sich außer uns kaum einer antut. Bequemer ist die asphaltierte Ost-Zufahrt vom Stewart Highway. Der Lohn fürs Rütteln und Schütteln: Ein Ort, der alles im Litchfield NP schlägt! Im Nationalpark gab es ein umzäuntes Feld von Kompass-Termiten-Hügeln, das man dort aus der Ferne bestaunen konnte. Hier kann man sie statt dessen aus nächster Nähe betrachten und sogar inmitten von ihnen zelten! Genial! Die „Magnetic Termite Mounds“ sind übrigens alle strikt süd-nord-ausgerichtet und flach wie Grabsteine. Als am nächsten Morgen die Sonne aufgeht und die ersten rötlichen Strahlen durch den Nebel brechen, kommen wir uns wie auf einem Friedhof vor! Gruselig! Faszinierend! Wunderschön!
Wir sind uns einige: Platz 1 in Sachen Sonnenaufgang und zudem

der spektakulärste Bush-Camping-Spot, den wir in Australien hatten!

In Berry Springs winke ich geschockt ab. Es ist Samstag und aus dem nahen Darwin haben wahre Menschenmassen ihren Weg hierhin gefunden. Simon ist davon nicht abzuschrecken und nimmt mit gewohnter Begeisterung ihr sechstes Bad in drei Tagen.

Preisparadoxon – im teuren Australien kann man billig reisen

Wir werden in Darwin, der größten Stadt im Norden Australiens, einige Tage bleiben müssen, um unsere Motorräder auf Vordermann zu bringen, Teile zu bestellen und unsere Verschiffung nach Ost-Timor zu organisieren. Da wir ausgerechnet hier niemanden kennen, klappern wir notgedrungen die Campgrounds ab und sind geschockt. 30 EUR pro Tag, ist der billigste, den wir finden können. Das ist der zweitteuerste Campingplatz der ganzen Reise und der andere war in einer echten Weltmetropole, wovon Darwin weit entfernt ist. WIFI würde mit 15 EUR extra pro Tag zu Buche schlagen. Das ist selbst für australische Verhältnisse teuer. Der Preisschock setzt sich beim Honda-Händler fort. Selbst mit Rabatt kosten die Teile hier weit mehr als wenn wir sie aus Europa bestellen würden – potenzielle

Versandkosten inklusive! Leider würde es zeitlich nicht hinhauen, sich die Sachen aus Deutschland kommen zu lassen, so dass wieder mal der Biss in den sprichwörtlich sauren Apfel fällig ist.

Essen ist in Australien allgemein teuer. Alkohol sowieso. Das Einzige, was mir spontan einfällt, das billiger als daheim ist, ist das Benzin – mal abgesehen von einigen entlegenen Orten im Outback. Aber außerhalb Europas ist eigentlich überall auf der Welt der Benzinpreis deutlich niedriger als daheim und die extremen Distanzen sorgen in Down Under dann letztendlich doch für Tankstellenrechnungen, bei denen man weinen möchte. Auf den ersten Blick könnte man also meinen, Australien sei ein teures Reiseland. Für die, die gerne im Hotel schlafen, in Restaurants essen und in Bars trinken, ist es das auch in der Tat! Aber es geht auch anders. In den viereinhalb Monaten, die wir in Australien waren, sind wir nur in Darwin auf einem privaten Campingplatz gewesen. Trinkwasser gibt es fast überall umsonst und die Gratis-Camping-Infrastruktur ist in diesem Land echt vom Feinsten. Es ist also durchaus möglich, Down Under mit schmalem Budget zu bereisen – vorausgesetzt man ist gewillt, enthaltsam zu leben und schafft es, der Versuchung zu widerstehen, ständig im Sattel oder hinter dem Lenkrad zu sitzen, um jeden Winkel des riesigen Landes zu erkunden. Viele Kilometer sind nämlich in fast jedem Land der Reise-Kosten-Treiber Nr. 1 für Globetrotter. Da wir jedoch leidenschaftlich gerne Motorrad fahren, fällt es uns stets schwer, diese Weisheit zu beherzigen.

Auf Reisen arbeiten

Wenn man seine Reisekasse „on the road“ auffüllen will, so ist Australien dafür eines der besten Länder, in denen wir je waren. Für unter Dreißigjährige geht das ganz legal mit einem Work-and-Travel-Visum für ein Jahr. Als Schwarzarbeiter ist es deutlich schwerer, aber nicht unmöglich.
Wenn's ums reine Geldverdienen geht, gilt global die Faustregel: Da arbeiten gehen, wo die Löhne hoch sind. Und was diesen Faktor angeht, ist Australien ganz weit vorne. Ähnlich gute Gehälter gab es auf unserer Reiseroute nur noch in Kanada. Gleiches gilt übrigens für

Auswanderer. Wer in Hochlohnländern arbeitet und trotz saftiger Preise einen Teil seines Gehaltes auf Seite legt, der kann davon problemlos eine lange Auszeit in einem niedrigpreisigen Land (z.B. in Südamerika oder Süd-Ost-Asien) leben. Wer jedoch in eben diesen Ländern arbeitet (egal ob angestellt oder unternehmerisch), der wird prozentual viel mehr von seinem Einkommen sparen müssen, bis er beispielsweise mal einen Heimflug zur Familie in Deutschland bezahlen kann. Wenn es denn überhaupt zu schaffen ist, soviel auf die hohe Kante zu legen. Natürlich ist das nur die finanzielle Seite und damit einer von vielen Aspekten bei der Auswahl seines Arbeitslandes. Für Reisende ist es am realistischsten in touristischen Einrichtungen wie Hostels für Kost und Logis zu jobben. Eine Alternative sind lokale (internationale) Hilfsprojekte, bei denen man im besten Fall nichts draufzahlen muss. Beides Möglichkeiten, ein Land ein wenig entschleunigter kennenzulernen als auf Durchreise. Aber über dieses komplexe Thema könnte man ein eigenes Buch schreiben. Mir ging es an dieser Stelle nur darum, eine simple Faustregel für die finanzielle Sinnhaftigkeit aufzuzeigen.

Alles nur Schrauben und Muttern

Die Suche nach einer kompetenten und vor allem bezahlbaren Werkstatt entpuppt sich in Darwin als die Suche nach der Nadel im Heuhaufen. Quasi in guter südamerikanischer Manier werden wir von A zu B geschickt, der angesichts unseres Anliegens sofort abwinkt und an C verweist. C heißt in diesem Fall Tim und ist ein unglaublich positiver, energiegeladener Kerl. Er hat in Sachen Motorrädern vor nichts Angst. „Alles nur Schrauben und Muttern“ ist sein Wahlspruch, den ich in diesen Tagen einige Male zu hören bekomme. Sein grenzenloser Optimismus erinnert uns einmal mehr an Lateinamerika. Bei ihm habe ich allerdings wirklich das Gefühl, dass er weiß, was er tut. In Mittel- und Südamerika waren oft die versprochenen Fähigkeiten von den tatsächlichen weit entfernt.

Die Liste der Instandsetzungsarbeiten ist ellenlang. Tim überholt fachmännisch unsere Zentralfederbeine, die nach all den Pisten in Australien lecken. Mein Leistungs-Schwund wird einer defekten Benzinpumpe zugeordnet, die er zudem überraschend preiswert

ersetzen kann. Ventilspielprüfen ist an unseren Motorrädern ein echter Akt, vor dem schon mancher Mechaniker auf dieser Reise zurückgeschreckt ist und selbst „Alles nur Schrauben und Muttern"-Tim kommt beim hinteren Zylinder ordentlich ins Schwitzen. Endergebnis und Siegerehrung bei meinem Krad: Nach 145.000 km, was natürlich ein Zigfaches des vorgeschriebenen Serviceintervalls ist, haben sieben von acht Ventilen Sollmaß. Unglaublich! Wir strahlen übers ganze Gesicht und sind zuversichtlicher denn je, es mit diesen zuverlässigen und unglaublich leidensfähigen Motorrädern heim zu schaffen. Simons Maschine lassen wir daraufhin ganz in Ruhe, da das Ergebnis dort garantiert das Gleiche wäre. Außerdem halte ich es abergläubisch mit der Regel „never touch a running system"! Neben den beschriebenen Reparaturen, die allesamt jenseits meiner mittelmäßigen Fähigkeiten als Mechaniker lagen, ist die Aktion noch aus anderen Gründen höchst erfolgreich. Tim lässt mich nämlich geduldig über seine Schulter schauen, was keineswegs selbstverständlich ist. So lerne ich mal wieder eine Menge, was mir in verzweifelten Momenten, in denen ich auf keinen kompetenten Fachmann zurückgreifen kann, zugutekommen wird.
Außerdem kann ich noch reichlich selber in Tims schattig kühler Werkstatt an den Motorrädern schrauben.

Federbeine aus- und einbauen, Reifen- und Bremsbelags-Wechsel, Luftfilter mal wieder reinigen und ölen und manches mehr, geht hier deutlich angenehmer von der Hand, als unter feldmäßigen Bedingungen in tropischer Hitze.

Muss ein Fernreisender gut schrauben können?

Wie viel muss man selber schrauben können, wenn man auf Fernreise geht? Wie so oft, gibt es darauf keine eindeutige Antwort. Wer mit einem modernen Fahrzeug startet, der kann heutzutage durchaus hoffen, dass es auf den ersten 50- oder 100.000 km keine größeren Probleme außer Verschleiß und Unfällen gibt. Ausnahmen bestätigen die Regel. Man kann also durchaus ohne jegliche Mechaniker-Kenntnisse ein solches Abenteuer wagen – speziell, wenn es überwiegend durch infrastrukturstarke Industrie-Länder geht. Die Kehrseite der Medaille: Wenn man nichts selber machen kann, dann muss man für alle Arbeiten am Fahrzeug bezahlen und das wird in der Fremde teuer. Zudem gibt es in Entwicklungsländern oft kein Know-how, so dass man hilflos Pfusch und Betrug ausgesetzt ist – nicht selten mit fatalen Folgen bis hin zum technischen Aus der Reise. Ein realistisches Mittelmaß: Dass man wenigsten fähig ist, alle einfachen Wartungsarbeiten selber auszuführen. Z.B. den Wechsel von Öl/Ölfilter, Reifen, Zündkerzen, Luftfilter, Bremsbelägen, Glühbirnen und Zügen. Zudem sollte man zumindest in der Lage sein, die Notwendigkeit für andere Reparaturen selbst beurteilen zu können, damit man sie beizeiten ausführen lassen kann und nicht über den Tisch gezogen wird. Z.B. Lenkkopf- und Radlager, Speichen usw.

Für vieles braucht man kein großes Talent und wahrlich keine (Zweirad-)Mechaniker-Lehre. Das kann man in speziellen Kursen an einem einzigen Tag lernen. Wer zumindest ein paar Grundkenntnisse hat, wird so manches Problem „on the road" selbst lösen können –

vor allem in Situationen, in denen man es mangels Hilfe hinbekommen MUSS. Perfekte Lösungen sind da nicht gefragt. Was zählt, ist, dass es irgendwie weitergeht - auch wenn der Profi-Schrauber von daheim die Hände über dem Kopf zusammenschlagen und der TÜV-Prüfer Bluthochdruck bekommen würde.
Ich hab fast alles, was ich über Motorräder weiß, durch Pannen und Defekte am konkreten Beispiel gelernt. Wenn einem das einmal passiert ist, weiß man beim nächsten Mal Bescheid. Und mit jedem Erfolgserlebnis steigt die Zuversicht, auch das nächste Malheur irgendwie in den Griff zu bekommen. Einerseits würde ich also sagen: Nur Mut! Das klappt schon! Andererseits sollte man aber auch mit Bedacht sein Transportmittel wählen. Neuere Fahrzeuge sind tendenziell zuverlässiger. Oft hört man: An Älteren kann man mehr selber machen. Das wird zum Bumerang, wenn man mangels Fähigkeiten rein gar nichts selber machen kann. Dann bedeutet ein älteres Motorrad/Auto nämlich einfach nur, dass man wahrscheinlich viel öfter in die Werkstatt muss, als mit einem neuen. So was kann schnell zu Dauerfrust und dem Abbruch der Reise führen. Wer ständig überfordert ist, hat keinen Spaß!

So mancher Motorrad-Globetrotter hat schon mal mit dem Gedanken geliebäugelt, auf den Drahtesel umzusteigen. So auch wir. Aber auch als Rad-Vagabund geht es nicht ganz ohne rudimentäre Kenntnisse. Wer keinen Reifen flicken kann, wird nicht weit kommen. Speichen- und Rahmenbrüche oder Lagerwechsel mag eine Werkstatt in der Fremde noch hinbekommen. Bei der Gangschaltung oder modernen Features wie Hydraulikbremsen oder Federung sieht das in Entwicklungsländern schon wieder ganz anders aus.

Höllisch heiße Tage

Unsere Verschiffung nach Asien steht in zehn Tagen an. Um Geld zu sparen, verlassen wir das sündhaft teure Darwin und vagabundieren durch die Gegend. Wir versuchen sozusagen von Wasserloch zu Wasserloch zu reisen, da die brutale Hitze anders nicht auszuhalten ist. Selbst die wenigen Bäume spenden keinen wirklichen Schatten, da ihr Blattwerk äußerst dürftig ist. Wenn gar nichts anderes mehr geht, verkriechen wir uns in den heißesten Stunden des Tages unter unsere Zelt-Plane.

An Motorradfahren ist dann eh nicht zu denken. Unser Zelt bauen wir immer erst im letzten Tageslicht auf, damit es keine Chance hat, von der Sonne aufgewärmt zu werden. Dennoch läuft uns der Schweiß in Strömen, sobald wir abends in unser kleines Zuhause kriechen. Dass wir weiterhin ausschließlich wild zelten, macht es nicht leichter. Mal eben schnell noch unter die kühle Dusche springen, gibt es für uns nicht. Wir zählen die Tage, bis wir endlich nach Darwin zurückkehren können und es weitergeht.

Goodbye Australia!

Zurück in Darwin. Das Abstempeln des „Carnets de Passage“ beim Zoll und das Abliefern der Motorräder bei der Rederei dauert inklusive aller Formalitäten keine Stunde. Wir können es kaum fassen! Super! Auch bei der indonesischen Botschaft gibt es gute Neuigkeiten. Unser 60-Tage-Visum wurde bewilligt. Mit einer Palette Öttinger Pils unterm Arm besteigen wir den Bus, der uns zu unserem Campingplatz zurückbringen wird. In zwei Tagen geht unser Flieger nach Ost-Timor. Abends feiern wir Abschied von Australien und ziehen Resümee. In Sachen Tier- und Pflanzenwelt war es der Hammer. Ständig gab es hier etwas zu sehen. Das war wirklich Weltklasse. Landschaftlich fällt unser Urteil weniger positiv aus. Die Berge und die Küsten-Regionen verdienen eher das Prädikat „ganz nett“ und wären aus unserer Sicht den enormen Aufwand, die Motorräder ans andere Ende der Welt zu schaffen, nicht wert. Das extrem menschenarme Landesinnere hat uns dafür ganz in seinen Bann geschlagen! Die Leere dieses Landes, die enormen Distanzen, die Hitze, die Trockenheit und das tägliche Bush Camping in der Wildnis, sind die positiven Eindrücke, die für mich ganz persönlich Australien ausmachen und an die ich mich noch lange erinnern werde!

Wir haben noch lange nicht genug!

Das Dauerreisen mit all seinen Entbehrungen und seinen täglichen Herausforderungen ist nicht Jedermanns Sache. So mancher, der die große Reise anfangs begeistert genossen hat, denkt im Laufe der Monate und Jahre um. Wir kennen einige, die irgendwann das Handtuch geschmissen haben. Die Gründe sind vielfältig. Für manche wird das Vagabunden-Leben zum langweiligen Alltag. Touristische Aktivitäten verlieren an Reiz. Der Reise mangelt es irgendwann an Sinn. Andere ertragen die sozialen Herausforderungen nicht. Ob's die unausweichliche Dauer-Nähe zum Partner ist oder die Ferne der geliebten Menschen.
Wer Low Budget reist, hat irgendwann vielleicht die Schnauze voll davon, jeden Euro dreimal umdrehen und sich so viel Schönes und Interessantes verkneifen zu müssen, was die Kurzzeit-Urlauber sich

vor seiner Nase mit unbedarfter Selbstverständlichkeit am laufenden Band gönnen. Andere überfordert auf Dauer das Gefühl, letzte Instanz für schier unlösbare Probleme zu sein, an denen es auf einer Weltreise nie mangelt. Auch uns sind diese Belastungen und Zweifel nicht fremd. Es gibt nicht nur Sonnenschein und Optimismus bei den Krad-Vagabunden. Aber die Momente, in denen man kurz davor ist, alles hinzuschmeißen oder in denen man einfach nicht mehr weiter weiß, verblassen in unserer Wahrnehmung gegen all die glücklichen Tage, an denen es uns gelingt, den Augenblick zu genießen oder uns klar ist, dass wir hier und jetzt genau so leben, wie wir immer leben wollten. Uns gefällt das Krad-Vagabunden-Leben nach wie vor ganz famos! Für uns steht außer Frage, dass wir alles geben werden, um auf eigenen Rädern heim zu rollen. Noch ahnen wir nicht, wie hart dieser Kampf werden wird. Speziell Indien und Pakistan werden uns heftig zusetzen. Mit jedem weiteren Kilometer steigt zudem die Wahrscheinlichkeit, dass irgend etwas an den Motorrädern und der Ausrüstung den Dienst versagt. Auf der „Zielgeraden" werden Maschinen und Equipment aus dem letzten Loch pfeifen. Und nicht nur die technischen und logistischen Herausforderungen werden zunehmen. Auch mental stehen uns harte Prüfungen ins Haus. Aber von alle dem wissen wir noch nichts, als wir an Australiens Nord-Küste sehnsuchtsvoll nach Asien schauen, wo unsere Reise weitergehen soll. Nur eins, das wissen wir ganz sicher:

WIR HABEN NOCH LANGE NICHT GENUG!

Wie geht's weiter?

In Teil zwei unserer Weltreise, der 2015 erscheint, geht es abseits der ausgetretenen Pauschal-Tourismus-Pfade durch Süd-Ost-Asien, im Himalaya in atemberaubender Hochgebirgslandschaft über die höchsten Pässe der Erde und anschließend durch einige ziemlich heikle Länder wie Pakistan, den Iran und den Irak.
Fremde Kulturen und Sitten eröffnen uns neue Welten und prägen zusammen mit mannigfaltigen Herausforderungen, von denen wir mehr haben, als uns lieb ist, auch unsere „innere Reise“. So manches Mal steht der Erfolg unserer Weltumrundung auf der Kippe. „Zähne zusammenbeißen“ wird zum geflügelten Wort!
Auch im Bericht über den zweiten Abschnitt unserer Reise bieten wir viele anschauliche Einblicke in die Licht- und Schattenseiten des Lebens „on the road“: mühsamer Reise-Alltag, skurrile Anekdoten, Sorgen, Frust und Entbehrungen, aber auch Glück, Freiheit und überwältigende Gastfreundschaft.
Wo andere Reise-Bücher enden, schweigen wir die letzte große Herausforderung nicht tot: Heimkehr und Resozialisierung sind harte Kost und kommen dementsprechend nicht zu kurz im zweiten Buch der Krad-Vagabunden.

Bis demnächst & „see you on the road“!

Die Krad-Vagabunden live erleben

Termine meiner Multi-Media-Shows, Lesungen und Vorträge findet ihr auf: www.krad-vagabunden.de

Ich freuen mich über Buchungs-Anfragen für:

- meine Multi-Media-Show „Krad-Vagabunden – Licht- und Schattenseiten einer Weltreise“
- meine speziell auf Kinder zugeschnittene Show „Abenteuer Motorrad-Weltreise“
- Lesungen aus diesem Buch

panny@krad-vagabunden.de

Unzählige Menschen haben uns „on the road“
geholfen und so mancher hat uns von zu
Hause aus in vielfältiger Form unterstützt.

Euch allen sagen wir **DANKE!**

Ihr habt dazu beigetragen, dass wir es geschafft haben!